Début d'une série de documents en couleur

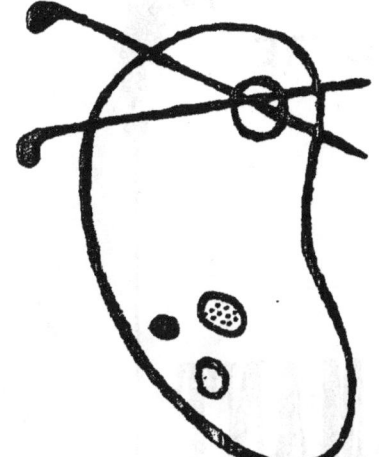

RELIURE SERREE
Absence de marges intérieures

VALABLE POUR TOUT OU PARTIE DU DOCUMENT REPRODUIT

ARMAND SILVESTRE

UN

PREMIER AMANT

HUITIÈME MILLE

PARIS

G. CHARPENTIER ET Cie, ÉDITEURS

11, RUE DE GRENELLE, 11

1890

BIBLIOTHÈQUE CHARPENTIER
11, RUE DE GRENELLE, 11, PARIS
à 3 fr. 50 le volume

DERNIÈRES PUBLICATIONS

HENRY BAUER
Une Comédienne .... 1 vol

FERDINAND FABRE
Norine .... 1 vol

G. FLAUBERT
Correspondance (2ᵉ série) .... 1 vol

THÉOPHILE GAUTIER
Partie carrée (Nouvelle édition) .... 1 vol

ÉMILE GOUDEAU
Corruptrice .... 1 vol

ABEL HERMANT
La Surintendante .... 1 vol

ARSÈNE HOUSSAYE
Histoire d'une fille du Monde .... 1 vol

CAMILLE LE SENNE
Véra Nicole .... 1 vol

G. MACÉ, ANCIEN CHEF DE LA SURETÉ
Mes Lundis en Prison .... 1 vol

HECTOR MALOT
Justice .... 1 vol

Mᵐᵉ STANISLAS MEUNIER
Les Trois amoureux de Gertrude .... 1 vol

JEAN REIBRACH
Un Coin de Bataille .... 1 vol

ARMAND SILVESTRE
Un Premier Amant .... 1 vol

ANDRÉ THEURIET
L'Amoureux de la Préfète .... 1 vol

ÉMILE ZOLA
Le Vœu d'une morte (Nouvelle édition) .... 1 vol

Imprimeries réunies, A, rue Mignon, 2, Paris. — 20673.

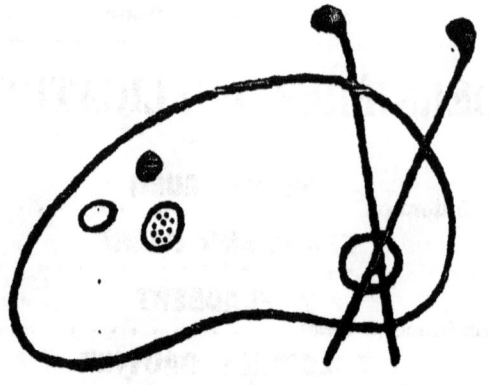

Fin d'une série de documents en couleur

UN PREMIER AMANT

BIBLIOTHÈQUE CHARPENTIER
à 3 fr. 50 le volume

ŒUVRES POÉTIQUES
D'ARMAND SILVESTRE

Premières poésies (Les Amours. — La Vie. — L'Amour), avec une préface de George Sand.................................. 1 vol.
La Chanson des heures. Poésies. Nouvelle édition, considérablement augmentée....................................... 1 vol.
Les Ailes d'or. Poésies................................. 1 vol.
Le Pays des roses. Poésies............................. 1 vol.
Le Chemin des étoiles. Poésies........................ 1 vol.

UN
PREMIER AMANT

PAR

ARMAND SILVESTRE

SEPTIÈME MILLE

PARIS

G. CHARPENTIER ET Cⁱᵉ, ÉDITEURS

11, RUE DE GRENELLE, 11

1889

Tous droits réservés

UN PREMIER AMANT

I

— Attrape, cochon !
Cette apostrophe énergique fut suivie du bruit d'un corps tombant dans l'eau, au plat de sa plus grande largeur; de grands éclats de rire, où se devinaient des lèvres roses et des dents blanches de jeunes filles ; d'un grand effarouchement d'oiseaux dans la saulaie. Et cela se passait par un clair matin de juillet, en Touraine, et le long d'un ruisseau étroit, mais assez profond, se rendant, à travers les arbres, jusqu'à la Loire, pareil à l'effilochure d'argent d'un large ruban moiré de bleu.

Celui qui venait de se débarrasser ainsi sommairement d'un importun en le précipitant dans l'onde, par le fond de sa culotte, après lui avoir dit aigrement son fait, était un beau gars d'une vingtaine d'années, à la physionomie franche, blond, avec des yeux bruns très doux, herculéennement fort dans sa taille un peu replète pour son âge. Il s'appelait Claude Lundi et habitait au château de

Prades, dont on pouvait voir, de là, les tourelles artistement restaurées et les toits d'ardoises hauts et luisants sous le soleil.

Thomas Loursin, le baigneur malévole, était, au contraire, un grand diable noir et maigre avec un grand nez, les cheveux ras d'un moine et une allure de sacristain laïque, ce qui est une terrible variété de sacristain. C'était le fils du maître d'école du village le plus voisin, et Claude venait de le corriger pour l'avoir surpris disant d'inconvenantes paroles, entre deux troncs d'yeuses, à une jolie fillette de quinze ans qu'il avait su éloigner de ses compagnes en lui proposant de cueillir pour elle, en un endroit moins resserré de la petite rivière, un bouquet de nénuphars.

Celles qui s'étaient si bruyamment amusées de la chute de Thomas qu'elles avaient entrevue, à travers l'éplorement des branches égratignant l'eau, c'était Mlle Claire de Lys et ses amies venues là, dès l'aube, pour une grande pêche aux écrevisses projetée depuis longtemps. Mlle Claire habitait aussi au château de Prades, étant sœur de la comtesse Marthe de Prades, dont le mari tenait de ses nobles aïeux cette féodale propriété.

Il faisait le plus admirable temps qu'on pût rêver. Le ciel était encore, à l'orient, comme une immense rose dont les pétales s'envolent un à un et pâlissent sous la forme de petites nuées courant sur l'azur. Les pointes d'un carquois aux flèches d'or émergeaient à l'horizon, comme si quelque antique déesse y promenait la blancheur de ses épaules immortelles, derrière le rideau de vapeurs dont les lointains étaient enveloppés. Une musique, vague comme les notes perdues d'un cor, sonnait les pas de l'invisible chasseresse. Sur le large fleuve qu'on voyait en contre-bas, une fumée très légère courait comme si l'image des étoiles y avait laissé un incendie. Et c'était un parfum très doux mais très pénétrant qui montait des gazons diamantés de rosée, avec des fleurs sauvages, violettes, et jaunes et bleues, qui pleuraient sur quelque tendresse emportée par l'aile fuyante de la nuit. Les mésanges coiffées d'un bonnet d'azur sautillaient dans les feuillages avec de petits cris, et les grimpereaux, dont une lame d'or casque le petit front noir, montaient le long des écorces rugueuses, guère plus gros que des insectes. Sur les églantines, les bourdons brodaient leur corsage de velours, et tout disait la joie des renouveaux quotidiens dans ce décor aimable, plein de fraîcheur et de chansons.

Ce n'en était pas un des coins les moins jolis que celui où ces demoiselles poursuivaient, entre les pierres glissantes, leur rétrograde gibier. Les plus intrépides avaient retiré leurs mignonnes chaussures, qui bâillaient capricieusement sur le sable fin et mouillé, et c'était une charmante procession de chevilles nues, voire de mollets naissants sous les jupes retroussées. Et quel vacarme joyeux ! chaque prise était accompagnée d'un hymne triomphal. Les murmures d'envie s'y mêlaient aux compliments bavardés avec une volubilité troublante. Seuls, les martins-pêcheurs, dont la retraite avait été troublée, mélancoliques, hasardaient les boucles d'émeraude de leur vol s'ouvrant et se fermant, et de hauts faisceaux de roseaux frissonnaient sous le vent léger.

Thomas Loursin était sorti de l'eau dans un état parfaitement ridicule, la toile de son pantalon sinistrement collée à ses jambes maigres, ruisselantes dans ses larges souliers de croquant, avec de grandes herbes vertes qui lui zébraient le dos et un petit branchage sec qui lui ruisselait sur la tête. La gaieté des pêcheuses n'en avait été que plus grande à le voir dans ce piteux état. Entre deux saules et sans rappeler en rien la séduisante Galatée, il avait disparu en s'écorchant les coudes aux troncs éraillés et en jurant de se venger.

Son justicier, sans plus s'occuper de lui, était redescendu vers le point du ruisseau où les écrevisses étaient le plus impitoyablement traquées. Quand il en fut tout près il s'arrêta, et sans ouvrir davantage la barrière de feuillage qui l'en séparait et qu'emplissait un vague bourdonnement de mouches d'or, il se mit à regarder à travers cet enchevêtrement humide, et une clarté très douce passa dans ses yeux quand ils rencontrèrent, dans ce cadre verdoyant et déchiqueté, l'image de Claire de Lys, qui, elle aussi, moins ardente au butin que ses camarades, demeurait un instant immobile, les yeux fixés sur le fond de l'eau, comme si elle espérait que quelque étoile fût restée accrochée aux herbes flottantes du fond. Aussi son regard était-il plein de réserve, tandis que celui de Claude rayonnait de tendresse et de désir. Et tous deux cependant pensaient la même chose — celui-ci avec son ardeur virile, celle-là avec ses pudeurs passionnées et mystiques.

C'est qu'elle était charmante, Mlle Claire de Lys. De sang créole, comme sa sœur la comtesse de Prades, elle accusait moins nettement cependant son origine. Sa chevelure était moins noire, mais avec des chaleurs très vibrantes dans la tonalité sombre, quelque chose comme une nuit que traversent les lumières rouges d'un feu lointain. Elle la portait retroussée sur la nuque et en faisait une façon de coiffure à la Minerve, surplombant, de sa masse harmonieuse, un front peu élevé mais large aux tempes, dont le marbre, imperceptiblement veiné de bleu, était comme pensif. Le haut de son visage était donc empreint de méditation, mais tout le bas était éclairé d'un sourire qui y mettait une extraordinaire gaieté, un sourire d'enfant plus qu'un sourire de femme, découvrant de petites dents admirables, mais sans la moindre expression de cruauté.

Elle avait le même nez que sa sœur, un nez où se lisait la race, rigide et infléchissant à peine la ligne du front, ne s'effilant pas aux narines vibrantes comme des feuilles de rose sur lesquelles passe un vol de papillons. La bouche était un peu plus charnue et n'avait pas les mêmes dédains exquis. Mais c'est par les yeux surtout qu'elles différaient. Ceux de Claire étaient d'une douceur extraordinaire, comparables, suivant la si juste image grecque, aux yeux calmes des ruminants qu'emplit la sérénité des larges plaines, des yeux dont le blanc très vivement azuré n'occupait qu'une fort petite partie, des yeux qu'emplissait tout entier l'opacité caressante de larges prunelles où vainement on aurait voulu lire la pensée et dont le charme était surtout mystérieux.

L'ensemble de sa personne était d'ailleurs exquis. Elle était de taille moyenne et plutôt petite que grande, mais merveilleusement prise, avec un corsage déjà bien rempli de fermetés savoureuses et des hanches d'où la timidité des lignes adolescentes avait absolument disparu, des hanches qu'habitait déjà la tentation éternelle. Son cou était une adoration, un miracle de satin blanc, à peine ambré, avec un pli charmant qui l'entourait d'un collier naturel à la naissance des épaules, un peu étroites, peut-être, mais d'un dessin délicieusement virginal.

Là encore se retrouvait cette dissemblance entre le haut et le bas d'un ensemble cependant adorable de proportions et d'harmonie. Son buste était d'une vierge et le reste évoquait les plus païens souvenirs. Les mains étaient fines et potelées comme il convient, et ses pieds, ces pieds que Claude voyait nus pour la première fois, à peine chaussés d'une frange d'écume par le flot qui caressait la pierre où ils étaient posés, ses pieds étaient d'une correction de lignes incomparable, avec des reflets variés de coquillages et une pointe de corail aux ongles que l'humidité faisait étincelante au soleil.

Vous savez maintenant pourquoi Claude Lundi s'abîmait voluptueusement dans cette contemplation véhémente, ayant un frisson par tout le corps au moindre mouvement que faisait Claire, inconsciente du spectacle qu'elle donnait, comme s'il eût craint que l'idole se brisât, aussi fragile que son image frémissante dans le ruisseau.

Et, de fait, Claire, qui était demeurée en arrière de ses camarades de pêche et qui se croyait absolument seule, avait entr'ouvert plus largement, pour faire boire à sa peau la fraîcheur matinale, sa robe au-dessus de sa gorge, dont la double rondeur s'extasiait comme deux lis en même temps épanouis sur la même tige. Plus haut aussi, pour monter d'une pierre sur l'autre, elle avait soulevé sa jupe, et c'était presque jusqu'au genou que se révélait l'ivoire de la jambe s'effilant à la cheville comme un fuseau qui s'évide.

Et le jeune gars, lui aussi, buvait, mais plus profondément que par l'épiderme, la fraîcheur tentante de ces chairs immaculées et c'était comme un feu que, perfide, elle allumait dans ses moelles en le traversant. Simple et instinctive révolte des désirs sacrés. Cet être naïf était convaincu qu'il adorait Mlle Claire de Lys comme une Madone et il vous eût jetés à l'eau, tout comme Thomas Loursin, si vous aviez osé insinuer qu'il avait effleuré la jeune fille d'autre chose que de vœux absolument platoniques, respectueux et désintéressés.

C'est toujours un corrompu que l'être parvenu à

l'analyse de ses impressions, et je ne crois pas qu'on puisse descendre plus bas dans la vie qu'à ce métier de se disséquer soi-même. Claude était un simple, non pas le simple d'esprit à qui l'Évangile promet le royaume des cieux, mais un simple de cœur, de ceux à qui appartient le royaume de la terre, parce qu'ils savent y souffrir et y aimer, et parce que vraiment il n'y a rien de mieux à y faire.

Claire, qui l'aimait aussi, eût plutôt pénétré davantage dans le secret de son propre sentiment, parce que la femme est moins facile à l'illusion que l'homme, ce qui n'est pas d'ailleurs une condition de bonheur pour elle, et parce que sa finesse naturelle triomphe intérieurement de toutes les innocences péniblement amassées autour d'elle par l'éducation.

Mais cette faculté de se comprendre soi-même et de s'être moins obscur, n'allait pas jusqu'à compromettre la candeur parfaite de l'affection qu'elle portait, sans s'en défendre, à ce vaillant sans le savoir.

La pêche se ralentissait et une certaine lassitude était venue à toutes. Seule Mlle Antoinette d'Estange, fille d'un châtelain voisin du châtelain de Prades, une grande brune extrêmement délurée, s'acharnait encore à cet aquatique divertissement.

Mlle Clarisse Lauwers donna le signal du retour au manoir, où la partie devait se terminer par un joyeux déjeuner. Mlle Clarisse Lauwers, que nous n'avons pas rencontrée encore, était une façon d'institutrice servant, à la fois, de secrétaire à la comtesse et de professeur autant que de demoiselle de compagnie à Claire de Lys. C'était une Flamande du plus beau sang, j'entends de celui où le sang espagnol a mis une étincelle. Elle avait, en effet, le type des femmes de Rubens, dans toute sa pureté, mais avec je ne sais quoi de plus hardi en sus, de plus fier et de plus provoquant.

Ses cheveux, qui étaient superbes, n'étaient pas d'un blond pâle comme ceux des filles de Bruges où les visages n'ont guère changé depuis que Memling en a immortalisé le souvenir. Il y courait des reflets fauves et comme une coulée de roux vénitien noyé dans leur masse d'or. Les yeux non plus n'avaient pas une placidité de vieille faïence bleue. Bleus ils étaient, mais avec une poussière de lapis-lazuli, d'azur plus sombre en veinant la transparence constellée comme un morceau d'aventurine. Enfin le sourire se fût plutôt caché derrière un éventail, pour quelque subtile coquetterie, qu'il n'eût tendu de bonnes lèvres maternelles à un nouveau-né, comme celui de ces braves Madones de Hall ou de Malines qui sont virginales jusque dans la fécondité.

Mlle Clarisse Lauwers était d'ailleurs un ragoût de chair prodigieusement appétissant. Elle était merveilleusement rose et blanche, grande, avec des formes de cavale, une croupe toujours en révolte contre le costume et une véritable insurrection dans un corsage, où des jardins entiers de lis, prêts à couvrir un parterre, étaient méchamment emprisonnés sous la toile à bout de résistance. Beauté fort charnelle, au demeurant, que celle de Mlle Clarisse, mais beauté incontestable et bien faite pour consoler les mysticismes éperdus de l'amour.

— Allons! allons! mesdemoiselles! fit-elle en claquant des mains.

Et ce fut un rassemblement des paniers dans lesquels s'escaladaient les captives, celles-ci vertes comme du vieux bronze, celles-là grises et transparentes avec des galons rouges aux pinces et des yeux ternes cherchant au delà de la tête ; on compara les captures, on se disputa légèrement ; on jacassa ferme. Si bien que ce fut presque un silence quand, dans la saulaie, revinrent les oiseaux, saluant de mille cris joyeux le départ de ces demoiselles, et que le martin-pêcheur fit courir sur l'eau abandonnée son dernier cercle de pierreries étincelantes au soleil dans son plein maintenant.

La procession prit le chemin du château qui était sur la hauteur, dominant la Loire de l'orgueil aboli de son donjon et de ses petites tours. Un sentier y menait qui, à son tour, s'emplit de rires et de causeries à bâtons rompus, échangeant les timbres de même clarté et de même famille, comme lorsque les verres se choquent sur une table fleurie de gaieté. On cueillit les dernières roses sauvages demeurées dans les buissons ; on tourmenta les papillons gagnant, au caprice de leur vol circonflexe et multicolore, la cime des haies ; on fit même un peu enrager aussi Mlle Clarisse, qui ne s'en fâchait pas et que suivait d'un œil concupiscent Thomas Loursin blotti derrière un treillage touffu, une énorme trique à la main. Car il attendait Claude et se voulait venger de la baignade qui avait tant fait rire de lui. Mais Claude ne devait pas passer par là.

Claude avait regagné le parc par un autre chemin et par une autre porte, ne se voulant pas mêler à la folle théorie des pêcheuses d'écrevisses et devinant que Claire, sans doute, elle aussi, parviendrait à s'isoler, une fois le domaine paternel réintégré sous la surveillance de Mme Lauwers.

Où se retrouveraient-ils? Dans quelle allée plantée de tilleuls ou dans quelle avenue ombragée de chênes? Plus loin ou plus près du château? Près de l'étang peut-être et sur le banc qu'un saule couvre tout entier, où tant de fois ils s'étaient assis l'un près de l'autre sans que nul pût les voir? Près de la colonnade du temple imaginaire, dont l'art précieux de la Renaissance avait voulu mettre là le souvenir païen? Au pied de la Diane qui rêvait, son arc à la main, dans la solitude d'un marbre lentement usé par la langue innombrable et humide des mousses? Il n'en savait rien absolument; mais il savait, à ne se point tromper, qu'il la verrait, avant que le déjeuner les condamnât encore à une de ces compagnies banales où les amoureux sont comme des exilés.

D'ailleurs il arriverait le premier, n'ayant pas, sur sa route rêveuse, d'école buissonnière, et verrait bien le chemin que prendrait Claire, le moment où il lui pourrait faire un signe qu'elle seule aperçût.

Il regagna donc, à travers le parc, la poterne par laquelle devait rentrer la caravane et attendit, impatient, derrière un hêtre dont le large feuillage eût pu abriter le sommeil d'un bataillon. Bientôt le retour des pêcheuses s'annonça par un murmure éperdu de petites voix. Alors il retint son haleine et une sérénité douce rentra dans son esprit, quand il vit que Claire arrivait la dernière, nonchalante délicieusement, avec son panier à la main, plus léger que tous les autres. Car son esprit avait voyagé ailleurs que sous la surface transparente des eaux où se mirait l'image des nénuphars blancs, pensifs et candides comme elle. Mais elle marchait lentement, avec un balancement exquis de son être lassé et une sorte d'inquiétude dans la démarche, retournant quelquefois la tête ou la virant à gauche, puis à droite, comme lorsqu'on cherche quelqu'un. Et ce fut un ravissement qui emplit l'âme de Claude. Car c'était bien lui qu'elle cherchait, sans en avoir peut-être conscience, dans une de ces aspirations vagues et profondes que nous voulons quelquefois croire sans but et qui cependant nous entraînent vers les inexorables fatalités.

Oui, c'était bien lui qu'elle cherchait.

Quand elle passa assez près de lui pour qu'elle pût l'entendre, un soupir lent suffit à la faire se retourner. Alors elle se pencha comme pour cueillir une des dernières violettes sauvages ouvrant leur œil clair dans le gazon des bordures, et laissa s'éloigner encore davantage le groupe qu'elle suivait à peine déjà. Quand le dernier éclat de rire se fut éteint au détour d'une allée, elle s'en fut droit à Claude :

— Pourquoi, méchant, lui dit-elle, ne vous ai-je pas vu de tout ce matin?

Et très lentement il lui répondit, prenant doucement ses mains dans les siennes :

— Parce que je ne me sens vraiment avec vous que quand vous êtes seule avec moi. Quand d'autres vous entourent, il me semble qu'ils me volent un peu de vous-même, que le son de votre voix, l'odeur de vos cheveux, tout ce charme vivant qui vous entoure se disperse et est comme profané, si bien que je préfère vous admirer de loin, en silence, plutôt que de me mêler à tous ces heureux qui ne savent pas comme moi leur bonheur!

— Mais c'est de la jalousie, ça, mon ami. Déjà!

— De la jalousie? non, Claire! je serais trop misérable de penser que vous ne m'aimiez pas autrement que les autres. »

Et comme elle l'écoutait, sans se fâcher d'aucune de ces paroles, il porta à sa bouche la main de la jeune fille qui trembla légèrement sous sa lèvre, mais sans la retirer.

— Vous ne vous imaginez pas, continua-t-il, dans quel rêve je vis! Vous serez ma femme, Claire, ou j'en mourrai.

— Votre femme! votre femme!

Et elle laissait tomber ces mots avec une mélancolie inquiète où se devinait plus de désir que d'espérance.

— Ne puis-je devenir un homme digne de vous? interrogea-t-il sur un ton de reproche.

Elle se contenta de répondre :

— Ah ! si je ne dépendais que de moi-même !

— Merci ! fit Claude avec passion. Car c'est de vous seule que je veux tenir. Ah ! si vous saviez quelle folie douce, quelle chère souffrance m'est restée du premier instant où je vous vis. Deux ans déjà, Claire ! Vous arriviez au château avec votre sœur, et vous veniez toutes les deux de si loin, que vous me sembliez, l'une et l'autre, des princesses d'un pays de fées. Mais j'avais peur d'elle, et je me sentais attiré vers vous par je ne sais quelle confiance qui me faisait du bien ! Vous aviez une fleur de là-bas, une fleur étrange qui ne s'était pas flétrie, pendant la traversée, à votre corsage. Je l'ai ramassée le soir, quand elle en est tombée, et je l'ai baisée toute la nuit comme un fou ! Aviez-vous emporté, avec vous, un peu de votre soleil que je me sentais, sous vos regards, comme réchauffé par une flamme ?

Et il disait ! il disait d'autres choses encore qu'elle écoutait, heureuse, comme une musique sans paroles à qui l'on fait exprimer ce que l'on veut.

Elle était charmante ainsi, la bouche entr'ouverte comme pour une réponse qu'elle n'osait prononcer, toute tiède de cette promenade matinale aux saines lassitudes, merveilleusement douce dans le décor que l'approche de midi emplissait de son apaisement, enfermant sous l'ombre les oiseaux silencieux. La chaleur du jour pénétrait les feuillages et d'obliques rayons de lumière piquaient des étincelles vacillantes sur le sol.

— Je vous aime, Claire! fit-il encore.

Et, insensiblement, il l'avait prise dans ses bras, l'étreignant sur sa poitrine, et ses lèvres étaient bien près de toucher les siennes, quand elle se dégagea vivement, pas assez tôt pourtant pour que le baiser n'ait été pris et même rendu.

— La cloche! fit-elle. On nous attend au château. Adieu!

— Je veux vous revoir seule encore aujourd'hui.

— Ce sera impossible.

— Mais ce soir?

— Vous êtes fou!

— Peut-être, Claire! Mais ce soir, cependant, je vous en conjure! c'est si beau la nuit, quand on aime! Ici, si vous voulez, par des trous de verdure, nous regarderons les étoiles, et vous serez plus belle encore sous leur blanche clarté.

— Adieu! répéta-t-elle. Et elle disparut en courant.

Et il sentit en lui une joie dont il n'était pas maître. Car elle n'avait pas dit : Non!

Un instant après, lui-même entrait dans la vaste salle à manger du château où le déjeuner était servi.

II

L'occasion est bonne de décrire le château de Prades et de faire connaissance avec ses hôtes au complet. Le château était une ancienne demeure seigneuriale comme elles sont nombreuses dans cette région de la France. Il avait été, sous la Renaissance, l'objet d'une première restauration dans le goût de l'ancien Chenonceaux. Puis il avait été fort négligé par une suite de possesseurs qui n'en avaient guère fait autre chose qu'un rendez-vous de chasse et, bien qu'il eût reçu, au temps de Louis XIV, de royales visites, nul n'avait eu l'idée d'en consacrer le souvenir par un entretien respectueux. L'ayant trouvé dans cet état de demi-délabrement, le comte Maurice de Prades avait conçu le projet d'en rétablir les débris historiques, et il y avait dix ans qu'il ne s'occupait guère d'autre chose. Aussi les tourelles avaient-elles vu se relever leurs créneaux. Ainsi le pont-levis s'était-il redressé de nouveau, au-dessus du fossé octogonal plein d'une eau verte que le vent ridait à peine et bordé extérieurement d'iris bleus à grands cils d'or. Bien que sa fortune ne fût pas une des plus considérables du pays, le comte avait pu mener à bien cette artistique entreprise, à force d'initiative personnelle et de vouloir obstiné. Lui-même avait compulsé les vieux bouquins de la bibliothèque, consultant les images anciennes où le berceau de sa race était représenté avec d'héroïques légendes au bas.

Et ce lui avait été une passion véritable que ce relèvement d'un coin d'armorial vivant encore. Essentiellement fidèle aux traditions de famille, M. de Prades avait, pour le passé, un culte que suffisait à expliquer son éducation sévère et exclusivement cléricale. Par un retour qui n'a rien de ridicule et n'est d'ailleurs possible qu'aux âmes élevées, vers ce qui avait été la gloire et n'est plus, pour les sots, que l'oubli, on peut dire qu'il vivait deux siècles en arrière, imbu des piétés d'autrefois et n'ayant, dans sa conscience, qu'une terreur, celle d'être entachée de jansénisme. C'était un homme remarquablement instruit et lisant, dans le texte, les Pères de l'Église. Et ce n'en était pas, pour cela, un plus désagréable cavalier. Au contraire. Tout était empreint de chevalerie dans l'accueil de ce vrai gentilhomme et toutes les opinions étaient acceptables à son sujet, excepté la moquerie.

Son aspect même la repoussait absolument. C'était un fort bel homme âgé d'un peu plus de la quarantaine, mais ayant gardé toutes les élégances d'une taille haute et d'une tournure distinguée. Il était blond avec des yeux bleus très doux, mais où se lisait cependant la volonté, même sous le voile de rêverie qui les noyait de vague quelquefois. Privilège véritable chez un homme élevé par les prêtres, la franchise était le caractère dominant de sa physionomie, et l'expression loyale de son visage, à travers certaines mysticités du sourire, ne permettait aucune arrière-pensée.

Les débuts de sa vie avaient été pour le confirmer dans la façon dont elle lui avait été enseignée. Ses parents l'avaient marié jeune, une première fois, à une femme exquise et ayant les mêmes idées que lui. Ç'avait été un ménage merveilleusement assorti dont la mort avait fait une séparation cruelle. Et quittant trop tôt son mari, la première Mme de Prades lui avait légué de la femme une impression vraiment angélique, une admiration faite de foi et de piété, un respect sans bornes que n'ébranlait pas la rumeur des aventures du dehors. Et puis, le comte regardait si peu autour de lui, enfermé qu'il était dans ses ferventes études ! Y avait-il des maris vraiment trompés dans son monde, le seul qui comptait ? — car il avait un souverain mépris des autres. — Il l'avait ouï dire, mais il ne le croyait qu'à moitié. Que ceci ne vous le fasse pas prendre pour un imbécile. Il est encore, au fond des provinces, des familles où l'honneur des femmes n'a jamais été effleuré même d'un soupçon. Il faut, avant de juger sévèrement les gens, les isoler, quand ils le méritent, des milieux corrompus où nous vivons nous-mêmes. Mais M. de Prades avait habité

Paris ! Certainement, mais sans sortir du cercle des relations paternelles, dans la convention vertueuse d'une société qui sait merveilleusement dissimuler ses faiblesses, et qui même quelquefois n'en a pas. Quand il s'était remarié, après dix ans de veuvage, c'est toutes les preuves en mains de l'honorabilité de la famille qu'il allait lier à la sienne. Mlle Marthe de Lys était une créole française venue à Paris pour épouser le comte dont on lui avait parlé beaucoup là-bas. On se connaissait de longue date entre les de Prades et les de Lys. On prétendait même avoir combattu aux croisades ensemble. Ce qui était plus certain, c'est que le comte Maurice était absolument brave, que sa légende avait été héroïque durant la dernière guerre où il avait pris du service, et que la cicatrice qu'il portait au front lui était venue de l'ennemi. C'est par cette histoire que l'imagination vive de Marthe avait été séduite, et qui lui avait fait souhaiter de devenir la femme de ce compatriote valeureux et inconnu.

Le comte, sans oublier la première comtesse, était absolument tombé sous le charme d'une incontestable beauté. Marthe était un peu plus grande que sa sœur Claire, dont vous connaissez le portrait, et d'un aspect absolument différent. Ses cheveux étaient si noirs qu'ils semblaient traversés par des coulées sombres de lapis-lazuli, et volontiers les portait-elle relevés au-dessus du front, s'amassant au-dessus de sa nuque en une masse profonde d'ombre qui la noyait et descendait lourdement jusqu'à la naissance des épaules. Cette gerbe puissante jaillissait d'un front étroit et marmoréen comme celui des Vénus antiques. Mais les yeux, le nez et la bouche constituaient le triple accent d'une physionomie absolument saisissante et dominatrice. Un double gouffre, les yeux, un gouffre noir et transparent tout ensemble, où passaient tantôt les lueurs vertes d'une mer phosphorescente, tantôt les reflets caressants d'une pierrerie, avec un sable d'or roulant au fond des prunelles inquiétantes par leur mobilité. Le regard n'aurait pas été troublé davantage de rencontrer un abîme. Le nez était d'une correction despotique, portant le signe rigide des races faites pour commander, avec un frémissement de sang clair aux narines toujours vibrantes. La bouche, enfin, au retroussis hautain, n'était charnue qu'au milieu des lèvres qui s'amincissaient aux coins, une bouche faite pour les baisers longs et dents à dents, pour les baisers furieux où les âmes se déchirent en se mêlant.

Derrière le masque tranquille du sphinx dont l'apparente sérénité avait séduit l'innocent gentilhomme, un observateur plus expérimenté eût pressenti les menaces d'un tempérament indomptable. Le mariage n'avait pas suffi, bien que cela semble invraisemblable, à lui donner le moindre soupçon à ce sujet. M. de Prades avait apporté dans ses relations conjugales un respect et une réserve qui le consumaient intérieurement lui-même, — car il aimait passionnément cette superbe créature — mais qui n'avaient permis aucun essor aux rêveries mauvaises de l'épouse. Il était comparable à l'homme qui possède un stradivarius et qui ne sait pas jouer du violon.

Comment Marthe supportait-elle la monotonie de ce culte fait d'adoration tout au plus charnelle et surtout mystique ? Sans aucun instinct apparent de révolte, avec une simplicité douce, une résignation charmante et une reconnaissance vague qui donnaient le change à tout le monde. Elle aussi était l'instrument qui attend, inerte, l'archet qui le fera frémir et qui lui donnera des sanglots avec une âme.

Supérieurement correcte avec cela, la nouvelle comtesse de Prades, et grande dame jusqu'au bout de ses petits ongles nacrés, ce qui était une séduction de plus pour son mari qui l'admirait dans le monde et sentait son nom plus fier depuis qu'il le voyait porté avec ce charme triomphant.

Marthe adorait la musique. Elle en faisait volontiers durant tout le temps que son mari passait à ses recherches archéologiques, penché sur la poussière des gros livres mangés de vers ou promenant, lui-même, un lourd pinceau aux angles, arrondis par le temps, d'un écusson.

Il avait été convenu qu'il serait aidé, dans cette tâche, par Claude Lundi dont il est temps d'expliquer la présence au château.

Ce jeune garçon avait été recommandé au comte par un vieux prêtre qui l'avait élevé. Il n'en avait pas fallu davantage à M. de Prades pour l'accueillir avec une confiance absolue. C'était, lui avait écrit en le lui adressant son premier protecteur, un enfant de bonne famille bourgeoise, mais qui avait été pauvre tout enfant, orphelin qu'il était, et tout en ayant des parents riches, mais qui ne s'étaient jamais occupés de lui. Le curé lui avait trouvé un certain goût pour l'architecture, ou tout au moins il avait conclu que Claude serait un excellent ingénieur, de ce qu'il montrait un goût plus que modéré pour le latin. C'était donc tout à fait l'aide qu'il fallait à M. le comte, qui n'entendait rien absolument aux choses de la construction. Car il ne s'agissait pas seulement de rendre aux anciennes salles du château leur décoration historique, mais encore de soutenir, de temps en temps, les défaillances d'un mur, voire même de relever çà et là où les frises vermoulues s'étaient écroulées. Claude en saurait assez pour cela.

Et le comte avait accueilli Claude sur parole et l'avait pris tout de suite en amitié, bien que les premières preuves de la science de son lieutenant n'eussent pas été pour l'encourager dans cette tendresse. Claude savait mal le latin, mais il ne savait pas du tout l'architecture. Il est plus simple de dire tout de suite qu'il ne savait rien du tout et n'en était pas moins le plus délicieux garçon du monde, un vrai trésor d'ignorance dans ce temps d'érudition à outrance.

Car, s'il ne manque pas aujourd'hui de godelureaux frais émoulus des divers baccalauréats et des examens professionnels qui suent l'instruction hâtive et sont bons à peu près à tout, on ne trouve pas facilement un fainéant aussi franchement rêveur, un gobe-mouche aussi parfaitement désintéressé des choses utiles et épris d'idéal lointain, ayant autant horreur de tout ce qui est pratique, évaporant mieux en projets chimériques une imagination ardente, que ce Claude Lundi qu'il était presque impossible de ne pas adorer.

En voilà un qui était vraiment épris de nature! Un grand artiste en herbe alors, comme disent les maraîchers du dictionnaire de l'Académie ? Allons donc ! un simple dilettante des harmonies mystérieuses où nos voix et nos élans se marient au silence et à la tranquillité des êtres immobiles et doux. Claude Lundi vous regardait un arbre durant deux heures, avec un attendrissement sincère dans le cœur et dans les yeux. Mais l'idée ne lui serait jamais venue de le peindre. D'abord il ne savait pas, et puis il craignait que l'arbre ne lui reprochât de l'avoir ridiculisé. Le bon panthéiste que c'était, se détournant gravement pour ne pas écraser un scarabée sur le sable, protégeant les nids, au printemps, contre les chats, sans maltraiter d'ailleurs ceux-ci et en évitant de leur faire peur, ayant horreur de toutes les destructions et en voulant sérieusement à la douce Claire de Lys de ce qu'elle aussi faisait la chasse aux écrevisses ayant droit de cité dans les ruisseaux depuis plus longtemps que nous dans nos villes !

C'était, d'ailleurs, la seule imperfection qu'il eût trouvée à cette personne exquise qu'il adorait avec l'instinct affectueux, dévoué et fidèle d'un chien, d'une tendresse bête et touchante, avec de grandes ardeurs aux flancs et de grandes timidités dans l'âme, comme on devrait toujours aimer, là, au moins, où tous les êtres nous donnent l'exemple de ces abandons délicieux à un sentiment irrésistible et de ce mépris superbe de tout ce qui n'est pas la satisfaction sainte de la chair, laquelle a ses droits comme l'esprit.

Mais il n'y voyait pas si loin dans ces choses subtiles. Tout ce qu'il savait, c'est qu'il éprouvait auprès d'elle un bien-être infini, un épanouissement intérieur de son rêve se faisant réalité, l'unique joie qu'il souhaitât sur terre. Et malgré tout ce que le vieux prêtre lui avait appris autrefois, il aurait bien donné tout ce qu'il avait pu mériter de salut par des œuvres pies, pour, un seul instant, poser sa bouche sur la bouche de Claire, la poitrine ronde et ferme de la jeune fille sur son cœur battant à lui briser les côtes. Donc, quand il la regardait, même de loin, et comme nous l'avons aperçu la contemplant entre les saules, c'était une folie délicieuse dont il se sentait enveloppé ; ses pieds ne touchaient plus la terre et des extases lui montaient sous le front, précipitant sur ses lèvres un flot d'inutiles baisers.

Tel était l'auxiliaire utile, le dévoué compagnon de travail, l'architecte épris de son état que M. de Prades avait reçu de son clairvoyant correspondant.

Il eût été cependant inexact de dire que Claude Lundi ne se sentît aucune vocation. Il avait infiniment de goût pour les choses du théâtre, lisait avec passion Shakespeare et souvent construisait, lui-même, tout en se promenant dans le parc, des pièces généralement fantastiques dont il n'écrivait pas la première ligne et dont le frêle échafaudage fondait, comme un château de neige, sous le beau soleil de paresse dont sa vie était illuminée.

Un autre côté de son caractère était une jovialité excessive, une humeur enfantine qui le poussait à mille gamineries. Il était de naturel farceur, en même temps que rêveur et quelquefois même mélancolique. Thomas Loursin en avait été souvent la victime et ne le lui pouvait pardonner. Cette humeur s'adressait quelquefois plus haut et devenait irrespectueuse au premier chef. Mlle Antoinette d'Estange, dont nous avons entrevu déjà l'anguleuse et noire silhouette de brune maigre et sans charme, en avait été atteinte quelquefois. Cette jeune personne avait pour tous les exercices sportifs et, en particulier, pour l'équitation, un goût malheureux. Elle ne faisait jamais le trajet d'Estange à Prades que sur une énorme jument qu'elle montait dans les plus purs principes de la haute école. Or, comme les visites entre châtelains étaient longues et que, durant ce temps, sa bête était à l'écurie, Claude ne manquait amais de mêler, à l'avoine de celle-ci, de l'anis en grain dont les propriétés carminatives sont aussi sensibles sur les animaux que sur nous-mêmes; si bien que lorsque Mlle Antoinette se remettait en selle, c'était dans le sonore fumet d'une pétarade équestre lancée en mille ruades joyeuses. Cette musique avait fini par amuser tout le monde, excepté la solennelle écuyère qui n'obtenait, en cravachant l'impertinent quadrupède, qu'un redoublement de ses artilleries en plein vent.

Claude n'aimait pas Mme Antoinette, uniquement parce que personne au monde ne ressemblait moins à Claire qu'il adorait. C'est d'une logique puérile mais incontestable, néanmoins.

Quant au marquis d'Estange, son père, c'était pour une autre raison également passionnée. Ce gentilhomme irréprochable, à la moustache longue, hirsute, rousse, et lui donnant à la fois un peu de Don Quichotte et un peu d'un vaguemestre; serré dans son veston, comme dans un pourpoint de guerre; ne parlant que de carnage; haut en jambes comme un héron; précédé dans la vie par un nez d'oiseau de proie qui inquiétait, chaque fois qu'il tournait la tête, ce véridique héritier d'une grande race qui avait versé son sang pour la foi, était un de ces chasseurs endiablés dont les exploits ne sont interrompus que par d'interminables récits.

Volontiers traquait-il le gros gibier, en des fêtes cynégétiques solennelles. Mais sa grande prétention était d'être un tireur ne manquant jamais son coup. Et cette adresse impeccable, il l'exerçait sans relâche, et sur tout ce qu'il rencontrait à portée. Toujours son fusil à la main, même pour les promenades les plus innocentes en apparence, il mitraillait impitoyablement, sur son chemin, chardonnerets, mésanges, fauvettes, les plus aimables oiseaux et les plus harmonieux, voire les hirondelles, quand celles-ci rasaient le sol avant la pluie, les hirondelles qu'épargnent les plus grossiers paysans eux-mêmes par une charmante superstition d'humanité.

Cette fureur de destruction bête exaspérait l'âme panthéiste de Claude, et ce jour-là même, pendant qu'on mangeait au déjeuner les écrevisses si vaillamment pêchées par ces demoiselles dont chacune croyait reconnaître, dans le buisson qui semblait une pyramide de corail, celles qu'elles avaient capturées, Claude se réjouissait fort à l'idée de la tête que ferait M. d'Estange tout à l'heure, quand, après le café, et sous prétexte de favoriser sa digestion, il s'en irait essayer son Lefaucheux sur les rossignols du parc, ces rossignols que Claude connaissait tous et dont il évitait soigneusement les nids au printemps, pour ne pas les effrayer du bruit de ses pas. Avant de rejoindre les pêcheuses au bord du ruisseau, il s'était donné le malin plaisir de fouiller dans la cartouchière du marquis et avait substitué à ses munitions des munitions pareilles, mais absolument inoffensives, où le plomb était remplacé par de la sciure de bois dont il avait artificiellement augmenté la densité. Il s'était fort réjoui en dedans de lui-même de cette inspiration. L'effet devait dépasser son espérance.

Il fallait toujours à M. d'Estange une galerie quand il tirait ; car c'était avant tout un plaisir de vanité qu'il prenait aussi. Comme par un hasard heureux, auquel Claude n'était pas sans doute étranger, ce fut la compagnie tout entière qui, silencieusement, emboîta le pas derrière le Nemrod tourangeau, se tenant à distance, toutefois, pour ne pas effaroucher son gibier. Claude lui-même, qui s'abstenait toujours de ces promenades meurtrières, faisait cortège, passant, quand il le pouvait, tout près de Claire, rien que pour sentir un frisson, un frôlement de sa robe, rien que pour respirer, dans un souffle rapide, l'odeur exquise des cheveux de Mlle de Lys qui se rendait fort bien compte de ce manège et s'y prêtait avec une condescendance louable.

Pan! Le premier coup sonna dans le vide et l'oiseau visé continua son vol impertinent vers les lointains azurs. M. d'Estange jura dans sa moustache. Pan! cette fois, sa cible vivante se contenta de gagner une haute branche où elle se mit à chanter narquoisement. Pan! C'était un merle, un gros oiseau cette fois et facile à atteindre, qui se mit tranquillement à siffler sans un seul frisson dans l'ébène de ses plumes. M. le marquis était blême. Il tenta un dernier essai, qui l'exposa aux moqueries d'un geai, dont les lourdes ailes passèrent avec un double reflet de turquoises. On commençait à rire; les jeunes filles surtout. On avait tort. Car, très pâle d'ordinaire, M. d'Estange devenait apoplectique. Il avait l'air d'un homme qui se croit le jouet d'un cauchemar et se demande s'il a encore sa raison. Il ne songeait même pas à s'excuser de son inhabileté. Il semblait avoir des doutes sur son identité et avoir encore envie de se tâter pour s'assurer qu'il était lui-même. Comme un fou, il envoya son fusil rouler dans un fond tout embroussaillé d'églantines dont les branches menues crièrent sous le poids de l'arme; et, sans dire un mot, presque en courant, il rentrait au château, faisait sangler son alezan, sautait dessus sans dire adieu à personne, suivi de sa fille, également atterrée, et dont la jument, soigneusement bourrée, secouait son corps de bringue dans un bouquet de feu d'artifice n'ayant rien de commun avec les bouquets de roses. Pendant huit jours, M. d'Estange ne sortit plus de son domaine. On dut le purger à plusieurs reprises, et jamais il ne recouvra depuis le génie bruyant qui jusque-là lui avait tenu lieu de gaieté.

Ce fut l'incident le plus remarquable d'une journée de villégiature très escomptée, au point de vue des plaisirs rustiques, par la partie de pêche du matin. Le déjeuner s'était prolongé fort avant dans l'après-midi. La chasse malencontreuse du marquis avait été un intermède comique ayant sa valeur. On parla vaguement d'une promenade en voiture à laquelle on renonça. Les hôtes du château le quittèrent vers six heures dans une grande agitation de mouchoirs blancs affectueusement agités, en signe d'adieu lointain, et se perdant dans l'espace en même temps que le bruit sourd des roues et le claquement des fouets enveloppant les chevaux de larges cinglées.

Comme toujours, après une journée bruyante, le dîner fut court et presque silencieux. Le comte de Prades regrettait une journée perdue pour ses recherches archéologiques. La comtesse Marthe semblait un peu lassée de s'être prodiguée à ses invités en mille attentions délicates, et, plus que jamais, le vague d'une rêverie palpitait sous le mouvement rythmique de ses longs cils projetant sur ses joues comme l'ombre d'une aile. Mᵐᵉ Clarisse, qui possédait un des plus nobles appétits de son temps, livrait consciencieusement bataille à chaque plat. C'était, chez tous, une dépression sensible de l'activité intellectuelle, un assoupissement de la pensée, un de ces repos qu'on goûte dans une sérénité toute charnelle. Seuls vivaient gaiement et sentaient couler leur sang dans leurs veines, Claude, tout à l'impatience du rendez-vous qu'il espérait, et Claire, toute à l'angoisse de résister ou de céder à son plus violent désir. Car, elle aussi, elle pensait que ces instants de solitude à deux seraient délicieux sous la grande tranquillité des cieux étoilés, dans le silence où le souffle de l'air se devinerait à des parfums, à cette heure mystérieuse où tout est tressaillement dans l'être, où toute clarté a un reflet, où toute musique a un écho, où la complicité fraternelle de toutes les choses semble défendre et chanter nos rapides bonheurs. Elle pressentait cette impression délicieuse sans l'avoir, bien entendu, jamais sentie. Elle se disait que cela devait être vraiment le bonheur infini de se sentir si près du bien-aimé, si abandonnée à son seul respect, si vraiment seule avec lui dans tout l'univers !

C'est en roulant, dans leur esprit, le monde obscur de pensées rayonnantes de l'un à l'autre, dans un invisible et sympathique échange d'espoirs et de terreurs, qu'ils osaient se regarder à peine, qu'ils cherchaient à deviner des réponses muettes aux silencieuses questions qu'ils s'adressaient dans un coup d'œil oblique, inquiet et passionné. L'interrogation des yeux de Claude fut cependant plus anxieuse et plus suppliante, quand il entendit la comtesse Marthe déclarer que tout le monde se coucherait de bonne heure au château, parce qu'elle était fatiguée et que les gens ne tenaient plus sur pied.

On se dit bonsoir, en effet, quand les poussières dorées du crépuscule, qui dure tard en juillet, couraient encore sur la plaine et quand l'horizon semblait encore, du côté du couchant, un jardin de glaïeuls roses aux fleurs se penchant de plus en plus vers la terre, comme sous le souffle d'un invisible ouragan.

Claire était remontée dans sa chambre après avoir embrassé sa sœur. Claude, lui, avait traversé seulement la sienne, et, la lumière aussitôt éteinte, était descendu dans le parc sans bruit. Leurs yeux ne s'étaient pas rencontrés dans un dernier accord de leurs pensées.

III

Cette nuit devait être une des plus belles nuits d'été qui fût jamais.

Elle était toute remplie de bruits mystérieux, semblant l'innombrable musique des félicités universelles. On eût dit que l'âme extasiée des choses montait, en actions de grâces, vers l'Infini, et en fumées d'encens vers les voûtes impassibles du ciel. Jusqu'au fleuve, qui apparaissait comme une large coulée d'argent, le paysage descendait dans un moutonnement d'ombres sur lesquelles passaient des lumières, comme, sur un troupeau, l'oblique et rouge adieu de l'occident qui met aux toisons d'imperceptibles flammes.

Par delà la Loire, couchée là comme un large couteau, un autre tronçon de nature s'estompait et les formes y devenaient mystiquement obscures, de fantastiques forêts se substituant aux forêts réelles, comme dans un rêve. On n'entendait pas l'eau courir sur les cailloux, qu'elle couvre à peine cependant en certains endroits, et les flots de sable faisaient des taches brunes sur cette blancheur métallique qu'aucun frisson ne ridait. Pour qui se fût retourné brusquement, le spectacle n'eût pas été moins beau du château, dont la masse s'échancrait en larges déchirures, et dont quelques fenêtres, encore éclairées, semblaient des pointes de braise vive piquées dans le noir d'un énorme tison.

Par les allées que les grands arbres couvraient d'un véritable dôme et dont les troncs élevés faisaient, à cette heure religieuse, comme les colonnades d'un temple, portant au cœur les ferveurs d'un jeune prêtre de l'amour qui va dire sa première messe, tout grisé par l'haleine des encensoirs et l'harmonieux relent des litanies, Claude s'en fut jusqu'au bord de l'étang où nous l'avons accompagné déjà le matin avec Claire, près du banc autour duquel s'éplorait un grand saule le recouvrant presque comme un berceau. Au moment où il atteignit cet endroit qu'il n'avait nullement désigné à Claire, mais où il savait qu'elle viendrait si elle devait venir, — parce qu'il est pour les amoureux un livre auquel seuls ils savent lire, — les premières étoiles plongeaient sous l'eau immobile, comme si les nénuphars dont on entrevoyait encore tout à l'heure le cœur d'or rayonnant y fussent descendus. Une note de cristal d'une suprême mélancolie montait des grands joncs que la lune faisait clairs comme des flèches d'émeraude et dont l'ombre noire pâlissait avec des brisures hiéroglyphiques, écrivant sur l'onde un incroyable poème.

Les gazons étaient déjà diamantés, nappes rayées

de grandes ombres et dont les blancheurs semblaient servies au fantastique repas de farfadets accourus de toutes parts.

Et dans l'irrésistible enchantement de cette nature recueillie, Claude se mit à penser qu'il faudrait que Claire fût folle pour ne pas venir. N'allez pas croire, au moins, qu'il voulût rien d'elle! Entendre sa voix lui parler tout bas, respirer son haleine et réchauffer le frisson de tout son être aux tiédeurs exquises de ce corps jeune et parfumé, se sentir mourir vaguement dans une caresse à peine formée, à peine définie, comme il en avait souvent volé à la jeune fille en se glissant auprès d'elle, c'était tout ce qu'il rêvait, ou tout au moins ce qu'il croyait rêver. Nous avons affaire ici à un cœur tout neuf, à des sens sans expérience, à l'inconsciente passion d'une jeunesse demeurée chaste, d'une vigueur qui s'est longtemps employée à de chimériques dérivatifs. Le cours de son sang était comme la révolte des sèves au printemps, quand elles brisent quelquefois l'écorce. Claude était pur, d'ailleurs, comme un jeune bouleau dressant sa tige argentée vers un feuillage mobile et frémissant comme la foule ondulante des désirs.

Il n'avait jamais eu le temps de regarder profondément dans la vie, laquelle est comme une source très creuse dont on n'atteint les sables tremblants qu'en plongeant la tête dans sa douloureuse fraîcheur. Il s'était contenté de regarder jusque-là le ciel, se prenant à vouloir compter les étoiles comme un enfant les grains de sable qu'il tient dans la main. Son éducation dans un presbytère, par un vieil homme naïf aussi, et dont la dévotion avait inexorablement faussé le jugement, l'avait rendu particulièrement ignorant des éléments de la pratique sociale. Il ne se disait pas une minute qu'il faisait une action douteuse en donnant un rendez-vous, le soir, à une jeune fille dont les proches étaient ses bienfaiteurs et que c'était payer singulièrement une constante hospitalité.

Encore moins se disait-il que sa situation de fortune ne lui permettrait jamais d'épouser Mlle Claire de Lys et qu'il deviendrait absolument odieux, s'il rendait ce mariage nécessaire. Que lui manquait-il pour se faire une situation dans le monde? Tout en réalité. Mais ce tout lui semblait rien, parce que le vrai tout c'était son amour.

Non certes, en attendant anxieux, au bord de l'eau où les constellations étaient une à une descendues, par cette nuit dont un grand souffle de poésie enflait, comme une voile d'azur, le ciel flottant à peine ridé de petites vapeurs blanches, dans ce mystérieux enchantement de toutes les choses, dans cette musique de fiançailles immortelles qui s'élevait de la terre et qui tombait du firmament, ce n'était pas aux vains obstacles dressés devant sa tendresse obstinée qu'il songeait. Claire était déjà auprès de lui, sans y être encore venue. Il lui parlait, il la respirait, il la couvrait de baisers, et, dans son espérance impatiente, prêt à poser ses lèvres sur l'herbe que son pied foulerait tout à l'heure, comme pour y coucher un tapis fait de son âme.

De cet entretien fervent, inouï, brûlant avec une

absente, le sentiment de la réalité le réveillait quelquefois seulement. Il regardait autour de lui étonné, comme si elle venait de lui dire adieu, sans lui avoir encore dit bonjour. Et alors, il regardait du côté où elle viendrait sans doute, par d'autres allées que celles que lui-même avait suivies; car la chambre qu'il occupait était dans une autre aile du château que celle où se trouvait l'appartement de la jeune fille. Il ne pouvait voir d'où il était, la croisée de sa chambre, à elle. Une à une il avait vu s'éteindre les lumières aux autres fenêtres, comme les dernières étincelles d'un paquet de sarments sur lequel la cendre s'écroule. Le château n'était plus qu'une lourde obscurité posée là comme une borne devant son regard. Une étoile luisait-elle par derrière, une étoile qui se lèverait dans son ciel en cessant de brûler sur ce sombre pan de muraille?

Et quand ses yeux s'étaient longtemps perdus sur le vide, rien n'existant pour lui de ce merveilleux paysage, que le coin où respirait Claire, c'est l'oreille qu'il prêtait aux moindres rumeurs, pensant toujours entendre le frôlement exquis de sa robe sur le sable humide, ou le bruit de ses pas piquant, sur la terre dure, la pointe mignonne de son talon qu'il se sentait entrer dans le cœur.

Mais, seuls, les roseaux gémissaient sur leur image de plus en plus brisée, les souffles de la nuit devenant plus impérieux à mesure qu'avançait l'heure; et le grand saule penché sur le banc balançait, avec un murmure soyeux, ses longues feuilles

.échant le gazon comme des langues vertes doublées d'argent clair. Ne viendrait-elle donc pas?

Cela lui paraissait si parfaitement impossible, tant la franchise avait toujours été grande entre eux, qu'il ne désespérait pas malgré que la lune approchât de son tranquille zénith. Ce lui semblait si simple que, pour se donner du courage, il ne se disait même pas que l'éducation exotique et relativement libre de Mlle de Lys aux colonies pourrait seule, excuser, de sa part, une action qu'une jeune fille française élevée en France jugerait absolument impossible.

Au fait, peut-être avait-il raison et Claire serait venue tout de même.

Car elle apparut soudain à la pointe d'une allée, la tête tendue en avant, délicieuse dans un rayon qui l'enveloppait tout entière.

Et ainsi semblait-elle, dans le vêtement large qui l'entourait de plis que la clarté lunaire faisait blancs, l'âme vivante de toutes les choses éperdues de langueur et d'amour.

Claude eut comme un éblouissement. Une réflexion subite lui fit penser qu'il valait mieux que ce fût lui qu'elle qui franchît la nappe de lumière dont ils étaient séparés. Il croyait bien cependant qu'ils n'étaient vus que par les yeux d'or des étoiles! Il fit donc signe à Claire de l'attendre et, comme un fou, il franchit cet espace en quelques bonds, entraîna la jeune fille sous l'ombre qu'elle avait laissée derrière elle, et, l'asseyant doucement sur un talus de gazon qui bordait, en ce point, l'avenue, s'abattit

4

comme une bête pantelante à ses pieds. Et elle ne songeait même pas à résister à cette violence silencieuse, obéissante et comme impassible sous ce grand mouvement de passion dont le frisson montait jusqu'à elle. Elle le laissait couvrir de baisers ses jolis pieds dont la chaussure était humide de rosée, et tendre ses mains suppliantes jusqu'à ses genoux que caressaient des doigts frissonnants. Elle penchait même doucement la tête vers lui, comme pour l'assurer de sa compassion et de sa propre tendresse.

Alors sur le coude il se souleva et porta ses lèvres jusqu'à celles de Claire qui ne se reculèrent pas; et, se redressant davantage encore, d'un de ses bras il enlaça sa taille flexible, et de l'autre son cou aux tiédeurs ambrées.

Ils demeurèrent ainsi quelque temps, bouche à bouche, buvant le souffle l'un de l'autre et haletants de la même angoisse délicieuse où leurs deux êtres se fondaient.

Et, tout autour d'eux, c'était bien le décor d'un épithalame à l'antique comme les vieux bucoliques l'ont chanté : les lucioles s'étaient allumées, lampes discrètes et vivantes d'un temple immense autour d'eux ; tous les hymnes d'amour qu'exhalent les âmes de la nuit les caressaient de leur musique sacrée : chanson de l'eau sous le roseau incliné qui la baise; plainte du rossignol sur les délices évanouies du printemps; frémissement des branches que le vent effleure; élégie du phalène à la flamme qui le brûlera tout à l'heure; l'innombrable murmure des insectes rampants, se cherchant pour de rapides noces, dans la profondeur, des herbes, des insectes ailés se poursuivant, pour d'éphémères mariages, dans la limpidité sonore de l'air.

Ils ne mêlèrent pas de voix humaines à ce concert.

Au moins n'échangèrent-ils que des paroles entrecoupées, des baisers devenant à peine des mots. Ils n'avaient rien à se dire, n'ayant rien à s'apprendre. Un bonheur immense, débordant, était en eux, qui leur faisait monter des sanglots d'extase à la gorge et des larmes de joie aux paupières. De plus en plus, il la renversait lentement au dossier de mousse fleurie que le revers du fossé élevait derrière elle, comme on couche, ainsi qu'un enfant dans son lit, la bien-aimée craintive qui retiendra votre tête près de la sienne avec son bras.

Un sanglot lui sortit de la poitrine, à elle, plus fort que tous les autres. On eût dit qu'il l'étouffait.

— Claire! dit une voix sonnant, derrière eux, une fanfare de colère et de fatalité.

Claude se retourna éperdu.

— Misérable! reprit la même voix avec un indicible accent de mépris.

La comtesse Marthe était là debout comme une image vengeresse. Elle se précipita vers sa sœur, la remit sur pied d'un mouvement nerveux où ses mains délicates semblaient se briser et l'emporta, pour ainsi parler, dans la même fuite qu'elle, toutes deux disparaissant comme deux ombres blanches dans le chemin obscur que la nuit soudain sans lune fermait de toutes parts.

Claude hébété se demandait s'il avait rêvé. Il restait là cloué sur le sol. Au fait, qu'est-ce qu'il avait rêvé et quand avait-il rêvé? Était-ce au moment de son suprême bonheur ou au moment de cet affreux écroulement des délices entrevues? Est-ce quand Claire était dans ses bras ou quand la comtesse était venue qu'il avait rêvé? Et il était là comme un homme ivre, plus effroyablement solitaire de tout le poids de ce terrible adieu, tandis qu'autour de lui le chœur impassible des êtres et des choses continuait à chanter joyeusement le cantique de ses tristes fiançailles.

Il se laissa tomber enfin à la place même où Claire était étendue à demi tout à l'heure; il baisa follement le lit de gazon qui avait gardé la tiédeur et un peu de l'empreinte de son corps, et sentant une douleur affreuse de ce qu'il osait à peine croire, il se mit à pleurer, mêlant sur les brins d'herbe ses pleurs d'homme, ces pleurs où un peu de notre sang coule, aux gouttes de rosée que faisait perler déjà l'approche de l'Aurore hâtive en cette saison.

Car il était encore là quand les ailes d'un cygne invisible semblèrent secouer leur duvet à l'horizon, le ciel oriental s'emplissant de petites nuées blanches et une floraison de roses pâles y montant bientôt pour s'effeuiller parmi ces vapeurs légères. En même temps, une grande fraîcheur lui venait de l'étang voisin fauché par une brise coupante, et les images plus nettes, par le retour sensible déjà de la lumière, éveillaient également dans son esprit un monde d'impressions moins chimériques, le monde impitoyable des réalités.

Ce qu'il avait fait était odieux, ou du moins ce qu'il avait été si près de faire. Car il était presque heureux, maintenant, que la fatalité se fût dressée entre sa faute et le suprême bonheur. Eût-il appris tout à coup que c'était l'ignoble Thomas Loursin qui, après s'être caché tout le jour dans le parc pour les épier et s'y étant trouvé enfermé, à la tombée du soir, avait tout vu et avait été prévenir la comtesse, qu'il n'eût pas eu le courage de le maudire. Ainsi de grands ferments d'honnêteté lui bouleversaient la conscience, la gonflant de tortures viriles et pesant lourdement sur son cœur. Il étouffait sous le remords qui le prenait à la gorge.

Puis le cours de son chagrin changeait, pour ainsi parler, l'entraînant vers un autre océan de méditations douloureuses. Il était impossible qu'il rentrât au château. Cette nuit, cette nuit troublée était la dernière qu'il passait dans ce séjour calme où il avait trouvé, adolescent, la tendresse refusée à son enfance, dont l'horizon lui avait toujours semblé fermé autour de sa vie et s'ouvrait tout à coup comme une barrière qui se brise, le jetant sur le grand chemin ; où il avait goûté la douceur des premiers rêves, où il avait aimé comme il lui semblait impossible d'aimer désormais.

Claire ! Il ne reverrait plus Claire ! que faisait-elle en ce moment tandis que le torturait cette pensée d'une séparation éternelle ? Sans doute, elle pleurait, comme lui ; elle pleurait, au moins, sous les reproches d'une autre et non sous le faix de son volontaire désespoir. Certes, elle ne l'avait pas repoussé comme il aurait mieux valu peut-être. Mais il l'avait surprise de l'ardeur imprévue de ses tendresses et c'est lui qui avait fait tout le mal.

Ne plus la revoir ! ne plus attendre le jour pour la contempler, après des nuits délicieusement remplies par l'espérance ! ne plus entendre le son de sa voix par qui la mémoire de toute musique était effacée ! ne plus avoir le cœur épanoui d'un seul regard, d'un seul sourire ! Avoir vingt ans et se dire qu'on n'a plus qu'à se souvenir !

Il saurait bien correspondre avec elle. Elle ne refuserait pas de lui répondre. Mais le devait-il, et à quoi cela servirait-il ? C'était bien le Paradis qui allait se refermer sur ses pas et ce n'était surtout pas un ange qui en allait garder la porte. Car les anges se laissent fléchir quelquefois. C'était l'âpre réalité de la vie, le devoir imbécile, une simple convention peut-être qui ne lui permettrait plus de franchir jamais ce seuil.

Et durant qu'il se consumait ainsi en mélancoliques pensées, le jour grandissait encore, empanachant de sa lumière dorée les cimes des hauts arbres, couchant au loin sur le fleuve de larges opacités métalliques faisant comme des flots sur la transparence azurée de son cours, dégageant les lointains du paysage de leur voile de brume, le jour qui lui compterait, comme un mauvais salaire de sa faute, les premières heures de l'exil. Aucun signal de réveil d'ailleurs, à la face morne du château dont les ardoises seules étincelaient à la lumière et dont tous les volets fermés étaient comme autant de paupières closes. C'était là cependant, dans ce bloc inerte de pierre, que battait tout ce qui restait de son cœur!

Bien que les pas lourds des jardiniers matinaux n'eussent pas encore sonné sur le sable, il pensa qu'il risquait d'être vu en demeurant plus longtemps. Une fois encore il se jeta à terre, le front en avant, mordant de baisers la place où il l'avait posée; il arracha et mit dans sa poitrine des brins de mousse et des fleurs cueillies çà et là. Puis sans se demander quelle route il prendrait ensuite, il gagna une petite porte du parc qu'il avait bien des fois franchie pour aller cueillir et offrir à Claire les plantes sauvages qu'elle aimait. D'un bond, en s'arrachant les coudes aux éclats du bois et aux ferrures déchiquetées par la rouille, il sauta de l'autre côté, fit quelques pas à reculons pour regarder encore la demeure tant aimée et se prit à courir droit devant lui, ne sentant plus dans sa tête que les rafales du vent de sa course, lesquelles résonnaient comme aux flancs creux d'un instrument sans âme

IV

La comtesse n'avait pas dit un seul mot à Claire dans le chemin précipité qu'elles avaient fait pour rentrer au château. Elle accompagna sa sœur jusque dans sa chambre, sa sœur plus morte que vive et qui semblait à peine réveillée de l'éblouissement où elle avait senti faiblir toutes ses forces et toutes ses volontés. Marthe défit lentement le manteau que Claire avait noué autour d'elle pour sortir et qu'elle lui avait rejeté sur les épaules en l'entraînant, et Claire s'en laissa dépouiller en demeurant comme une statue dans sa toilette presque blanche, immobile, avec plus d'étonnement que de honte dans ses beaux yeux baissés. Et de même, laissa-t-elle Marthe lui dénouer sur le cou sa belle chevelure où tremblaient quelques gouttelettes d'eau, pour les réunir en un faisceau pesant sur la nuque, comme tous les soirs, pour le sommeil. Car il y avait quelque chose de très maternel dans sa tendresse pour cette enfant plus jeune qu'elle de six années. Aux colonies, là-bas, elles ne s'étaient jamais quittées.

Bien qu'elle n'eût proféré ni un mot de reproche, ni une plainte, bien qu'aucune larme ne fût venue à ses yeux, l'émotion profonde de Mme de Prades se pouvait deviner à sa respiration d'ordinaire si douce et maintenant durement rythmée, au frisson de ses doigts dont les mouvements avaient, à l'habitude, une adorable nonchalance créole, aux plis imperceptibles dont se ridaient les coins de sa bouche, dont une double fossette ponctuait seule le voisinage, à l'état de sérénité, et quand le sourire n'était pas loin de ses lèvres. Les ondulations de son corps aussi, de son beau corps souple de femme ayant grandi sous les caresses du soleil, avait pris une raideur inusitée. Évidemment elle se contenait pour ne pas éclater, sinon en cris de colère, du moins en cris de douleur. Et tel était l'empire qu'elle avait sur elle-même, qu'elle se contint ainsi jusqu'au bout et que, quand Claire se fut laissé machinalement étendre dans son lit, elle lui dit comme de coutume, et d'une voix un peu tremblante cependant : — Bonne nuit !

Mais Claire sentit bien, sur son front, au baiser fiévreux qu'elle en reçut, toutes les détresses de l'âme de sa sœur.

Elle n'avait même pas songé à lui demander pardon. Pardon de quoi? Tout cela était arrivé comme fatalement et sans qu'elle s'en rendît le moindre compte. Elle était allée là-bas au rendez-vous parce qu'un sentiment invincible l'y avait poussée et comme entraînée par la main. Savait-elle que Claude se jetterait ainsi à ses pieds sans lui dire une parole, qu'il lui envelopperait les genoux de ses bras, qu'il l'enlacerait d'une étreinte où se colleraient leurs bouches, qu'il lui boirait, dans son haleine, la pensée en même temps que le souffle? Avait-elle pu deviner cela et qu'une femme est au pouvoir de celui qu'elle aime quand celui-ci lui sait témoigner de l'immensité de son propre amour? Il y avait eu dans tout cela, un entraînement, une fatalité, un je ne sais quoi de mystérieux qui lui ôtait le courage d'y chercher sa propre faute, comme s'il était impie de se vouloir dérober à ces immortelles volontés du grand Inconnu !

Toute sa douleur aussi, à elle, était dans l'idée que Claude ne serait sans doute plus là demain. Mais, comme les femmes ont, dans l'amour, une confiance instinctive que lui accordent rarement les hommes, en quoi ceux-ci ont tort — car à quoi se fier, sinon à la plus grande force dont la nature entière est dirigée? — Claire ne pensait pas un seul instant qu'ils ne dussent se revoir jamais. Aussi l'amertume était-elle moins grande, pour elle, de la séparation au bout de laquelle elle entrevoyait déjà le retour. Et comme, non plus, la curiosité n'abandonne jamais la femme, même dans les plus critiques moments, elle se demandait déjà comment ils arriveraient à se revoir, et comment se rasséréncrait le ciel après cet orage.

Et la lassitude ayant raison de sa peine aussi bien que de son inquiétude, Claire s'endormit les yeux un peu gonflés de larmes, il est vrai, mais dans une façon de rêve où lui revenaient la douceur des étreintes de Claude, au moment suprême où on les avait arrachés l'un à l'autre, et la chaleur des caresses dont il lui avait brûlé les lèvres et le cou. Elle s'endormit, alors que le jour naissant traçait entre les rideaux de sa chambre une ligne blanche qui descendait, en se faisant plus luisante, sur le parquet; tandis que les oiseaux familiers voletaient sous ses fenêtres avec un ramage ami, et qu'il s'en allait, sur la route, à l'aventure, dans la poussière des souffles du matin, celui qui, quelques heures auparavant, avait été si près de lui enseigner ce qui fait les suprêmes délices et la suprême torture ici-bas.

La comtesse était pâle comme une morte en quittant la chambre de sa sœur. Alors seulement ce fut comme une averse de larmes qui lui coula dans les yeux, une pluie qui lui noya un instant le regard et qui tombait, tiède, sur ses belles mains tremblantes. Pourquoi le courage lui avait-il manqué de faire un seul reproche à Claire ? Il faudra mieux connaître la vie de Mme de Prades pour le comprendre. Il y avait beaucoup de logique et de justesse dans cette âme qui savait ne révéler d'elle que ce qu'elle voulait bien. Une fois dans son appartement, elle se laissa tomber sur une causeuse et y demeura un instant son mouchoir sur le front, les coudes plantés dans les genoux.

Mais bientôt la fièvre qu'elle avait ne lui permit plus cette façon de repos pénible. Elle s'en fut à sa fenêtre, l'ouvrit toute grande et se mit regarder dans la campagne, que le matin incendiait de ses humides soleillées. La fraîcheur de l'air lui fit du bien. Elle goûta une distraction vague à voir les gens de la maison passer çà et là, allant à leur ouvrage. Ses yeux étaient secs maintenant, et elle se sentait plutôt accablée.

Elle s'essuya une dernière fois le visage en entendant ouvrir la porte derrière elle.

C'était M. de Prades qui lui venait souhaiter le bonjour, comme tous les matins. Car les deux époux n'avaient jamais fait chambre commune. Le comte entendait respecter ainsi toutes les pudeurs intimes de sa femme et, d'ailleurs, ses habitudes de travail, dès l'aube, eussent réveillé Marthe plutôt qu'il ne convenait. Ses scrupules de catholique et sa manie d'archéologue avaient, tous deux également, trouvé leur compte à cette façon de vivre mitoyennement dans le mariage, ce qui ne l'empêchait d'ailleurs d'en remplir aucun devoir. Il y a bien quelque chose de comique dans la solennité qui résulte de cette mode, en une matière qui ne comporte pas tant de cérémonie et où l'improvisation vaut mieux que le prémédité; mais cette mode n'en est pas moins répandue dans un certain monde qui, fort heureusement, ne rit pas volontiers.

Le comte mit doucement une main sur l'épaule de sa femme et, de l'autre lui amena tendrement la tête vers sa bouche, en la détournant et en caressant ses cheveux.

— Déjà debout! lui dit-il avec un bon sourire.

Elle lui répondit simplement :

— J'ai passé une mauvaise nuit.

— Avez-vous donc été souffrante? Il fallait me faire appeler.

Elle garda un moment le silence, tandis qu'il la regardait avec une tendresse inquiète de père autant que d'amant. Puis tout à coup, comme rompant le silence avec effort, mais d'une voix pleine d'énergie :

— Il faut que Claude ne revienne jamais ici.

Le comte la contempla avec étonnement :

— Claude est donc parti?

— Je l'espère.

— Mais qu'avait-il donc fait?

— Vous mourriez de honte si je vous le disais.

Le gentilhomme ouvrit, pour le coup, des paupières démesurées et que son regard semblait brûler au dedans, tant il y avait de flammes.

— Il aurait osé!... le misérable!... à vous!

Et le souffle lui râlait dans la gorge.

Elle eut pitié de lui, et sans le désabuser — car elle aimait héroïquement Claire et ne voulait pas que sa sœur fût même soupçonnée — elle enlaça doucement son mari de ses bras, avec plus de caresses qu'elle n'en avait mis jamais.

— Vous ne doutez pas de moi, n'est-ce pas? lui dit-elle. D'ailleurs il est parti.

Et elle étouffa sur la bouche du comte le sanglot de colère et d'indignation qui y montait; elle l'étouffa sous sa propre bouche, ce qu'elle n'avait fait jamais.

Une sueur froide perlait au front de M. de Prades.

— Je le tuerai, dit-il.

5

Un éclair de terreur passa dans les yeux de Marthe. Elle entoura son mari de ses bras avec une tendresse qu'elle ne lui avait jamais témoignée; de la tendresse peut-être, plutôt quelque chose de suppliant et d'épouvanté, comme si elle eût craint de l'avoir réveillé de son rêve de fidélité et d'avoir déchiré le coin du voile derrière lequel la femme lui apparaissait comme un être immaculé. Lui demeurait comme secoué par un intérieur rugissement. Alors, poussant brusquement la fenêtre, elle l'attira à elle, et doucement, avec des caresses de ses lèvres sur le cou, elle l'entraîna vers son lit, à peine défait, vers son lit tiède encore du dernier repos qu'elle avait tenté d'y prendre, et, de son poids impérieusement étreignant, l'y coucha lentement auprès d'elle.

Et pour la première fois depuis leur mariage, ils furent l'un à l'autre comme le sont les amoureux, à l'imprévu, par un entraînement irrésistible de sens, en dehors des sévères méthodes conjugales auxquelles la piété du comte l'avait accoutumée. Chose étrange ! dans cette caresse légitime et qu'il croyait peut-être cependant coupable, le comte eut une impression absolument nouvelle; à ces embrassements il trouva une saveur qu'il n'avait jamais goûtée, il apporta une fièvre qui semblait faite de toute sa colère passée, de toute la violence des sentiments subitement refoulés en lui. Était-ce l'idée inconçue jusque-là, qu'un autre eût osé lever les regards sur sa femme, un frisson de jalousie physique, un de ces désirs honteux que fouette l'appréhension d'un ignominieux partage, mais il eut des frénésies de possession et des baisers désespérés qu'il avait ignorés jusque-là.

Et, comme après certains énervements une détente presque absolue nous vient de l'apaisement des sens, ces grands consolateurs des tortures de l'âme, il semblait ensuite qu'il eût tout oublié et que cette grande fureur n'eût été qu'un songe. Marthe avait-elle prévu cela et n'avait-elle été qu'une habile comédienne? Non! Mais l'instinct de la femme est sûr dans toutes les choses de l'amour, et elle y est d'une subtilité naturelle qui la dispense d'avoir rien appris et de raisonner pour agir adroitement.

Ce fut elle qui se dégagea la première de cet état de grand abandon en commum, comme si elle eût éprouvé presque un peu de honte de s'être ainsi donnée à son mari comme une amoureuse. Et lui aussi avait dans le regard, avec quelque chose d'ineffablement humain, quelque chose qui semblait demander pardon.

Ce qui faisait le fond des pensées vagues que Maurice roulait dans sa tête alourdie, dans son cerveau grisé par l'odeur de baisers qui lui montait encore aux narines et aux lèvres, c'était qu'il s'était fort exagéré le péril couru par son honneur. Une inconséquence de Claude peut-être! Un mot malheureux dont la pudeur de sa femme se serait affarouchée. Le moindre souffle ne met-il pas un frisson aux corolles pures du lis? Le grand bonheur qu'il venait de goûter l'emplissait de ferments d'indulgence. Elle comprit encore sans qu'il ait eu à lui parler.

— Il est parti, fit-elle, et il ne reviendra jamais, n'est-ce pas ?

Il lui répondit d'une voix solennelle et pleine de reconnaissance pour la tendresse qu'il voyait dans cette prière :

— Jamais !

Et sa fière assurance de tout à l'heure semblant le reprendre, il lui répéta : « Jamais ! » sur les lèvres, en les pressant de sa bouche entr'ouverte, les dents serrées aux jolies dents de sa femme, buvant son souffle et la poussant, à son tour, vers l'oreiller pour y poser leurs deux têtes. Mais elle résista doucement, comme une femme lassée et qui demande affectueusement grâce.

— Nous sommes fous ! dit-elle.

Et elle lui montra, à la fenêtre dont les rideaux étaient restés grands ouverts, le jour ensoleillé, le grand jour ruisselant de lumière, le grand jour qui chasse devant lui, comme un épervier de feu les colombes, le vol des mystères amoureux dont le souffle de la nuit rouvrira, seul, les ailes caressantes.

Il se frotta les yeux comme un homme que blesse une clarté trop grande; on eût dit que son rêve mourait dans ses yeux meurtris, aux bords congestionnés de bleu, dans ses yeux dont les flammes s'étaient éteintes. Dans une étreinte suprême, il enveloppa Marthe et tous deux se quittèrent; lui pour se remettre avec effort aux travaux qui lui étaient d'ordinaires délices; elle pour aller dans la chambre de Claire, savoir si sa sœur avait reposé.

Elle trouva Claire levée depuis longtemps et, en apparence, d'un calme parfait. Elle l'embrassa longtemps sur le front, jusque dans les cheveux, et toutes deux restèrent un instant muettes. Quand le silence se rompit, ce fut sur un échange de riens et de banalités voulues. Il était certain que Marthe était résolue à ne pas parler de ce qui s'était passé la nuit dernière. Claire lui en sembla reconnaissante. C'est au moins ce que disait le regard qu'elle leva vers sa sœur aînée. Celle-ci lui prit le bras tendrement :

— Veux-tu que nous descendions un instant ? lui dit-elle. Vois la magnifique journée.

La jeune fille, sans lui répondre, ramassa ses lourds cheveux sous un chapeau de paille auquel pendaient deux cerises comme deux grosses gouttes de sang, jeta un mantelet sur ses épaules, et un instant après, elles marchaient, côte à côte, dans les allées dont le sable, encore humide et étincelant sous le grand soleil, criait sous leurs pas. La conversation devint de plus en plus languissante durant cette promenade, malgré les efforts que faisait visiblement la comtesse pour susciter un tas de sujets de causerie indifférents, le bel appétit de Mlle Clarisse, le dernier veston ridicule de Mlle d'Estange, les gasconnades cynégétiques de son père, etc... Claire répondit à peine, avec un accent de tendresse et non pas de bouderie. Et elles descendirent ainsi jusque tout près de l'étang, pareil, en ce moment, à une nappe de feu d'où les roseaux montaient

5.

comme des gerbes d'ombre, où les nénuphars faisaient des taches opaques, près de l'étang incendié par l'approche de midi et autour duquel toutes les voix du matin s'étaient tues. Claire, qui marchait machinalement, eut comme un sursaut quand elle se vit près du banc qu'abritait un saule :

— Oh ! pas par là ! fit-elle, en rebroussant chemin.

Et la comtesse, émue du ton douloureux de sa voix, murmura : « Pardon ! »

Mais si bas que Claire ne l'entendit pas, sans doute.

Le déjeuner fut triste. Pour expliquer l'absence de Claude, le comte avait dit brièvement que de mauvaises nouvelles du prêtre à qui il devait tout, l'avaient forcé à partir la nuit même et que, son premier devoir étant de ne pas quitter son premier bienfaiteur, il ne reviendrait pas sans doute de longtemps. M110 Clarisse n'avait pas paru croire absolument à cette histoire. Mais sa curiosité en éveil ne lui fit pas perdre une bouchée. Parmi les convives dont les traits portaient, plus ou moins, l'empreinte des angoisses qu'ils venaient de traverser, elle apparaissait, épanouie, dans son beau rayonnement de chair blanche, comme le sourire immortel de la nature sur les douleurs humaines. Elle reposait vraiment l'esprit et les yeux. Au milieu des desserts apparaissaient les charmes abondants de sa personne, mal gardés par une robe légère très échancrée au-dessous du cou, et un homme sujet aux mauvaises pensées se fût dit que les plus jolies fraises n'étaient pas dans le compotier.

Et cependant, Mlle Clarisse n'était pas seulement intriguée par les causes mystérieuses du départ de Claude; elle en était dans une certaine mesure affligée. Cette grosse personne était fort incommodée par sa propre sagesse. Elle rêvait, depuis longtemps, d'une faute paisible, aisément cachée et qui ne lui eût pas fait perdre sa place, d'une faute à domicile et facile d'ailleurs à continuer en voyage. Elle avait bien espéré un peu que le jeune garçon qu'elle trouvait agréable se serait déniaisé en sa faveur. Elle se demandait même, s'étant fort bien aperçue des assiduités de Claude auprès de Mlle de Lys, comment il pouvait avoir le mauvais goût de préférer cette pensionnaire encore en bouton à l'épanouissement d'une fleur aussi parfaitement ouverte et dans son éclat qu'elle-même.

Mlle Clarisse avait lu Rousseau, et, sans avoir l'âge de Mme de Warens, elle en eût volontiers joué le rôle.

Un autre, il est vrai, ne dissimulait pas son désir de lui donner la réplique dans cette aimable comédie; mais il était loin de lui convenir autant. C'était Thomas Loursin, le délateur, qui avait agi autant par amour que par méchanceté en révélant à la comtesse le rendez-vous de Claude et de sa jeune sœur. « Faute de grives on mange des merles », pensait la philosophie résignée de Mlle Clarisse. Thomas, à vrai dire, ne ressemblait pas à une grive ni même à un merle, mais à un corbeau. L'habit noir qu'il tenait de son père, le maître d'école, et qu'il portait pour se mettre en toilette, lui en donnait absolument l'allure, avec ses deux pans en forme de queue fendue ; et s'il n'avait pas le bec jaune, la lividité bistrée de son teint d'envieux, tout safrané de bile, lui donnait une ressemblance de plus avec ce déplaisant oiseau.

Quelque chose encore devait rapprocher Mlle Clarisse de ce déplorable galant, véritable pis-aller nécessaire aux expansions de son cœur. Elle se doutait que Thomas savait la vérité sur la fuite de son rival et elle se promettait d'en tirer habilement de lui le secret.

Et tout en méditant mélancoliquement sur la hauteur qu'atteignait déjà, sur sa tête, le bonnet de Sainte-Catherine, elle éventrait des abricots du bout de son couteau d'argent.

Quand ces dames remontèrent dans leurs chambres, la chaleur ne permettait plus de sortir. Ce fut une vraie joie, pour l'institutrice, d'entendre Mlle de Lys lui dire qu'ayant mal à la tête, elle ne prendrait pas sa leçon d'allemand. Mlle Clarisse en profita pour faire, sous son ombrelle, tête nue et en petits souliers de toile, une courte promenade vers le chemin du village.

Elle avait prévu que Thomas rôderait par là et elle ne s'était pas trompée. Le sourire qu'elle lui fit fut si encourageant que tous deux gagnèrent un coin de bois, tout en disant des bêtises, et s'y assirent à côté l'un de l'autre, sous un large parasol naturel troué çà et là par d'obliques rayons de soleil qui venaient mourir, en frémissant à leurs pieds, sur les brins d'herbe où les papillons eux-mêmes se venaient poser pour trouver un peu d'ombre. Ce leur était donc une façon de Thébaïde à deux, dans une oasis, loin des hommes fuyant les colères embrasées du zénith. Aucun bruit que le crépitement lointain des cigales dans la bordure de la route. Le bel endroit, et bien choisi pour les confidences et les épanchements !

Mais Mlle Clarisse, une excellente fille au fond, n'était pas de force avec le gars madré à qui elle avait affaire. Thomas eut tous les avantages de la situation. Il se permit un tas de privautés très suffisantes à un honnête homme, par une telle température. Il se soûla des grâces extérieures, qu'une brise parfumée enveloppait, de l'appétissante demoiselle, fourra avidement son vilain nez dans sa gorge qui sentait la femme en belle santé, mangea ses joues comme des pêches, ses lèvres comme des fraises, s'offrit, en un mot, un dessert complet, que n'avait précédé, il est vrai, aucun plat de résistance. Il se gorgea de gloutonneries amoureuses, et comme il avait appris qu'on ne doit pas parler la bouche pleine, ne dit absolument rien.

Le drôle, sans avoir un plan bien défini, pressentait qu'il possédait un secret dont il pouvait tirer parti quelque jour, et il n'éprouvait le besoin d'associer personne aux futurs bénéfices qu'il en attendait. C'est donc en monnaie de singe qu'il paya les caresses que lui fournit Mlle Clarisse et celle-ci, un peu désappointée, le quitta, sans lui rien témoigner cependant de sa déception, mais en se disant qu'il en coûterait cher à sa vertu pour en savoir davantage. Ce n'était pas que sa vertu fût avare, mais elle aurait préféré choisir son pauvre et décidément Thomas n'était pas de ceux à qui on aime à faire ces aumônes-là.

V

Les d'Estange vinrent passer la soirée. Le marquis était un peu remis de ses émotions de la veille. Il avait, le matin, tiré des chardonnerets au vol et n'en avait pas manqué un seul. Il ne s'expliquait toujours pas sa maladresse de la veille et avait résolu de ne plus boire de vin blanc à ses repas. Le vin blanc seul avait pu lui donner un tremblement aux doigts ou à l'épaule ! Mlle Antoinette était venue en tilbury. Elle avait renoncé à monter sa jument. Le vétérinaire avait trouvé à la pauvre bête une dyspepsie qu'il désespérait de guérir. Elle choisissait bien son moment — c'est Mlle d'Estange que je veux dire — pour renoncer à son exercice favori ! On lui répondit comme aux autres, quand elle remarqua, avec une expression singulière de plaisir, d'ailleurs, que Claude n'était pas là.

— Ce garçon avait des allures qui ne m'ont jamais plu, confirma le marquis, et je vous félicite d'en être débarrassé.

Il ajouta à l'oreille de M. de Prades :

— Quand on a une jolie femme et une délicieuse belle-sœur!...

Le comte eut un imperceptible frisson de colère dans ses moustaches. Mais son voisin, peu perspicace de nature, ne s'en aperçut pas.

Et la journée du lendemain fut singulièrement monotone. Il n'y avait pas à se le dissimuler, Claude avait été la gaieté de la maison. C'était comme quand le soleil quitte les murs, depuis qu'il était parti. Le comte, qui n'avait pas la moindre instruction géométrique à mettre au service de ses plans de restauration, se demandait qui l'y pourrait aider maintenant. Il allait falloir justement attaquer le gros œuvre. Marthe et Claire demeurèrent dans le même compromis de silence absolu sur le seul sujet qui les intéressât l'une et l'autre. Thomas feignit de vouloir parler et obtint quelque chose de plus encore que la veille, de Mlle Clarisse, mais non pas cependant encore ce dont le plus difficile se tient pour satisfait.

C'était le samedi, et l'on avait coutume, ce jour-là, de faire des aumônes. Les enfants pauvres du pays le savaient bien et venaient rôder aux environs du château, après que la plus grande chaleur était passée, déguenillés à souhait pour attendrir davantage. Car le paysan est rusé dès le berceau.

A l'heure donc où le soleil descendait les premières marches de son déclin, sur le tapis de pourpre que couchent devant lui les occidents en été, quand les voix des oiseaux se réveillaient dans les buissons comme après une autre nuit, et comme s'ils prenaient cet incendie de l'horizon pour une nouvelle aurore; quand les premiers souffles du soir roulaient la poussière en petites nuées sur les chemins ; quand les volubilis pendus aux murailles bordant les fossés avaient déjà comme un clignotement dans leurs yeux clairs qui, jaloux, enferment en eux la vision du jour ; quand le vol des papillons s'abaissait plus long et moins avide du suc des fleurs brûlées ; à cette heure exquise que la mélancolie du crépuscule bercera bientôt, Claire franchit seule la grande porte, traversa le pont-levis dont les chaînes neuves criaient, et s'approcha des mendiants, charmante à voir dans ce charitable souci, avec la tristesse au front de l'ami perdu, et, peut-être, une prière aux lèvres demandant au ciel, pour la première fois, de la payer du peu de bien qu'elle faisait.

Elle distribua à ceux-ci quelque menue monnaie, donna à ceux-là du pain et des fruits, embrassa les moins malpropres, en prenant, pour cela, Dieu à témoin de son sacrifice. Un petit se tenait par derrière les autres qui les laissa partir, sans avoir encore rien demandé. C'était un gamin, d'ailleurs, un peu plus âgé que les autres. Il fit seulement quelques pas timides en avant, quand il se vit seul avec elle, et, tandis qu'elle lui glissait un sou dans la main, elle en reçut un petit papier plusieurs fois plié et, fermé sous un informe cachet de cire. L'enfant, sa commission faite, se sauva comme un voleur, la laissant absolument stupéfaite et tenant, sans l'ouvrir, ce message entre ses doigts. Elle le fourra dans sa poche, en entendant des pas derrière elle. C'était Marthe qui venait la rejoindre. La comtesse avait-elle vu quelque chose de ce mouvement? En avait-elle même vu davantage? Claire en était d'autant plus inquiète que le parti pris du silence de sa sœur, sur tout ce qui pouvait toucher à l'aventure de l'autre nuit, la faisait désespérer d'être jamais rassurée sur ce point. Si Marthe s'était aperçue du geste du gamin et de celui de Claire, elle n'en témoigna rien absolument. Elle passa son bras sous le sien et toutes deux, après quelques pas encore faits sur la route où s'allongeaient les ombres, dessinant des silhouettes grandissantes sur le sol nu, elles rebroussèrent chemin, leurs deux têtes rapprochées sous la même ombrelle et leurs belles chevelures, noires, toutes les deux, mais de nuances différentes, se mêlant presque dans la brise qui en soulevait quelques petites mèches perdues sur la nuque et sur le front.

Quand seulement elle eut doucement poussé le verrou de la porte de sa chambre, Claire, avec un tressaillement de bonheur, tira vivement le billet de sa poche, en brisa la cire, le développa et faillit se trouver mal, tant était grande sa joie. C'était une lettre de Claude... pas une lettre, mais quelques mots jetés à la hâte. Car, sous son apparente tranquillité, commandée par l'attitude même si curieusement respectueuse et discrète de sa sœur, Mlle de Lys avait souffert cruellement depuis deux jours de ne pas même savoir ce qu'était devenu celui à qui elle avait été si près d'appartenir, dans cet éblouissement qui lui semblait encore un rêve dont tout le reste n'était que l'obscur et douloureux réveil.

Elle aussi, comme Marthe, savait dissimuler ce qui se passait en elle et ne rien trahir des aspirations profondes de son âme. Elle était pareille à ces eaux, limpides cependant, de certains lacs alpestres dont la surface reflète, sans rides, l'image calme du ciel, mais dont la profondeur cache des remous auxquels il ne se faut pas laisser prendre et qui plongent leurs vrilles d'argent jusqu'aux innombrables abîmes d'où l'on ne revient pas. Il était peut-être temps cependant que lui vinssent cette consolation et cette lumière dans la nuit où elle se débattait et dont elle avait elle-même, d'ailleurs, recherché l'ombre. Un jour de plus et ç'eût été elle qui eût rompu le pacte si clément à sa faute! qui eût parlé la première et dont l'angoisse eût interrogés la pitié de sa sœur, au risque d'en déchaîner les reproches et d'en mesurer les désespoirs!

Elle avait des larmes dans les yeux en s'approchant de la bougie vite allumée, et les lignes tremblaient sur la blancheur du papier, tremblaient; car les mots s'égrenaient en petites taches noires entre ses doigts oscillants. Enfin, cependant, elle put lire. Claude lui disait qu'il avait regagné la maison où il avait été élevé, que quelque argent lui avait été remis, qu'il partirait le lendemain pour Paris où il deviendrait quelque chose et mériterait un jour de l'obtenir même des siens!

Et il lui disait encore: « Je voudrais vous donner, ma Claire bien-aimée, un peu du courage qui me vient de la tendresse que j'ai pour vous. Cela me prouverait que vous m'aimez non pas autant que je vous aime, mais un peu seulement, puisque je ne mérite pas davantage.

« Je suis prêt à tous les efforts, à tous les sacrifices pour me faire un nom qui me rende digne de vous. Quelquefois, dans le parc, de grand matin, quand je m'y promenais en pensant à vous, des idées me venaient comme j'en ai lu dans les anciens poètes et qui ne me semblaient pas mauvaises. Il y a des auteurs encore aujourd'hui qui gagnent autant de gloire que d'argent. J'essaierai, je lutterai, je donnerai tout ce qui est en moi, tout ce qu'y a mis mon amour pour vous. Mais, du moins, que votre souvenir, devant cette épreuve, me reste fidèle et plein de pardons. J'emporte là-bas un cœur qui n'est plein que de votre mémoire. Avec elle j'y ai enfermé l'image de tout ce que vous me faisiez cher, des choses dont je vous voyais entourée, du paysage qui semblait heureux de votre bonheur.

« Adieu! je suis sûr, moi, de n'en aimer jamais une autre. Que n'en puis-je espérer autant de vous, si belle et qui serez tant recherchée de plus riches et de plus braves que moi! Je me ferai soldat et j'irai mourir au loin, si ce malheur m'arrive que vous m'oubliez jamais! Adieu! Adieu! Vous ne savez pas comme je pleure en vous écrivant, en quittant ce coin de ciel, sous lequel nous vivons encore tous les deux, pour un autre ciel dont je ne connaîtrai pas les étoiles.

« Je laisse ici un compagnon d'enfance, un pauvre garçon qui se chargera de vous transmettre mes lettres comme je lui ai expliqué de le faire, et comme il l'a fait sans doute pour celle-ci. Ah! si la pitié vous venait un jour de me répondre par un mot, par un seul mot que votre main aurait écrit! Mais non! je n'ose vous demander cela. Je la baise en suppliant à vos genoux, votre chère petite main si blanche, cette main qui tremblait dans la mienne et dont la fraîcheur me mettait dans tout le corps un frisson! Adieu encore! je vous aime et vous supplie de penser à moi! »

En lisant ces lignes, qui n'avaient pas besoin d'être signées, Claire se sentait triste et heureuse à la fois. Elle reprit la lettre plusieurs fois, mot par mot, savourant l'affection sincère, absolue, qui s'en dégageait comme un parfum d'une fleur envoyée de loin. Elle se demanda longtemps si elle la devait brûler, par prudence, ou la garder comme une relique adorée. Elle se résolut à la détruire, mais quand elle la sut presque par cœur; seulement, elle conserva précieusement les petits morceaux informes et rouges du cachet, les enveloppa dans un papier de soie et les enfouit, après les avoir couverts de baisers, dans un petit coffret fermant à clef, et où elle mettait ses bijoux de jeune fille.

Puis elle se coucha, demeurant longtemps éveillée, dans un de ces rêves volontaires où se retrouvent les bonheurs perdus, se remémorant les heures heureuses passées auprès de l'ami absent, et se retraçant les scènes de tendresse respectueuse et partagée qui avaient précédé celle à laquelle elle n'osait penser, à son seul souvenir sentant tout son être envahi d'un tressaillement indicible, du même éblouissement dans lequel elle s'était sentie vaincue. Elle se dit encore qu'elle aussi lutterait en patience avec le courage de Claude et qu'elle l'attendrait, quoi qu'il arrive.

C'est sur ces généreuses pensées qu'elle s'endormit enfin, et qu'un rayon de lune, glissant entre les rideaux blancs de sa chambre, la vint contempler et baiser au front, mettant un frisson d'argent dans sa brune chevelure dénouée et faisant une large tache noire sur la candeur de l'oreiller. Et ainsi continua-t-elle de rêver, tout à fait sommeillant cette fois, mais continuant le même rêve traversé du fantôme triste et fidèle de Claude, et bercée par le son mystérieusement lointain de sa voix qui lui parlait d'amour.

Aucun incident ne troubla la semaine qui suivit et que termina, remise dans les mêmes circonstances, l'arrivée d'une nouvelle lettre de l'absent, plus longue, celle-là, que la première, et pleine de projets mieux définis. Il savait maintenant qu'au théâtre se faisaient les glorieuses fortunes. Il tenterait le théâtre. Avant trois mois, il aurait soumis une pièce à un directeur, une pièce qui serait certainement un chef-d'œuvre, puisque tous les vers d'amour en auraient été écrits pour elle. Tout cela était d'un enfantillage dont elle n'avait guère envie de sourire, parce qu'elle était aussi sincère et naïve que lui-même. C'étaient encore huit jours de bonheur qui lui venaient de ce message, dont elle mit encore précieusement de côté le cachet en forme de cœur et dont l'empreinte avait été grossièrement taillée par Claude lui-même, dans un morceau de bois ou de pierre aisément creusable sans doute.

A cela près, même monotonie dans la vie de tout le monde, un de ces calmes plats dont les gens superstitieux pensent qu'ils couvent des orages. Et les gens superstitieux ne se trompent pas toujours, sans quoi c'en serait déjà fait depuis longtemps de cette chose charmante qui s'appelle la superstition et qui console un peu des choses raisonnables. Thomas Loursin et Mlle Clarisse continuaient à jouer au plus fin, et l'institutrice perdait de plus en plus à ce jeu, n'obtenant de son partenaire aucun avantage et obligée de lui faire de progressives concessions, sous peine de perdre, tout d'un coup, le terrain qu'elle avait gagné.

Mais, avec Claude, était bien partie du château l'âme qui fait vivantes les choses, cet élément de fantaisie et de gaieté, sans lequel la vie est comme une de ces routes plates que le même soleil monotone brûle entre deux rangées charmantes d'arbres égaux, dont les ombres elles-mêmes font horreur par leur fraîcheur symétrique. La vie conjugale elle-même s'était affadie à nouveau, dans sa régularité sans caprice, entre le comte et la comtesse, après ce sursaut de passion, qui avait failli un instant la faire sortir de l'ornière et la jeter, à travers champs, dans les délices imprévues qui sont le vrai bonheur d'aimer. Marthe avait repris toutes les réserves de son attitude avec une pointe de résignation en plus, et M. de Prades s'était remis à ses chères études, tout en maugréant de n'avoir sous la main personne pour l'exécution matérielle de ce qu'il concevait en artiste, mais était incapable de réaliser en architecte.

Un jour qu'il semblait l'esprit mieux satisfait, resté seul à table après déjeuner avec la comtesse, il lui dit d'un ton presque gai :

— Ma chère Marthe, nous aurons un hôte ce soir.

Et, comme semblant avoir écouté à peine, elle faisait un signe de soumission avec la tête :

— Celui-là, continua M. de Prades, pourrait me rendre un grand service en demeurant longtemps avec nous.

Et, tandis que, toujours distraite et mettant en gerbe un énorme bouquet d'iris que Claire avait été cueillir au bord du fossé du château, elle prêtait, au discours de son mari, juste autant d'attention apparente qu'en commande la politesse :

« Un garçon tout à fait remarquable, continua celui-ci, ayant reçu une éducation scientifique très forte et très complète, sachant tout ce que je ne sais pas, homme du meilleur monde, d'ailleurs, de notre monde, bien que portant un nom sans particule, ayant fait plusieurs fois le tour du monde et dont la conversation est un charme tout à fait. C'est lui qui pourrait me donner ici des conseils pratiques pour le relèvement de cette tour, dont je possède toute la décoration intérieure, et qui terminera ici l'œuvre à laquelle j'ai voué ma vie, voulant faire revivre, dans ce pays, la mémoire de ceux dont je porte le nom séculaire!

— Et vous l'avez invité à venir passer quelques jours ici?

— Bien inopinément, et voilà pourquoi je ne vous en ai pas demandé plutôt la permission. J'ai appris par un ami commun qu'il était à Tours, en congé de convalescence, un congé qui n'aura plus de fin, parce qu'il a résolu de quitter le service. J'ai chargé mon correspondant de l'inviter, et je viens de recevoir un mot qui m'instruit de son arrivée dans une heure.

— Je vais donc faire préparer, dans un instant, un appartement pour lui.

— Dans l'aile achevée du château, celle que nous habitons nous-mêmes. Je tiens à le recevoir le mieux qu'il me sera possible. Car, je ne vous ai pas tout dit des mérites qu'il a, pour moi en particulier. Au combat de Patay, quand, avec cette balle au front, j'allais tomber au pouvoir de l'ennemi, il me dégagea par un élan de courage qui fit passer dans les rangs un frémissement d'admiration. Si nous nous sommes à peine revus depuis, jamais depuis notre mariage, c'est qu'il n'a presque jamais été en France, et parce que la mode, aujourd'hui, est de s'aimer à distance, sans même se donner de ses nouvelles! Mais on n'en aime pas moins pour cela et je me souviens.

Avec un sourire, ironique peut-être, mais un peu seulement, devant cet accès inattendu de lyrisme chez son mari :

— Vous ne m'avez pas dit le nom de ce héros? lui demanda-t-elle.

— André Maurienne.

Ah! celui qui eût pu regarder Mme de Prades en ce moment, eût vu passer, dans son regard et sous son front, l'écroulement d'un monde, un tel tourbillon de pensées, qu'il semblait que sa tête en dût éclater. Tout! toutes les pensées : une joie féroce, folle; — l'étonnement qui hébète ; — la conscience qui lui criait : « Dis tout, et ne laisse pas ton mari recevoir cet homme! » — des actions de grâce et des imprécations! — toute une vie connue d'elle seule, qui ressuscitait en elle comme un Lazare mal enterré! — la fatalité inexorable; — l'espoir de joies infinies ; — la torture du calme à jamais perdu! — ce que ressent un esclave qu'on délivre et ce que ressent un roi qu'on découronne; — le ciel et l'enfer roulant l'un dans l'autre avec des hosannas d'élus et des cris de damnés ; — une moisson de lis fauchée dans le sang; — le crime expiatoire et la vertu sans récompense ; — le voile du néant sur tout cela, d'un néant délicieux où dormirait tout ce qui fut honnête en elle! — tout, vous dis-je, tout passa, confus, grisant, impétueux comme un torrent, et tournant comme une avalanche sous ses paupières, qui n'eurent cependant qu'un regard, et, sous sa chevelure lourde, qui n'eut qu'un tressaillement.

Et cela fut si rapide, que le comte ne vit rien, pas même la pâleur de morte que ce nom avait mise sur le front de sa femme et qui, elle aussi, s'évanouit, faisant place aux roses tièdes et doux de la vie et de la raison revenues. C'est presque d'une voix assurée qu'elle lui répondit un « Ah! » qui voulait être, avant tout, indifférent.

Et, ayant absolument repris sa tranquillité ordinaire, elle sortit pour aller donner des ordres.

Elle rencontra Claire en chemin, Claire qui revenait avec une nouvelle botte d'iris entre les bras, charmante sous le fardeau qui lui couvrait le visage avec les hautes fleurs et lui mettait aux joues un peu de cet or vibrant des étamines qui semble une poussière d'étoiles.

Par un mouvement convulsif, irréfléchi, sans sujet apparent, Marthe étreignit sa sœur entre ses bras et la baisa dans les cheveux avec une tendresse passionnée et suppliante, comme si elle lui demandait pardon de quelque chose.

M. de Prades tint à faire lui-même l'inspection de l'appartement destiné au nouvel attendu. Il y prodigua les attentions délicates pour que son hôte ne manquât d'aucun des riens qui font, seuls, la villégiature supportable aux délicats.

Une heure après, comme il avait dit, le pont-levis s'abaissait pour le passage de la voiture venue, à la station la plus proche, au-devant de l'arrivant. Celui-ci en descendait et une étreinte plus que cordiale serrait, dans les bras l'un de l'autre, ces deux hommes, qu'un souvenir de fraternité sanglante tenait par le cœur et qui ne s'étaient pas vus depuis de longues années.

Et les chevaux n'étaient pas dételés encore, sonnant du sabot sur le pavé de la cour, avec les brides sur l'échine, que M. de Prades introduisait dans le salon, son hôte avec un sourire joyeux sur les lèvres.

— M. André Maurienne, ma chère Marthe. — Mme la comtesse de Prades, mon cher ami.

Marthe qui, assise sur une causeuse, un livre dans la main et comme absorbée dans sa lecture, tournait le dos à la porte, se retourna lentement avec une légère inclination de tête, et en disant ces mots avec infiniment de grâce :

— Soyez le bienvenu, monsieur.

Décidément le comte n'était pas en veine d'observation ce jour-là. Car il fallait bien le rêve où il avait coutume de vivre tout éveillé, — comme si cet exilé du passé eût été séparé du présent par un voile poudreux des siècles révolus, — pour qu'il ne vît pas que Maurienne faillit tomber à la renverse en apercevant le visage de la comtesse et dut se tenir à une chaise quand il entendit sa voix. Ce fut comme une floraison rouge qui monta au front du visiteur et se dissipa, par un de ces brusques mouvements du sang qui semblent nous répandre le cœur dans l'être tout entier et qui nous traversent d'un torrent de brûlures. Maurienne fut maître de lui, toutefois, et, dans le plus respectueux des saluts, dissimula le coup terrible qu'il venait de recevoir.

— Et maintenant que je vous ai présenté l'un à l'autre, reprit M. de Prades, décidément en belle humeur, je vais porter mes meilleurs pistolets dans votre chambre, mon cher Maurienne — car je sais votre passion pour le tir — et je vous laisse faire avec la comtesse plus ample connaissance.

Et il sortit en chantonnant presque, lui qui était si souvent taciturne.

A peine eut-il refermé la porte derrière lui :

— Vous ici! fit Marthe en enveloppant Maurienne d'un regard de bête de proie, fait de rayons d'or et de sang.

— C'est la fatalité! répondit Maurienne en faisant un pas vers elle.

— Ah! quel malheur!

Elle ne poussa que ce cri, mais sur le ton d'une joie délirante. Leurs bras s'enlaçaient déjà à les étouffer tous deux et leurs lèvres se mêlèrent dans un baiser si plein de morsures qu'un mince filet rouge leur descendait sur le menton.

VI

Un retour sur le passé est ici absolument nécessaire, vers un passé dont il n'a pas encore été dit un seul mot. Mais d'abord convient-il de tracer le portrait, tant moral que physique, de ce nouveau venu dans une aventure où il tiendra grande place désormais.

M. André Maurienne, au moment où nous le rencontrons, avait trente-six ans et se portait en homme d'une constitution essentiellement robuste, mais que les fatigues avaient éprouvé, les fatigues et les climats exotiques où nos marins sont exposés à demeurer longtemps. Ancien élève de l'École polytechnique, il avait été, en effet, de ceux qui, au nombre de deux ou trois par promotion, tout au plus, choisissent la carrière d'officier de vaisseau. Bien qu'il y eût réussi et fût capitaine de frégate, il songeait, comme on l'a dit déjà, à quitter le service et la mer, las qu'il était des traversées sans fin et voulant se consacrer à un certain nombre d'inventions scientifiques obstinément élaborées dans le silence du quart, sous la lumière des étoiles, — inspiration pour les savants aussi bien que pour les poètes, — durant les veillées que berce le roulis monotone des flots, rythmant en même temps qu'au navire, leur mystérieuse cadence à la pensée.

C'était avant tout un homme virilement honnête et essentiellement vaillant, une nature de feu sous une méthode d'esprit qui en dissimulait absolument les ardeurs, un foyer de passion dont on ne voyait jamais une étincelle sous la cendre, mais prêt à vomir les flammes subites d'un incendie quand le vent de l'orage venait à passer par là. Formulant tout avec une précision singulière, même dans les plus grands entraînements, assistant avec le calme du marin à ses propres naufrages; esprit exact, impitoyable à ses propres erreurs, ne cherchant pas à se leurrer jamais, s'étant fait à lui-même une morale; un croyant des forces mystérieuses de la Nature, que la science les ait ou non classées, très imbu, comme tous ceux qui ont vécu longtemps en Orient, de l'irresponsabilité humaine devant les lois inexorables contre lesquelles toute révolte est inutile, toute lutte inégale, tout triomphe inutile et impie. Sa philosophie était donc dans une soumission absolue aux choses qui lui semblaient inévitables et dans un ordre certain, mais dont il n'avait pas à chercher le secret. C'est par la méditation et l'observation des faits extérieurs qu'il en était venu là, n'ayant à l'endroit de la destinée, ni insurrection dans la volonté, ni prière sur les lèvres. Aimant le vrai plutôt que le beau, tempérament de géomètre plutôt que d'artiste. L'amour de la rectitude avec cela et prêt à tous les dévouements, sans souci des récompenses futures, parce qu'il avait éprouvé que celles de la conscience suffisent aux véritables gens de bien.

Au physique, une grande vigueur dans les lignes du visage qui était régulier, éclairé par deux yeux noirs dont les prunelles, peu développées, étaient quelquefois, dans l'animation de la vie ou simplement du discours, traversées par une flamme mystérieuse et rapide. Sa chevelure encore épaisse était légèrement crépelée. Il parlait d'une voix très nette où se sentait encore l'intonation habituelle du commandement.

Il avait une grande adresse dans tous les exercices du corps. Il tirait à merveille, et devait être présenté le soir même au marquis d'Estange comme un homme qui lui rendrait des points, le fusil à la main.

De son passage dans l'armée de terre, pendant la dernière guerre, André Maurienne avait gardé une façon martiale de marcher qui n'est généralement pas celle des officiers de marine. Tout respirait dans sa personne une résolution extrême. Était-il beau? Certes, pour les femmes qui se font une idée juste de la beauté de l'homme faite d'autres éléments que les leurs.

Enfin, André Maurienne, dont le patrimoine était mangé depuis longtemps, avait quelque fortune en perspective dans la personne d'un vieil oncle usurier dont il devait partager l'héritage avec un sien cousin, alors substitut à Tours, et qui portait le même nom que lui.

Comment la rencontre s'était faite entre André Maurienne et Mlle Marthe de Lys, trois ans avant le mariage de celle-ci avec le comte Maurice de Prades? Dans des circonstances romanesques en apparence, mais en apparence seulement. Car elles se déduisaient le plus logiquement du monde du caractère des personnes et aussi des conditions spéciales de la vie de l'une et de l'autre.

C'étaient, en effet, les hasards officiels de sa carrière qui avaient amené le lieutenant de vaisseau Maurienne dans les eaux de la Guadeloupe, exposant la nature ardente et violemment charnelle que vous savez aux caresses perfides d'un climat qui semble fait pour toutes les ivresses.

Quant à Mlle de Lys, quelques aperçus sont nécessaires sur l'éducation qu'elle avait reçue et les exemples sous l'influence desquels elle avait grandi. Son père était, comme je l'ai dit, parent éloigné des de Prades. C'est même ce qui avait décidé le mariage, le comte Maurice ayant grand' peur de se mésallier et n'estimant pas qu'il fût, dans toute la noblesse, un sang qui valût mieux que celui de sa famille : Roger de Lys — ainsi se nommait ce gentilhomme — après avoir gaspillé au jeu, en France, une assez belle fortune, s'était expatrié pour tenter la chance ailleurs, peut-être aussi pour se faire une situation.

C'était un esprit aventureux, une intelligence remarquablement ouverte et, en peu de temps, il

7.

avait su donner aux plantations qu'il avait achetées avec les débris de son ancien avoir, une importance qui avait rapidement reconstitué celui-ci. Entre temps, il avait épousé une créole d'une admirable beauté, la mère de Marthe et de Claire.

Que se passa-t-il un jour dans ce ménage où l'amour avait jusque-là sauvegardé la fidélité ? Mme de Lys fut soudainement délaissée. Nul ne pénétra le mystère du changement qui s'était si subitement opéré dans les sentiments de son mari. Mais, bien qu'ils demeurassent ensemble, il était visible que tout lien d'affection était brisé entre eux, et que quelque secret terrible avait mis la jeune femme aux mains d'un juge sans merci. Elle mourut sans que Roger lui donnât une larme, laissant ses deux filles, l'une tout enfant encore, l'autre pouvant sentir à peine la tristesse d'un tel malheur.

Depuis longtemps déjà, M. de Lys avait d'ailleurs repris ses habitudes de viveur et n'était guère à la maison en dehors du temps qu'il y devait consacrer à la gestion de ses affaires. Marthe et Claire étaient donc aux mains d'une étrangère, la mulâtresse Maïma, une créature absolument dévouée et adorant ses jeunes maîtresses, mais à la façon d'une bête à qui suffit le bien-être brutal de ses petits. Ses soins vraiment maternels faisaient aux deux jeunes filles une santé admirable ; elles vivaient sous le soleil, s'y épanouissant comme des plantes et sans plus d'initiation aux moralités humaines que les bananiers frémissants sous les rouges caresses de l'aurore.

Passionnée et hypocrite, Maïma avait un amant. Le dissimulant soigneusement à tous ceux qui auraient pu la dénoncer à son maître, elle ne songeait même pas à se cacher, devant les petites, des caresses qu'elle lui prodiguait, quand on la croyait seule avec elles. Certes, ni Marthe, ni surtout Claire ne comprenaient ; mais sinon des intuitions, des impressions lentes et tenaces se faisaient en elles et, dans cette atmosphère de baisers coupables, elles buvaient je ne sais quel poison, elles se pénétraient de la sensualité vague qui flottait dans l'air autour d'elles, elles perdaient la fleur de candeur qui fait les vraies vierges ; elles étaient des roses blanches, mais elles n'étaient pas des lis. Aucun choix d'ailleurs dans les premiers livres qui leur étaient donnés. La science leur manquait pour que leur curiosité des choses fût réellement satisfaite. Mais ce n'en était pas moins une forme nouvelle de la défloraison où s'effeuillait leur pudeur encore en bouton.

Le grand fonds d'honnêteté qui était dans leur nature, à toutes deux, pouvait seul protester contre les conséquences morales de cette éducation sans principes ; quant aux conséquences physiques, elles s'imposaient inexorablement à leur avenir, rien au monde ne pouvant faire remonter un tel courant à des sens ainsi jetés à la dérive des désirs. Ce redoutable effet s'était produit beaucoup plus violemment dans Marthe que dans Claire,

parce que d'abord le tempérament était d'une chaleur plus grande et aussi parce qu'elle avait subi
plus longtemps cette fatalité des spectacles sans
cesse renouvelés de l'amour.

Donc André Maurienne était, ce jour-là, en vue
des côtes, et un coup de mer, durant un formidable
orage, l'avait décidé à se rapprocher encore du
rivage. La tempête passée, un canot l'y avait jeté,
désireux qu'il était de faire une promenade dans
l'île, dont la fraîcheur de l'averse avait dû raviver
les végétales splendeurs. Le tableau était admirable, en effet : des verdures luisantes comme de
petits glaives et d'où s'élevait un parfum fait des
âmes mêlées de toutes les fleurs dans l'air tiède,
une brise d'odeurs grisantes qui montait lentement
du sol. Et les oiseaux aux ailes mouillées s'appe-
laient de branche en branche, leurs petites pattes
noires glissant sur les écorces polies par l'ondée.

Ainsi il marcha, à l'aventure, jusqu'à un pavillon
formant l'extrémité d'une propriété qui était précisément celle de M. Roger de Lys. La plantation
n'était fermée que par une palissade dont un pan
avait été jeté à terre par l'orage. Sûr de rencontrer
des compatriotes, André entra et jeta un regard
dans le pavillon. Mais bien vite il ramena ses mains
sur ses yeux et un tremblement le prit qui le secoua
jusque dans les moelles.

Seule, une jeune fille d'une admirable beauté était
étendue sur un long canapé et dormait sans que le
bruit de ses pas l'eût éveillée. C'était Mlle Marthe
de Lys.

Comment se trouvait-elle là? Maïma l'avait conduite, avec sa sœur, à la promenade, après déjeuner, comme tous les jours, en traversant les grands champs de cannes et de maïs, à travers la chanson mélancolique des nègres à l'échine ployée entre les hautes tiges, coiffés de rouge, et semblant des coquelicots vivants dans la moisson dorée. Puis le temps s'étant soudainement couvert, et une bourrasque ayant crevé les nuées, toutes trois s'étaient réfugiées dans le pavillon, riant et se fâchant en même temps de l'aventure.

A ce grain, qui n'avait été qu'une rapide éclipse des splendeurs azurées du ciel, avait succédé une de ces chaleurs terribles qui suivent l'orage, aussi bien qu'elles le précèdent dans les climats où l'eau tombée sur le sol y est immédiatement bue par le soleil, qui semble avoir soif de tous les sucs de la terre. Une sorte de grand alanguissement vient à tous les êtres de cette tiédeur énervante qui laisse les poumons grands ouverts sur le souffle pénible montant aux lèvres. Maïma et Claire avaient déclaré qu'elles allaient reprendre leur course à travers les dégâts faits par la tempête, curieuses de toutes choses comme certains oiseaux qu'on captive en les étonnant. Très lasse et subissant davantage l'assoupissement général, Marthe était demeurée et s'était étendue là où l'avait surprise le regard indiscret d'André.

Tout, en elle, était fait pour charmer éperdument le regard, et la nonchalance même de sa pose ajoutait encore à l'irrésistible séduction de sa personne. Dans la course qu'elle avait faite à travers champs sa magnifique chevelure s'était dénouée sur ses épaules et elle dormait sur un oreiller noir d'où émergeait, comme des nuées un rayon de lune, la stellaire pâleur de son visage. Ses longs cils bordaient ses joues d'une ombre bleue; le rythme de son haleine faisait palpiter ses narines comme les ailes transparentes d'un papillon rose; ses lèvres entr'ouvertes sur son souffle découvraient la candeur laiteuse de ses dents. Elle avait entr'ouvert légèrement sa robe pour respirer plus à l'aise et la naissance de ses beaux seins de vierge apparaissait, l'un d'eux, plus découvert que l'autre, ayant le bouton coupé par la chemise, dont les transparences mettaient des reflets d'ambre en dessous. Une de ses mains, posée sous sa nuque, laissait couler entre ses doigts, comme une onde nocturne, le ruissellement des cheveux; l'autre pendait le long du corps, les ongles effleurant presque la terre, de petits ongles pareils à des grains de corail pâle. Enfin les deux pieds croisés se dégageaient des jupes un peu au-dessus de la cheville, une cheville fine et sentant la race, où toute l'aristocratie de l'ensemble se résumait.

Telle elle reposait dans le grand silence que l'orage récent avait fait partout; les nègres trempés jusqu'aux os et se séchant, comme des animaux au soleil, ayant interrompu leur mélopée; et, sans doute, rêvait-elle, car un sourire doux était sur sa bouche et sa gorge haletait comme sous une invisible étreinte, tandis que celle de ses deux mains qui ne soutenait pas sa tête, était agitée de légers frémissements.

André, après une violence d'honneur qui l'avait fait se retourner vivement pour fuir, était demeuré cloué sur place, comme par une force au-dessus des siennes. De nouveau il avait le visage tourné vers le spectacle qui l'avait si vivement remué, et lentement, comme arrachés de ses yeux par un bras irrésistible, ses doigts s'ouvraient, ses doigts crispés par une volonté qu'il sentait défaillir en lui! Et ses yeux plongeaient dans le pavillon sur l'image, toujours impassible, tandis qu'un tremblement éperdu lui secouait les lèvres et qu'il sentait son souffle s'emplir de feu dans sa poitrine à la briser. Il eut une révolte encore contre la tentation qui le poussait en avant. Le respect de cette innocence endormie lui étreignit un instant le front comme un étau. Mais il ne sentait déjà plus en lui, ni jugement, ni pensée. Tout son être était agité des bouillonnements virils de son sang. Comme un fou, il franchit la porte et s'en fut s'abattre, comme une bête blessée, aux pieds de cette jeune fille immobile dans le mystère de son rêve, à genoux, comme s'il demandait pardon.

Et ce lui fut un trouble tel qui lui vint de cette imposante vision de beauté, qu'un instant il ne se sentit plus l'âme d'un homme mais d'un esclave fait pour ramper seulement sur les pas de cette idole.

Mais, comme un cheval que l'éperon relève, il bondit, toutes ses chairs s'insurgeant contre cette lâcheté subite. Il se dressa de toute sa hauteur; comme un oiseau de proie ses ailes il ouvrit ses bras au-dessus de Marthe qui devait sentir déjà la chaleur de son haleine sur son visage, inclina le sien vers sa bouche, lui souleva doucement la tête en enlaçant ses épaules dans une étreinte passionnée.

Marthe ouvrit les yeux et les referma soudain, comme si l'extase du songe n'eût fait que se continuer en elle. Leurs lèvres étaient déjà collées, et il sentit, ivre d'une joie farouche, que les baisers qu'il donnait lui étaient rendus. L'amour enferme dans une minute des éternités.

Et quand cette minute fut passée, il vit que Marthe ne rouvrait pas les yeux. La bouche de la jeune fille s'était refermée comme un livre dont la dernière page est lue. Devant cette résolution de mutisme, qu'aurait-il eu à lui dire? On pouvait venir, d'ailleurs. Il mesura, d'un seul bond de son esprit rendu à lui-même, l'abîme de folie où il était descendu. Il se fit honte dans son cœur de ce qu'il venait de faire et de cette lâche victoire. C'est comme courbé sous le remords qu'il sortit à pas obliques, et pareil à un malfaiteur. Un dernier regard jeté sur Marthe lui fit voir près de ses paupières toujours closes deux larmes qui avaient coulé, deux larmes de bonheur ou de regrets!

Revenu à bord, il s'enferma et ne voulut voir personne. Le soir venu seulement il monta sur le pont et regardant les étoiles gravir, une à une, l'escalier d'ombre du ciel, devant la mer calme où les vagues ne posaient plus que quelques palmes d'argent vite emportées comme celles des triomphateurs d'un jour, dans la sérénité troublante des choses ne faisant plus qu'une masse d'azur sombre où se rejoignaient le ciel et les eaux, il tomba dans une méditation à la fois douce et amère, faite d'un souvenir délicieux et d'un mortel remords.

Dans ce décor obscur que sa mémoire peuplait de fantômes, il revoyait le pavillon, mais devenu comme un palais de féerie, fantastiquement éclairé par la lune; et, dans un rayonnement de crépuscule, Marthe endormie, Marthe souriant d'un sourire que les baisers eux-mêmes n'effarouchaient pas. Et, de cette rapide étreinte où il l'avait emprisonnée, une brûlure lui courait encore sur la peau, un frisson l'enfermait lui-même comme dans une armure d'acier froid. Des baisers lui remontaient aux lèvres, inutiles, étouffants, se heurtant dans le même sanglot; et lui aussi pleurait! Il pleurait de ce bonheur à jamais perdu, pas assez savouré, et aussi de tout ce qu'il lui avait appris de délices impossibles à reconquérir.

Car cette rectitude singulière de jugement déjà constatée en lui ne lui donnait aucun espoir. Cette jeune fille était certainement riche et il n'avait aucune fortune. Il ne pouvait être son mari. Le seul motif qu'il eût pu faire valoir pour cela était de ceux qu'un homme d'honneur n'avoue pas. Une idée terrible, par son côté pratique, lui traversa l'esprit. Une telle faute est susceptible de conséquences qu'il faut toujours prévoir. Heureusement qu'il devait tenir cette mer pour quelque temps encore. Il saurait bien si la honte était venue, par lui, dans la maison. Il réparerait le mal au prix du sacrifice de sa carrière elle-même. Ces matérielles angoisses le torturaient tandis que les astres évoluaient, indifférents, autour de lui, dans l'étendue, rappelant à l'homme, dans leur course sublime, qu'au-dessus du monde où nous sommes il est des au-delà infinis !

Et les ailes de l'amour l'emportaient plus haut, dans un vol lumineux comme celui des étoiles. Il revivait la minute éternelle près de laquelle le reste de ses jours à vivre n'était plus rien. Il se disait qu'il ne reverrait jamais une femme aussi belle et que son bonheur avait été le plus grand de tous ceux que l'homme peut goûter ici-bas. Son fatalisme fait d'expérience venait au secours de sa conscience éperdue. Cela avait été parce que cela devait être et qu'il était juste qu'une fois au moins dans sa vie, il connût la pitié de l'Idéal pour lequel il avait longtemps souffert. Aucun amour ne lui serait plus permis désormais sans doute. Mais l'aigle aveuglé se console en se souvenant qu'il a contemplé le soleil.

Non certes : — à moins qu'il ne fût nécessaire de l'arracher aux malédictions des siens, — il ne la reverrait jamais ! Au moins, il ne chercherait jamais à la revoir. Et, si, une seconde fois, il la rencontrait sur son chemin, eh bien ! c'est qu'un Dieu l'aurait voulu encore et que leur rencontre était dans ses desseins inconnus, insondables et éternels !

Ainsi pensait André Maurienne dans cette nuit et, pour revoir un seul instant Marthe, il eût été heureux de mourir.

Nous avons laissé celle-ci dans le mystérieux recueillement du doux affront où elle avait succombé, sans même s'en défendre. Avait-elle eu même un éclair de réflexion? Une satisfaction inattendue était venue à ses sens au moment où ceux-ci s'exaltaient vers d'imaginaires délices. Son rêve s'était fait chair et rien de plus. Mais cette chair, dans un seul rayonnement de ses yeux aussitôt refermés, elle en avait appréhendé les aspects et emprisonné l'image. De son rêve vivant, elle n'oublierait jamais le visage, et celui-là serait son maître à jamais dont elle avait entrevu les traits dans l'étouffement du premier baiser et dont la face resplendissait dans sa mémoire comme une lumière immortelle dans la nuit.

Réveillée de ce double sommeil où la vie de l'amour assouvi avait succédé à la mort douce du repos, elle se sentit tout autre. Mais déjà maîtresse d'elle-même, elle n'en devait rien faire voir. Elle rit avec Maïma et Claire quand celles-ci, revenant auprès d'elle, la plaisantèrent sur la durée de sa sieste. Sa vie ne parut troublée en rien à ceux qui l'approchaient le plus. Elle ne connut pas d'ailleurs les cruautés heureusement chimériques dont André avait été tourmenté. Comme lui, elle pensa qu'elle ne le reverrait jamais, mais que si elle ne le revoyait jamais...

Et telle était l'opinion qu'elle s'était faite à ce

sujet que quand M. de Prades avait demandé sa main très honnêtement et sans arrière-pensée, elle avait accepté d'être sa femme. C'était dans un voyage qu'elle avait fait, en France, avec sa sœur qui devait y rester auprès d'une amie de la famille. M. de Prades ne lui avait pas déplu. Elle lui avait trouvé de la distinction et de véritables sentiments de gentilhomme. Il était un peu son arrière-cousin. Autant lui qu'un autre.

Et elle ne devait pas regretter le parti qu'elle avait pris ce jour-là, M. de Prades, avec ses réserves conjugales de dévot, était bien l'époux qu'il fallait à une femme dont un certain idéal ne semblait plus réalisable que par un seul. Elle savait un gré infini au comte de la discrétion avec laquelle il usait de ses droits et elle en subissait l'exercice avec une résignation sans emphase. Elle l'aimait même dans une certaine mesure, avec tout ce que peuvent donner d'affection le dévouement et l'estime. Mais sa plus grande tendresse était pour sa sœur, presque une tendresse de mère. Voilà donc qui explique comment, dans la douleur affreuse qu'elle avait ressentie en surprenant Claire avec Claude, elle n'avait pas trouvé en elle, consciente d'une faute pareille et plus terrible encore, le courage de lui faire un reproche. Elle l'avait plainte de subir comme elle, une fatalité du sang, et s'était promis de la défendre de son mieux, tout en se disant qu'il n'y avait rien à faire contre ce pouvoir mystérieux de l'inconnu.

Et ce retour vers le passé de Mme de Prades explique encore comment, en se retrouvant en face d'André Maurienne, elle s'était sentie à jamais vaincue, tandis que lui aussi subissait la même défaite de tous les héroïsmes qui l'avaient fait jusque-là platoniquement fidèle à son souvenir. Un : Dieu le veut ! le même, s'était écrié dans leur âme toute au fanatisme d'une passion longtemps réprimée. C'était le serment de s'aimer à jamais, charnellement, avec toutes les délices farouches que l'amour des sens comporte, qu'ils avait échangé dans ce baiser furieux venu à leurs lèvres avant toute parole.

Quand, un instant après, M. de Prades rentra, toujours le sourire à la bouche, un sourire ironiquement heureux, ces seuls mots avaient fait tout leur entretien.

— C'est pour toujours maintenant, n'est-ce pas?
— Oui ! pour toujours !

Le comte les trouva causant de l'air le plus indifférent du monde, ou tout au moins, ayant l'air de causer.

— Mon cher Maurienne, fit-il gaiement, il me semble que vous avez déjà fait la conquête de ma femme !

Ils ne l'écoutaient seulement pas. Leur bonheur seul parlait en eux !

VII

Car ce fut un bonheur immense, inouï, éclatant comme un soleil dans un ciel sans nuages, que celui qui leur vint de la métamorphose d'un sentiment qui leur avait été jusque-là une commune torture. Tous les deux étaient pareils à des Lazares qu'une voix sublime a réveillés et arrachés des profondeurs du tombeau.

Marthe, qui n'avait trouvé dans la vie conjugale que la soumission résignée au devoir, Marthe, en qui tout protestait contre ce mépris d'une loi plus haute que la loi humaine et qui savait bien que tout n'est pas dans le stupide souci de reproduire les races, sentait s'ouvrir enfin devant elle l'infini des joies longtemps rêvées, une fois seulement connues. Elle avait franchi l'enfer des servitudes matrimoniales, et le paradis des amours défendues tendait enfin ses fruits d'or à sa main!

Cette harpe vivante attachée à son cœur,

comme a dit Musset, allait enfin vibrer sous le souffle éolien des caresses!

Le poème de la chair excitée chantait en elle et l'hosanna des baisers mettait ses fleurs sonores sur sa bouche. Elle était comme l'antique Biblis sentant son être se fondre en une source mystérieuse reflétant l'image du ciel. Les roses pâles des pudeurs maudites allaient s'effeuiller autour d'elle et joncher la couche où le bien-aimé la viendrait prendre dans ses bras. C'était donc, à la fois, une exaltation sans nom de son âme délivrée et de ses sens exaspérés par l'attente. Tout le reste ne lui était rien que l'ombre sur laquelle allait rayonner cet épanouissement fou d'une joie sans cesse renouvelée par l'ineffable et immortel pouvoir des caresses.

Le rêve d'André n'était ni moins solennel, ni moins grand, ni moins beau. C'était encore, pour lui, le seuil d'une terre promise touchée après les longueurs mélancoliques de l'exil, le port où se venait consoler la lassitude des naufrages. La femme qu'il allait posséder n'était pas pareille aux autres femmes. Elle apportait, à son esprit aussi bien qu'à ses sens, la satisfaction d'un idéal absolu, complet. En elle se réalisait cette image de la beauté qui nous remplit de respect au moins autant que de désir. Il se trouvait intérieurement ennobli par la communauté d'impressions avec cette créature dont il se sentait l'esclave. Toute la grandeur vraie de l'amour, chez l'homme, est dans ce désir insensé d'absorption dans un être plus beau que soi-même, dans cette soif de la mort qui est au fond de tous les baisers où l'âme vient avec le souffle.

C'est par cette noble recherche que les espèces n'arrivent pas aux derniers abâtardissements. Aimer une femme vraiment belle, celle qu'on juge belle au-dessus de toutes les autres, est un devoir, est une religion. C'est un Dieu inconnu, comme tous les autres, mais le seul, peut-être, que bénissait dans son cœur, André, se disant que cette moisson de charmes, pareils aux blés dorés dont se réjouit le laboureur, avait mûri pour lui sous un mystérieux soleil. Épanoui pour elle, pour lui aussi, l'amour ne serait plus une simple satisfaction à de contingents plaisirs. Il serait la joie suprême de la possession définitive. Car elle serait à lui tout entière, celle qu'il avait entrevue à peine en la possédant déjà; elle serait à lui avec sa magnifique chevelure noire dont les ondes emporteraient ses baisers; avec ces yeux avides et doux, où il sentait son propre regard aspiré; avec ces lèvres dont l'humide fraîcheur l'avait affolé pour jamais comme un poison. Et il pensait à ce corps merveilleux qu'il ne connaissait pas, mais qu'il avait deviné, à ces magnifiques sursauts d'une chair amoureuse et souhaitée pareils aux frissons nacrés de la vague, à l'ondulante fuite des cavales dans le désert. Vers des oasis étranges il s'enfuirait, caché à tous, il s'enfuirait avec elle. Vers un océan de délices il s'embarquerait sur ces nefs délicieuses dont un désir sans fin gonflait les voiles. Enfin, il se sentait plus grand de cet amour, si grand qu'il avait peur de se heurter le front aux étoiles, tant était glorieux et triomphant le cortège fleuri de ses pensées.

Que pouvait peser le souci de l'honneur, même d'un comte de Prades, dans une balance que des impressions de ce poids écrasaient de l'autre côté ? Ils avaient en eux le ciel et il aurait fallu qu'ils s'occupent de la terre ! Leur mépris complet de ce qui n'était pas eux-mêmes s'affirma par la tranquillité avec laquelle ils assirent, sans le plus léger remords, sur un calme durable, le bonheur infâme, mais infini qu'ils avaient conçu. Quand M. de Prades fit pressentir à André qu'il lui demanderait de demeurer longtemps auprès de lui, attendant de son expérience d'ingénieur de réels services, André lui répondit qu'il était prêt à ne le quitter jamais. Et, tout de suite, pour ne se pas embarrasser de délicatesses matérielles, il demanda à être traité dans le château, en pensionnaire, non pas en hôte. M. de Prades, qui avait l'orgueil des hospitalités seigneuriales, se révolta d'abord, mais finit par céder, le souci de la restauration du château de ses pères passant, dans son esprit, avant tous les autres.

On régla aussi bien vite quelques autres questions de menu détail comprenant une installation presque définitive d'André Maurienne dans le manoir qu'il devait aider à embellir. Ces banalités de la vie ordinaire ne lui apportèrent aucun dégoût, aucune révolte. Marthe, d'ailleurs, en maîtresse de maison qui avait des vues personnelles, aménagea cette existence, projetée à trois, avec toutes les finesses subtiles que mettent les femmes dans les choses de la trahison. Entre l'appartement que son amant devait occuper et le sien, elle eut soin d'intercepter la possibilité de tout passage étranger. Il fallait bien assurer la tranquillité à cet hôte utile dont le génie allait être mis à l'épreuve. Marthe, de race créole, nonchalante comme pas une autre, ne s'était jamais ainsi consacrée à des soins ménagers. Le comte lui fut reconnaissant de cette transformation dans le sens d'une activité plus grande. Il fut décidé également que Claire ne travaillait pas assez. Les heures de leçon que lui donnait Mlle Clarisse seraient plus nombreuses et ainsi distribuées qu'elle ne pût se promener dans le parc, dans les moments de la journée où la comtesse s'y voulait conserver une solitude, ceux-là mêmes où M. de Prades se renfermait dans son cabinet pour ses recherches de bénédictin.

Tout cela eût été comique, presque odieux, entre amants vulgaires, dans le menu d'un adultère bourgeois. Mais une telle amplitude de désir, une si haute folie d'amour, un si bel élan de passion inspiraient toutes ces mesquineries, qu'on n'avait pas plus envie d'en rire que d'un de ces décors ridicules où se déroulèrent les grands drames de Shakespeare où clament les voix immortelles des amants et des héros.

Oui, ce fut une félicité absolue qu'ils savourèrent dès le lendemain de cette rencontre où ils n'avaient rien trouvé à se dire, sinon qu'ils étaient l'un à l'autre pour toujours.

Les heures qu'ils vivaient étaient alternées d'espérances sûres d'elles et de joies les venant réaliser. Les attentes elles-mêmes étaient délicieuses, puisqu'elles portaient en elles des aurores et des printemps, le crépuscule des délices attendues et la floraison des désirs qu'allait épanouir le soleil. Ils ne se quittaient pas, même quand ils étaient loin l'un de l'autre. Leur pensée jumelle veillait sur ces absences sans inquiétudes, les emplissant de l'image aimée et lui donnant des voix infiniment douces, même dans le silence.

Et bientôt on eût dit que la Nature elle-même se mettait en fête autour d'eux, chantant sur leur chemin des épithalames, agitant des rameaux d'or autour de leurs fronts. Car l'automne venait, l'automne où le paysage revêt une splendeur que ne lui ont donnée ni le printemps, ni l'été, une splendeur faite des adieux de tout ce qui a brillé, charmé, enchanté, la splendeur souveraine des déclins où, comme un roi prodigue qui fait, en mourant, des largesses, le soleil couvre de pourpre la nudité prochaine des bois, vêt d'argent clair les bouleaux et jette des couronnes au front déjà flétri des chênes.

Il était impossible de rien imaginer de plus beau vraiment que ce spectacle dont était comme enveloppée leur tendresse.

Un peu plus forte déjà, la Loire n'était plus tachée d'îlots de sable et son cours élargi était comme une ceinture bleue tombée de la robe du ciel; et le scintillement de l'eau, sous la lumière, faisait croire qu'à cette ceinture étaient restées accrochées des étoiles. Derrière ce ruban, c'était un moutonnement de fauves sous le fouet d'un invisible dompteur, un vallonnement hérissé de crinières d'un jaune brun, les lourdes crinières de la forêt déjà rouillée; et, derrière encore, découpant la ligne invisible de l'horizon, pareilles à des dents blanches sous les lèvres rouges du couchant, les maisons lointaines et toutes petites, les villages escaladant d'insensibles montées.

Mais il n'était pas nécessaire de sortir du parc de Prades pour y rencontrer des merveilles. Là aussi les grands arbres portaient de magnifiques haillons, et des tapis de feuilles mortes couraient à leurs pieds comme lorsqu'une bourse se vide, des tapis de feuilles, celles-ci plates et jaune clair comme des sequins, celles-là recroquevillées comme des serres d'oiseaux de proie. Les dernières roses embaumaient le vol des derniers papillons. La Diane mélancolique rêvait, plus douce, au carrefour des longues avenues, sur son socle de pierre, comme si, dans ce tourbillon, le poème des cultes abolis venait encore mourir à son oreille.

L'étang se ridait au moindre souffle, comme une large fleur aux pétales toujours prêts à se plisser. A d'autres instants, il apparaissait, sous le ciel sans haleine, comme une coulée de plomb dont les nénuphars en saillie faisaient les bulles. Les flèches émoussées des roseaux pendaient, jaunes, au-dessus de l'eau où leur reflet semblait plonger des larmes d'or, de longues larmes, et le saule à la chevelure plus menue balayait sans cesse le banc où couraient de grises poussières.

C'est par là qu'ils venaient souvent, ce lieu étant, comme on dit en stratégie, défilé de la vue du château. Que les choses ont d'étranges retours! Dans les allées où, au printemps, les amours innocentes et troublées de Claude et de Claire avaient passé, furtives et en prières, leur adultère tendresse, à eux, se promenait le front haut, cyniquement fière, pleine de l'orgueil de sentir à soi toutes ces splendeurs du ciel automnal et toutes ces richesses de la terre, sachant bien que l'amour est son *ultima ratio* à lui-même, comme il est l'*ultima ratio* de toutes choses. Dans le lumineux enlacement de leur pensée, sous la caresse de tout ce qui les entourait, où le repentir aurait-il trouvé la place de jeter une ombre? Dans cette gloire de la possession où se confondaient leurs âmes où la honte aurait-elle pu placer sa goutte de venin? Ils se sentaient vraiment les maîtres du monde et ils avaient raison. Le monde est à ceux qui aiment.

Et leurs vagabondes tendresses erraient ainsi de la maison, déjà pleine pour eux de doux souvenirs, au grand parc dont le moindre brin d'herbe les connaîtrait bientôt. Cette saison est la plus propice aux liaisons qui prétendent à la durée. Sa mélancolie même est un lien nouveau dont elle enlace les cœurs jusque-là sevrés de joie. Le printemps est l'époque des ruts où s'éparpillent les sèves, au hasard des désirs, à l'aventure des rencontres, dans cette grande fouaillée de sang que font monter à la peau l'aigre brise de mars et le vent des matins rouges d'avril; c'est le temps des baisers à l'envolée dans le parfum des lilas qui ne durent que huit jours.

L'automne est, au contraire, la saison des passions réfléchies et des affections ferventes; elle attire l'un à l'autre les cœurs qui, comme les oiseaux frileux, se cherchent à l'approche de l'hiver et se collent aile à aile sur les branches mouillées. C'est le temps où s'aiment et où s'aiment pour longtemps, sous la durable floraison des chrysanthèmes, ceux qui ont déjà souffert. C'est le temps où s'aiment les prudents et les raffinés de l'amour, qui devinent ou savent combien sera doux le printemps à venir, non pour un sentiment qui ne fait que de naître, mais pour un sentiment renouvelé, ravivé, fleuri de fleurs nouvelles, comme la nature délivrée des neiges et buvant les premiers soleils.

Comme ils le goûtaient, ce charme d'octobre déjà venu, d'octobre aux soirs hâtifs rapprochant les pieds qui se cherchent sous les tables où s'arrondit la clarté tranquille des lampes! Et ils ne regrettaient pas non plus que les matins fussent plus lents à venir; car ils leur permettaient quelquefois l'illusion d'une nuit passée ensemble et ces réveils exquis dans l'ombre où les bouches se cherchent sans que les yeux se voient.

Il n'était pas de jour où ils ne se pussent donner une heure, et dans cette heure, ils savaient enfermer une éternité. Tout ce qu'il avait imaginé des beautés de Marthe, qu'il ne connaissait pas encore, était au-dessous de l'impression qu'André en reçut par sa possession entière. Ce fut comme l'égrènement d'un rosaire d'amour, dans un religieux silence, que les découvertes qu'il fit, impatient et tremblant à la fois, jetant ses lèvres ici, puis là, sans savoir où choisir sur ce corps merveilleux où la jeunesse et la santé chantaient leur immortel poème, comme au temps des naïves oaristis et des nudités saintes, le long des fleuves, que charmait la flûte du berger.

C'était comme un archipel, sous un ciel délicieux, dont, tour à tour, il enveloppait les îles du sillon de son désir, pareil à une barque toujours appareillée. C'était comme un nouveau monde dont il explorait les splendeurs vierges à la clarté poétique des étoiles.

Des soirs! Ils passèrent des soirs délicieux pendant que le comte, sous un abat-jour de savant, s'obstinait aux recherches interrompues par le dîner. Dans un coin du parc où la lune ne venait pas mettre ses blancheurs indiscrètes, ils connurent la douceur des idylles où le bruit des baisers semble le murmure d'une source jamais tarie.

Et les travaux du château marchaient à merveille pendant ce temps. André Maurienne avait pris sa besogne d'architecte à cœur et la tour commençait à se relever, borgne et n'ayant encore qu'une meurtrière débouchée, mais dominant déjà le lit de hautes herbes où ses ruines avaient gît si longtemps, mordues par les lierres et usées par la langue rude des lichens et des mousses sauvages. André espérait-il ainsi ériger, en compensation du tort qu'il lui faisait d'autre part, le zèle à servir les vues archéologiques de son hôte? Non certes! j'ai dit, et j'ai dit pourquoi il n'avait aucun remords. Il n'en éprouvait pas moins un plaisir instinctif et presque peu comique, dans l'espèce, à se bien acquitter de la tâche qui avait motivé, en apparence, sa présence dans le château.

On eût dit que l'adultère étendait, sur celui-ci, une aile protectrice que gonflait un souffle de coupable sérénité, qu'il apportait dans ces lieux une atmosphère d'apaisement et qu'il y avait été attendu jusque-là comme un bien nécessaire.

En effet, le comte Maurice n'avait jamais été de si bonne humeur. La tournure qu'il voyait prendre à son œuvre l'enchantait positivement. Il avait douté jusque-là que le sceau seigneurial dont les pas de ses aïeux avaient empreint cette terre, pût revivre avec cette netteté et être ainsi fouillé dans ses plus orgueilleux détails. C'était un triomphe pour lui de faire renaître, dans cette contrée, la glorieuse légende des de Prades dans cette belle image de pierre où se liraient les nobles choses du passé. Il avait une reconnaissance infinie à André de l'aider à relever, comme il disait, l'honneur de son nom. Il le lui disait souvent et un sourire ne venait pas aux lèvres de celui-ci. Il n'y a que les goujats, en effet, qui éprouvent un plaisir à se moquer de l'homme qu'ils trompent.

La nervosité naturelle de Marthe, sous ses dehors

nonchalants de fille du pays du soleil, avait également subi une dépression sensible et certainement salutaire. Elle avait maintenant ces beaux calmes de femelle repue qui disent la paix vaillamment conquise des sens. Sa beauté, comme il arrive toujours en pareil cas, en avait reçu un éclat nouveau et c'était comme un rayonnement qui était venu aux pâleurs exquises de son visage fait de rayons lunaires et de fils d'azur tournant, autour des yeux, leur ombre voluptueuse. Cette métamorphose enchantait également son mari, sans le troubler d'ailleurs outre mesure, et sans le détourner de ses recherches ordinaires. La science lui constituait une véritable grâce d'état.

Le même bien-être avait résulté pour Mlle Clarisse des concessions extrêmes qu'elle avait faites à Thomas sans en obtenir d'ailleurs plus de confidence. Elle s'était décidée à manger du merle, bien que la saison des grives approchât, et, ma foi! le merle ne lui avait pas semblé mauvais. Ses grâces appétissantes en avaient profité et quelques roses de plus avaient fleuri le souriant visage de ce Rubens vivant.

Cet air de bien-être était décidément général : Claire aussi avait perdu beaucoup de sa mélancolie. La comtesse croyait, espérait que l'oubli de Claude était là. Oui, elle l'espérait seulement. La vérité est, au contraire, que l'heureux Claude était moins oublié que jamais et que toutes ses lettres, toujours reçues en cachette, fleuraient un parfum communicatif de foi dans l'avenir, d'espérance et de courage.

9.

VIII

Un samedi, à l'heure ordinaire des aumônes, ce ne fut pas seulement un mot de souvenir de Claude que Claire reçut du petit mendiant, mais un véritable journal où les moindres événements de sa vie à Paris étaient consignés, et dont il convient que nous lisions, par-dessus l'épaule de la jeune fille, les passages les plus intéressants :

... « Vous ne saurez jamais, ma Claire bien-aimée, la détresse de mes premières journées dans ce gouffre où mes pensées obstinées étaient comme ballottées par une mer en fureur. Tout m'était odieux, ironiquement cruel dans ce grand mouvement où je n'entendais plus battre mon cœur, et je me faisais l'effet d'un mort dans cette foule sinistrement vivante, où je ne me trouvais ni un parent ni un ami.

« Les quartiers bruyants me faisait horreur; j'avais pensé m'installer d'abord dans celui qu'habitent les prêtres à qui l'abbé m'avait adressé en me quittant, à l'ombre des tours de Saint-Sulpice, où l'on trouve encore des rues silencieuses. Mais il me semblait que l'air manquait autour de ces soutanes noires, passant, le long des murs, comme des ombres et entre ces maisons dont quelques-unes étincelaient comme des chapelles à la Fête-Dieu, toutes pleines, derrière les larges fenêtres, de chasubles d'or et d'ostensoirs. Je poussai plus loin et rencontrai enfin un jardin immense, un peu plus grand que celui de Prades, avec des arbres magnifiques, échangeant le vol de leurs ramiers comme des volants entre de gigantesques raquettes. C'est le Luxembourg, où je goûtai une première heure de sérénité, depuis qu'avait commencé mon exil, sur un banc d'où l'on entendait l'eau pleurer en retombant dans l'eau et, au-dessus de sa tête, le vent passer dans les feuillages rouillés.

« Au loin, près d'un bassin, une musique militaire jetait des notes de cuivre comme un appel dans le couchant, que commençait à rougir le ciel, et des larmes me sont venues aux yeux.

« J'ai pensé que je serais mieux là que partout ailleurs à Paris, et j'ai loué, dans une maison que borde le jardin, une chambre toute petite, qui domine les verdures et jusqu'où monte, quand la croisée est ouverte, le murmure des branches sèches, qui ne seront bientôt plus qu'un griffonnage noir sur la page grise du ciel.

« C'est là que votre image habite avec moi, Claire, dans la solitude que fait, autour d'elle, l'adoration jalouse que j'ai pour vous. Les nuits viennent vite déjà, et ce m'est une douceur de m'accouder à ma fenêtre, à l'heure où, derrière ce coin de nature et de paysage vibrant, dans la brume, qui semble une poussière rousse, s'efface la silhouette de Paris, lentement, comme si un rideau se tendait sur l'horizon. Et ma pensée se rapproche de vous, comme si la barrière de pierres et d'ardoises qui m'en sépare était franchie et comme s'il n'y avait plus, entre nous, que de longues campagnes plates, où aucun obstacle ne retarde la course des rêves et la fuite des espérances vers leur invisible objet. Je me crois alors tout voisin de Prades, et ces avenues obscures ne me semblent finir qu'aux allées qui menaient au château où mon âme est restée tout entière.

« Mais bientôt cette ombre se crible de trous de lumière au-dessous de moi, comme si toutes les étoiles qui montent au ciel allumaient un reflet à terre, et les lointains de Paris illuminés n'étant guère qu'un brouillard, quelque chose comme une voie lactée, j'ai l'illusion de vivre entre deux mondes de constellations, fleurs d'or effeuillées sur le chemin où mon souvenir suit vos pas!

« Et, comme les matins viennent lents, n'étant d'abord, à l'orient, qu'une envolée de duvet de cygnes sur le ciel à peine rose, une source d'impressions délicieuses, où vous êtes encore mêlée, me vient de la clarté tranquille de ma lampe, dessinant sur la table où je travaille, dès l'aube, un cadre rond où votre portrait me sourit, tremblant au moindre souffle, comme les images que double une source.

« Aussi n'est-il pas un instant, Claire, où vous ne me soyez présente, et, dans cette existence nouvelle, je ne cherche rien qu'à revivre les heures délicieuses que j'ai vécues auprès de vous ! Je vous ai dit que je m'étais mis au travail, résolument, sans conseil, puisque je ne connais personne ici. Je fais une féerie, parce qu'on m'a dit que ce genre était très à la mode, et aussi parce qu'il me semble que rien ne doit être plus beau qu'une féerie dont un souffle de poésie anime les vivantes splendeurs. C'est si bon de suivre, au pays du merveilleux, tout ce que la réalité fait envoler, sur notre route, d'espoir et de bonheur entrevus ! J'ai pris, dans l'antiquité, un sujet qui m'a toujours séduit par toutes les tentations qu'il comporte : l'anneau de Gygès, qui rendait invisible. Je l'ai fait passer, de doigt en doigt, jusqu'à celui de l'Amour qui le jette dans la mer, n'ayant pas besoin de se cacher, car il est plus fort que tous les talismans, et tous les sortilèges ne peuvent clouer à ses flancs ses ailes faites de blancheur et d'invulnérabilité.

« Que ne puis-je l'avoir seulement une heure, ce bienheureux anneau de Gygès, en attendant que l'amour nous permette de n'en plus avoir besoin ! Oh ! tout de suite, invisible à tous, sur le souffle qui roule à mes vitres, un tourbillon de feuilles, avec mes souvenirs, qui sont des feuilles mortes aussi, j'irais là-bas, où vous êtes, et je vous dirais que je vous aime, et je boirais votre haleine et je m'anéantirais en vous, et je me coucherais sous vos pieds. Mais je ne l'ai pas, ce magique anneau du conte que j'écris et dont vous êtes l'héroïne peut-être immortelle.

« Car il me semble que ce que je fais est bien, aussi bien que je pourrai faire. J'y trouve des enthousiasmes et des fièvres qui ne sont encore que des élans vers vous, de la tendresse qui vou veut conquérir...

... « J'avais voulu connaître un peu le monde parisien où j'étais condamné à vivre, celui des artistes, par exemple, des poètes, surtout. J'ava loué un livre d'Henri Murger ; mais ce qu'il raconte ne ressemble en rien à ce que je vois, dans le même coin de Paris, cependant, que celui où il a fait vivre ses personnages. Les Écoles sont bien tout près d'ici. Mais je n'y vois entrer que des jeunes gens absolument raisonnables, ayant déjà des serviettes sous le bras, comme de jeunes notaires. Il y a bien des endroits où l'on fait du bruit, le soir, en buvant de la bière. Mais ceux qui font ce vacarme ne m'ont paru appartenir que de loin à la littérature. Je ne leur ai entendu dire que des grossièretés. Il y a d'ailleurs une chose qui me fait toujours détester Paris. C'est le mépris où la jeunesse y tient les femmes. Je suis rentré chez moi avec des révoltes au cœur qui m'y ont retenu pour longtemps.

« Il y a bien, cependant, quelque part, des gens comme moi, jeunes, croyants, qui vivent et qui aiment, que tente la gloire et dont une affection noble et puissante emplit le cœur. Mais comme ils se cachent, bon Dieu !

..... « Tous ces jeunes hommes se tutoient. Il est impossible cependant qu'ils se connaissent tous entre eux depuis longtemps. C'est un air étouffant de banalité dans lequel ils vivent, et je ne sens rien de viril et de généreux dans tout cela. Tenez, Thomas Loursin serait ici à sa place. Les vaniteux et les intrigants, les suffisants et les cuistres ont tout ce qu'il faut pour y réussir.

« Mais, que m'importe! Je ne veux qu'un ami dans l'exil, ma Claire bien-aimée : votre cher souvenir, qui me console et qui m'encourage, et je sais bien que celui-là ne me quittera jamais !

..... « On m'avait parlé d'un grand poète, jeune encore, dont j'avais lu quelques vers avec émotion, et très accueillant aux jeunes. Je lui ai écrit, il m'a répondu, et je l'ai été voir. Il m'a paru plus sincèrement modeste que les drôles sans valeur au milieu desquels je m'étais trouvé une ou deux fois. Je lui ai lu les deux premiers actes de *l'Anneau de Gygès*. O Claire! quel bonheur il m'a fait! il a trouvé, les meilleurs, les vers que j'avais mis dans la bouche de l'Amour en vous les adressant, dans ma pensée, à vous-même, — les vers où j'ai tenté de vous décrire dans le délicieux éclat de votre beauté. Il est donc vrai que la passion peut donner du génie!... Oh! alors, j'irai loin. Du génie! je ne puis espérer en avoir jamais, mais mon complaisant auditeur m'a dit qu'il me trouvait un véritable talent et qu'il y avait des choses vraiment belles dans ma féerie.

« — Alors, lui ai-je dit, je pourrai la porter à un directeur aussitôt terminée...

« — Si vous le voulez, m'a-t-il répondu.

« Mais il avait dans le sourire je ne sais quoi de mélancolique qui m'a vivement préoccupé. Comme j'allais prendre congé de lui, il m'a arrêté encore un instant à la porte, et, sur un ton de bienveillance presque affectueuse :

« — Continuez votre œuvre, m'a-t-il dit. Elle le mérite. Si ensuite un directeur vous la refuse, vous en conclurez seulement qu'elle est au-dessus de son propre goût et de celui du public vers lequel il n'est préoccupé que de descendre. C'est une illusion que nous avons tous, de croire que les féeries devraient être faites par des poètes, puisque la fantaisie en est la loi, et que toutes les merveilles de l'imagination s'y peuvent réaliser. Mais il paraît qu'il faut au genre, pour être applaudi, une certaine dose de bêtise à laquelle les poètes ne condescendent pas. Vous vous consolerez, mon jeune confrère, en vous disant que les beaux vers et les pensées lyriques sont, à eux-mêmes, une raison d'être suffisante et la meilleure de toutes.

« Je suis sorti très abasourdi. Certainement je continuerai, après ce qu'il m'a dit. D'abord parce que j'ai inventé là une figure qui est la vôtre, Claire, et que je veux nimber, comme un front de Madone, de l'or de mes plus belles rimes. Et puis, on ne ferait rien si on écoutait des gens qui ont eu des déboires. *L'Anneau de Gygès* sera terminé avant un mois.

... « Vous êtes si bonne, Claire, et si bien pensant à toutes choses, que je veux vous dire combien je suis tranquille pour le présent. J'entends de cette tranquillité matérielle sans laquelle tout travail me semble impossible. Le petit pécule que j'ai emporté, et que je ménage avec des ingéniosités d'avare qui vous feraient sourire, ne sera pas épuisé avant un an; et dans un an, Dieu merci! *l'Anneau de Gygès* sera certainement joué. Il est inimaginable que tous les directeurs soient des imbéciles. Mais une autre ressource m'est venue, d'où je ne l'attendais guère. Outre le peu d'argent qui m'a été remis, j'ai hérité un portefeuille de gravures anciennes dont plusieurs sont, paraît-il, du plus grand prix.

« C'est, au moins, ce que m'a dit le seul homme de mon âge que je fréquente, un aimable garçon et très doux, le peintre Bistouille, qui concourra pour le prix de Rome, l'an prochain. Or, Bistouille connaît un vieil amateur qui achète volontiers ces curiosités, au quart de leur prix, bien entendu; mais ce quart est encore beaucoup, quand elles sont, comme les miennes, vraiment précieuses.

« Une nouvelle mine me sera donc ouverte là quand la première sera épuisée. Par précaution, mon ami m'a présenté à cet homme obligeant. Il se nomme, dans notre quartier, le père Hilaire, et les étudiants qui ont fait des sottises et sont obligés de vendre leurs livres, le connaissent tous.

« Rien n'est plus curieux que son cabinet, et je vous ferais bien rire, Claire, en vous le décrivant.

On y trouve jusqu'à des serpents empaillés. Il paraît qu'Harpagon lui-même était un prodigue auprès de lui. Je serai bien attristé, tout de même, de voir mes pauvres gravures, sans doute patiemment collectionnées par quelque grand-père, en compagnie de tout ce bric-à-brac.

... « Vous ne m'en voudrez pas, ma Claire bien-aimée, de vous conter ainsi tous les détails d'une vie qui n'est — si loin que vous soyez, hélas ! — pleine que de vous ! Car tout ce temps dont je vous ai dit l'emploi n'est rien auprès de celui qu'emplit l'essor de mes espérances vers le but que vous savez comme moi. Je me représente, pour me donner du courage, le bonheur qui sera nôtre, si vous le voulez aussi fermement que moi. Mais nous n'habiterons pas Paris, n'est-ce pas? L'air y est mauvais pour les pures et sincères tendresses.

« Nous demeurerons en Touraine, — pas à Prades même, quand même votre beau-frère nous y voudrait recevoir, — mais dans quelque autre coin du même paysage, sous le même soleil où mes yeux vous ont vue pour la première fois ! Car tout m'est cher et comme sacré qui me rappelle l'enchantement où je fus mis tout à coup par votre présence. Je pourrais vous dire encore aujourd'hui les moindres détails de la toilette que vous portiez ce jour-là ! Vous aviez une rose blanche dans les cheveux. Vous souvient-il qu'elle en soit tombée au moment où vous m'offriez une tasse de thé ! Ce que vous n'avez certainement jamais su, c'est que je vous l'ai volée. La chère fleur ne me quitte plus : elle me fait penser au vers du poète qui m'a si bien accueilli :

Parfum toujours en fleur des roses défleuries !

« Il m'avait semblé que je lui faisais mal en l'écrasant, pour la conserver, entre les deux pages d'un livre. Je l'avais emportée dans le creux de ma main, en la pressant le moins que je pouvais, et enfermée dans un coffret où elle me semblait à l'aise. Un à un les pétales se sont détachés de son cœur. Je voudrais que le mien fût embaumé dans ces chers et odorants débris de la rose que vous avez portée !

« Oh ! oui, la vie nous sera douce là-bas ! Notre bonheur demeurera, pour ainsi parler, sous l'ombre de nos souvenirs, dans le cercle sacré de nos premières tendresses. Un peu plus loin que la première fois, vous descendrez vers le ruisseau, vous marcherez pieds nus parmi les pierres toutes veloutées de mousse et je n'aurai pas besoin de me cacher entre les branches pour vous regarder quand vous découvrirez ce qui m'a rendu fou d'amour. Car vous serez mienne, Claire, mienne sous le même ciel où nous nous sommes si bien sentis l'un à l'autre et pour jamais. Mienne sous ces mêmes nuits pleines d'étoiles que je passais à pleurer quand vous m'aviez quittée. Mienne dans le charme attendri de toute cette nature qui semblait heureuse à nous voir nous aimer.

... « Mais dans combien de temps viendra ce bonheur? J'ai de rapides désespoirs au milieu de ce calme où me met une confiance infinie en votre tendresse. Ne vous rend-on pas malheureuse à Prades? Vous m'avez écrit que votre sœur ne vous avait jamais parlé de rien. Était-ce pour me tranquilliser et par simple pitié pour mon inquiétude? Moi, je puis, au moins, penser librement à vous, sans qu'on épie ma pensée, sans qu'on ait le droit de me reprocher rien. Mais vous!... à quelle épreuve est mise peut-être votre constance!

« Et cependant, c'est moi qui suis l'exilé. Vous n'avez rien quitté des souvenirs vivants où toutes les belles heures du passé sont écrites, peut-être comme sur des tombes! Quelquefois, je caresse un rêve fou. Revenir à Prades, une nuit seulement et non pas pour vous voir, — le danger serait trop grand, — mais pour revoir tout ce que vous avez touché, pour baiser tous les sables où vous avez marché, pour me griser de tout ce qui garde un peu de votre parfum, de l'air où vous avez passé, de l'eau qui a reflété votre image, de la brise qui vous a dit sa chanson!

« Et mes lèvres brûlent à cette seule pensée; ma poitrine est toute haletante et je suis obligé d'enfermer mon cœur dans mes mains. Car tout cela est un peu de vous, si je ne puis vous approcher vous-même. Je suis comme un prêtre dont on a brûlé le temple et qui ne souhaite plus que de poser sa bouche sur les cendres où flotte l'âme vague des encens.

« Adieu, ma chère bien-aimée ! vous n'avez pas à me souhaiter le courage, mais la résignation: Je compte les heures par siècles et je me sens devenir vieux loin de vous. Pas assez vite pourtant ! Je voudrais précipiter les jours jusqu'au jour où je vous presserai dans mes bras, comme le torrent se hâte vers les sérénités éternelles de la mer. Je baise votre petite main avec des sanglots dans la gorge. Ah ! que je hais ce Paris ! Ah ! que je voudrais être là où vous êtes ! En enfer, si vous y étiez. »

Ce petit morceau de prose exaltée mais sincère ravit absolument Mlle de Prades. Elle fit aussi son rêve de gloire pour l'ami qu'elle avait si loin. Claude ne pouvait manquer de réussir. Il avait beaucoup de talent et ce n'était pas sa faute s'il n'avait pu se rendre bon à quoi que ce soit dans le château. On s'était trompé en lui croyant une vocation pour l'architecture, voilà tout. Les poëtes ne sont pas faits pour construire les maisons. Les propriétaires trouvent même qu'ils sont à peine faits pour les habiter.

Oh ! si ! ils iraient à Paris dès qu'elle serait sa femme. A Paris seulement le génie fait sa place, et se forgent les solides renommées. Il voulait bien aller en enfer avec elle. Il consentirait bien à aller à Paris qui est seulement sur le chemin ! Elle vivrait heureuse dans le grand rayonnement de sa vie, à lui, l'entendant louer et admirer autour d'elle, savourant, mieux que lui, ces louanges et ces admirations.

10.

Et, dans cet échange d'enfantillages, leur amour demeurait simple et fort, très vaillant et prêt à tout les sacrifices. Ce samedi-là, elle n'eut pas le courage de brûler la longue lettre de Claude et passa bien, à lui chercher une cachette sûre, une heure pendant laquelle elle la relut plusieurs fois.

Puis elle s'endormit d'un bon sommeil rasséréné où lui vint rendre visite l'image du cher absent, l'anneau de Gygès au doigt.

IX

La venue de l'hiver, qui fut précoce cette année-là, avait transformé l'aspect du paysage. Derrière le fleuve, dont la masse grise et opaque était traversée de longues fusées d'argent, le bois lointain n'était plus qu'une chevauchée d'ombres pareilles à des guerriers noirs enchevêtrant, sur un ciel tragique, leurs lances hautes et empanachées d'or sombre par les cimes dominantes des chênes dont les feuilles mortes ne tombent qu'au printemps.

En avant de la Loire, la longue pelouse qui montait, en pente douce, jusqu'au château, était, dans les matins roses et froids, toute diamantée de givre. Les bouquets d'arbres était comme à claire-voie et sur les troncs noirs se détachaient les verdures obstinées du lierre, tandis que s'embroussaillaient encore, à leurs pieds, les essences vivaces qui, comme le sureau, gardent à leurs branches une sorte de poussière d'émeraude pâle. Les guis pendaient leurs perruques énormes aux peupliers échangeant leur lourde charge de corbeaux, et ceux-ci allaient, de l'un à l'autre, par pesantes envolées, et sonnant, comme des glas, de mortelles angoisses dans l'air.

L'étang était gelé, vitreux comme l'œil d'un mort dont la lumière n'enrayonne plus les prunelles, et, plus haut que l'allée qui le bordait, sur le banc crépitant, le grand saule épandait ses pleurs jaunes et chargés de petits glaçons. Dans son temple dévasté, Diane était zébrée d'un ruissellement d'eau noire qui avait laissé, sur son marbre, de longues bavures, en rayant sa blancheur d'autrefois.

Il n'était pas jusqu'au château même dans les parties surtout encore en ruines, qui n'eût revêtu quelque chose de cette mélancolique impression. Les murailles éventrées, dans l'aile en reconstruction, avaient perdu leur floraison de giroflées et de volubilis, et la nudité en apparaissait comme un symbole désolé du passé que ne console plus même un souvenir.

Comme toutes les autres bêtes, l'homme subit le contre-coup de ces métamorphoses de la nature. Tout ce qu'il y a de fraternel en lui, pour les choses, s'émeut de cette commune désolation et c'est les natures les plus élevées, les plus près de l'idéal par la ferveur de leur sensibilité, qui ressentent davantage cette action du dehors et s'associent le plus profondément au deuil des splendeurs disparues. André Maurienne et Marthe de Prades étaient certainement de ceux-là.

Comment la première goutte d'eau noire et

amère tomba-t-elle dans la sincérité d'un bonheur pareil au lac tranquille dont les eaux transparentes et bleues n'ont jamais reflété que le ciel? Par un détail presque insignifiant au premier abord, un de ces riens de la vie coutumière auxquels pendent cependant quelquefois nos plus hautes félicités. Le comte Maurice, dont la lampe studieuse était allumée longtemps avant le jour et qui avait accumulé les heures de travail dans l'après-midi, supportait mal la longueur des soirées d'hiver où la fraîcheur des brises, venues des fenêtres ouvertes, ne tient pas, comme en été, les fronts en éveil sous le charme des cieux pleins d'étoiles. On se couchait donc de meilleure heure au château et c'est M. de Prades qui, deux heures au moins avant le moment où l'on regagnait, en été, ses appartements, donnait le signal. Bien que celui qu'il occupait fût, comme on sait, séparé de celui de la comtesse, celle-ci ne s'en retirait pas moins en même temps que lui, par un excellent usage qui n'entend pas que les valets soient au courant des habitudes conjugales de leurs maîtres.

Ce fut, pour André, comme la première pointe du cilice perçant le bel habit de roses dont il avait, depuis trois mois, les chairs voluptueusement caressées; comme le premier frisson du supplice qui lui devait bientôt pénétrer jusqu'aux moelles, par l'inexorable fatalité qui, pour toutes les âmes vraiment hautes, empoisonne certaines amours. Ce moment du départ de sa maîtresse pour la chambre où il n'était pas sûr que son mari ne l'accompagnât pas, lui devint si étrangement pénible que ses journées se passaient à le redouter et que c'était avec un douloureux malaise qu'il en attendait l'inévitable retour. D'abord il lutta contre la puérilité apparente de cette souffrance. Que pouvait-il demander de plus au jour qui s'achevait par cette séparation nécessaire, et que Marthe avait rempli de preuves sans cesse renouvelées de sa tendresse?

Mais ces tortures instinctives ne se raisonnent pas.

Dans les premiers éblouissements d'une tendresse sensuelle partagée, comme dans la lumière aveuglante du soleil dépassant soudain les crêtes matinales qui le voilaient encore et incendiant tout le ciel à l'orient, le point noir, le coin d'ombre, la tache obscure et sans cesse élargie ensuite, qui est au fond de cette immense clarté, ne s'en dégage pas encore. Mais quand les yeux se sont habitués davantage au jour, les formes se dégagent de ce premier scintillement de feu, et les montagnes, déchirant les bords du ciel, réapparaissent menaçantes, fermant, des pointes aiguës de leurs rocs, les horizons derrière lesquels on rêvait des horizons infinis.

Ainsi, dans le triomphe de ses premières joies, triomphe que l'automne avait enveloppé de ses apothéoses de pourpre et d'or, André avait tout oublié, même que celle qui se donnait ainsi à lui, et qui lui portait, sur ses lèvres, le laurier de l'Idéal, n'était pas à lui seul, et ne serait à lui seul jamais

Jaloux! Il se sentait jaloux malgré toutes les révoltes d'un esprit qui s'était fait, sur ce point, les plus philosophiques et les plus sages théories. Mais les révoltes de la chair offensée, dans son orgueil de possession, parlaient plus haut et criaient plus fort. Il s'était bien dit cent fois, en ayant envie de rire des autres, que la jalousie est un non-sens chez l'homme qui est sûr d'être aimé et même chez tout homme qui aime. On ne peut voler, en effet, à celui-ci, les impressions qui lui viennent de l'être adoré, et que le même objet ne pourrait éveiller, identiques, chez un autre. Il comparait volontiers la femme à un archet qui tire, de violons différents, des sons d'un timbre différent aussi, parce que l'âme du violon est en lui-même. Ainsi ce que donne de bonheur une femme à son amant n'est dérobé à aucun autre. Le Moi seul marque de son sceau toute tendresse, et ce sceau indélébile ne saurait passer de main en main.

Très épris de logique et entendant se conduire suivant les règles de la raison, André croyait avoir pour jamais terrassé, en lui, cette passion mauvaise par ces beaux raisonnements. Il devait apprendre que les égoïsmes sauvages et légitimes sont au fond des grandes amours et que la noblesse vient précisément à celles-ci de ces stupides tortures et que, comme les premiers croyants de l'Église, les amants peuvent prendre pour devise : *Credo quia absurdum.*

Bien que rien ne parût changé dans sa vie, elle était subitement devenue un supplice, d'un enchantement sans bornes qu'elle avait été. Et cependant Marthe n'avait jamais été plus passionnément tendre pour lui. Jamais, dans les après-midi fleuries de caresses dans quelque solitude qu'elle savait choisir, elle n'avait versé de plus longs baisers sur sa bouche et délicieusement meurtri ses flancs dans le rapide désespoir d'étreintes où son être se crispait tout entier. Jamais le vin mortel des jouissances sans lesquelles, une fois connues, on ne conçoit plus la vie, ne lui avait été tendu, plus généreux et plus rouge de vrai sang. Dans les délices effroyables où le mettait cette violence de tendresse il se demandait, par un de ces tours subits de la pensée dont nous sommes quelquefois traversés dans les plus grandes extases, si l'angoisse dont il se sentait étouffé lui venait de l'excès de son bonheur ou de cette douleur mystérieuse que le temps avait mise en lui.

Et les baisers qu'il rendait laissaient à ses propres lèvres quelque chose d'amer, et ses yeux se refermaient, farouches, sous ses paupières lassées et bleuies.

Il ne semblait pas que Marthe s'aperçût de cet état de son âme et il en éprouvait, lui-même, une honte secrète, qui l'empêchait de la lui dévoiler.

Mais cette minute terrible dans son indifférence apparente, où le comte se levait le soir, tranquille et souriant au sommeil qui allait venir; où elle aussi, avec une résignation presque enjouée, quittait la causeuse où son poids avait laissé une empreinte tiède dans la molle profondeur du coussin, cette minute fatale empoisonnait, par avance, toutes les joies prodiguées, tous les bonheurs dont il se sentait humilié de revenir vivant.

Le comte devançait-il de quelques instants seulement l'heure ordinaire? C'était comme si un coup de couteau, à lui, lui fût entré en plein cœur. M. de Prades, au contraire, semblait-il oublier la course monotone de l'aiguille sur le cadran? Il éprouvait une joie d'enfant, une béatitude courte et idiote, comme si la pendule s'était arrêtée pour toujours et que le temps fût demeuré un pied debout, dans sa marche, par une pitié subite et pour ne lui pas écraser le cœur.

Et quand tous deux, le mari et la femme, celui qu'il trompait et celle qu'il adorait, avaient disparu dans une clarté vacillante de bougies qu'on emporte; quand les valets étaient venus souffler les dernières lumières et jeter de la cendre rouge sur les tisons, après une fausse sortie, comme au théâtre, sournoisement et en se glissant contre les murs comme un voleur, il revenait dans le salon tiède encore; il s'agenouillait là où elle s'était assise, devant les coussins chauds encore, et mettant des baisers fous partout où quelque chose d'elle s'était posé; il s'écorchait le front au bois des meubles, mordait de baisers les étoffes et pleurait, mais pleurait comme un enfant. Et il lui semblait que le ciel était sans miséricorde de ne pas la ramener, par quelque miracle, auprès de lui, sans bruit, comme glissent les fantômes dans l'espace, seule et souffrant elle aussi de l'avoir quitté et n'y pouvant plus tenir d'être loin de lui! Ah! ses bras l'auraient étouffée et tous deux seraient morts de bonheur!

Mais ce rêve fou devait demeurer un rêve. Il entendait, pendant quelque temps encore, des pas, des pas sans chaussure, peser çà et là sur les parquets gémissant à peine sous les pieds nus qui s'allaient blottir frileusement dans les lits. Puis c'était ce grand silence des premiers sommeils dans la tranquillité des chambres pleines d'ombre. Il faisait quelques folies encore, cherchant, dans la fourrure des tapis, les empreintes qu'elle y avait laissées, pour s'y coller longuement la bouche, cherchant aussi les pétales des roses effeuillées sur la cheminée, de ces roses pâles d'hiver que reçoivent, de Nice, les femmes de quelque élégance. Puis, lui aussi, avec des désespoirs fous dans l'âme, il regagnait son appartement.

Et, dans les couloirs, il marchait vite comme un possédé qui craint que l'enfer ne le reprenne.

C'est qu'il craignait, en effet, que son passage dans le couloir qui menait à sa chambre ne fût traversé par le bruit du passage de Maurice dans le couloir voisin qui menait à l'appartement de sa femme. Il lui semblait qu'il lui aurait sauté à la gorge et l'aurait tué.

Une fois rentré dans son appartement, il n'y trouvait pas le repos davantage. S'enveloppant de ses vêtements les plus chauds, il ouvrait la fenêtre et s'accoudait devant l'inconnu qui est au fond des longues nuits d'hiver dont aucun rayonnement ne traverse le mystère.

Il regardait là où le ciel et la terre devaient se séparer à l'horizon, et il les trouvait confondus, comme l'immense joie et l'immense douleur de son âme, ne pouvant les démêler l'un et l'autre dans l'ombre où il se débattait avec eux. Cette obscurité de sa pensée lui était une souffrance nouvelle et cette impresion du néant lui mettait comme de lourdes vapeurs de plomb aux vides de son cerveau.

Enfin vinrent quelques nuits étoilées, quelques-unes de ces belles nuits de décembre qui semblent faire son chemin, et préparer sa lumineuse route, à l'astre qui réveillera en même temps, pour la Noël, les bergers et les mages, illuminant le ciel du doux fantôme d'un dieu nouveau. Dans l'air froid étincelaient comme des lames d'épée, les arêtes des choses raidies sous le givre et il lui semblait mieux voir les poignards dont son cœur était labouré. La lune, très blanche, ne se reflétait pas dans l'étang immobile, mais elle y couchait comme un long suaire aux plis d'une candeur troublante et il se disait qu'il dormirait bien, là-bas, parmi toutes ces choses figées, insensibles et sans aiguillon qui les déchire au dedans. Cette lumière diffuse sous un firmament d'un bleu sombre comme le lapis-lazuli, lui pénétrait sous le front, comme elle envahissait toutes les ombres, y promenant une sorte de poussière d'argent. Nos pensées ne sont vraiment que le reflet des réalités. Dans ces nuits éclairées, il voyait mieux la lumière, il mesurait presque la profondeur de sa blessure et se disait qu'il était bien perdu.

L'apaisement apparent de ses méditations nocturnes était quelquefois secoué d'un sursaut, soit par quelque soufflet du vent s'abattant contre les volets en rafales, soit par le réveil douloureux d'une pensée plus nette. Un bruit entendu dans le grand silence, un craquement du mur ou des boiseries; un simple ébranlement de l'air; l'impression vague d'une lumière rayant la masse noire du château. C'était peut-être lui qui revenait de sa chambre, à elle! Les mains d'André se crispaient, l'air lui manquait et il avait grand'peine à ne se pas entrer les ongles dans le cou.

Il faudrait pourtant bien que cela finisse! Il fuirait. Mais était-il assez sûr de lui-même et ne serait-ce pas pour revenir plus misérable et plus profondément vaincu? Et puis il emporterait avec lui sa torture, comme une bête blessée la balle par quoi son sang coule sur les hautes herbes. Aucune illusion possible sur l'inexorable, le despotique et le définitif du pouvoir qu'il subissait. C'était la robe de Nessus qu'il portait aux épaules et c'est toute sa chair qui resterait à ses lambeaux!

Alors il lui parlerait; il lui dirait l'infini de ses souffrances et lui demanderait qu'elle eût pitié de lui. Il la supplierait de tout quitter pour le suivre. Il la convaincrait au nom des droits immortels d'un amour qui était, aussi bien pour elle que pour lui, le dernier et le suprême amour!... Les constellations étaient très hautes dans le ciel, et versant au loin comme une compatissante lumière, quand elles éclairaient ce rêve de fuite à deux vers des solitudes inconnues, vers un bonheur que rien ne troublerait plus jamais. Elles traçaient un chemin de clarté, fleuri de roses polaires aux imaginaires blancheurs, devant les pas de l'aimée qu'il soutenait en retenant sa propre haleine, en buvant le parfum de sa chevelure dénouée. Devant ces pèlerins et ces exilés elles étendaient un lit plus blanc que les plus blanches toiles où les attendait le renouveau des caresses inouïes et seulement jusque-là pressenties !

Un nuage voilant et fermant tous ces yeux d'or dans la nue, la réalité reprenait André comme une proie et lui remettait ses tenailles aux tempes. C'était une lâcheté que ce rêve, et il se voulait croire encore incapable d'une lâcheté !

A d'autres instants, il jugeait que sa mort était le seul dénouement honorable au drame qui se jouait en lui et qui le poignait si terriblement. Mais la mort était le néant où ne passerait plus l'image de la bien-aimée. Mourir, c'était ne plus la voir, jamais, jamais ! Et il avait honte de ne plus rien sentir du courage, qui tant de fois lui avait fait risquer ses jours. Mais qu'étaient les gouffres profonds au-dessus desquels l'avait suspendu la tempête, auprès de cet abîme dont l'oubli éternel lui semblait mesurer l'horreur !

Un jour, il eut une fausse joie, l'espoir rapide que son destin avait pitié de lui.

Il pouvait être quatre heures, l'heure la plus mélancolique des jours d'hiver, mais la plus délicieuse aussi pour les amants qui en savent cueillir la douceur, l'heure déjà crépusculaire qui met dans la chambre bien close un mystère particulier, qui permet de ne pas allumer la lampe encore et de vivre dans la demi-obscurité que traverse quelquefois, comme un éclair sans tonnerre, la lumière rouge d'une flambée dans l'âtre où quelque tison s'est écrasé sur les chenets. Le ciel, à travers les vitres, a des lumières roses et d'un bleu vert, des raies de turquoises et des raies de cuivre, et c'est un enchantement, au cœur fervent, que cet évanouissement de toutes les formes qui laisse les yeux dans le vague et rend la pudeur moins craintive des audaces saintes de l'amour et de ses divines fantaisies.

Comme tout était prévu dans la vie monacalement méthodique de M. de Prades, André et Marthe savaient à merveille qu'il demeurait enfermé dans son cabinet de travail jusqu'au dîner, après avoir profité du jour, dans sa plénitude, pour procéder aux travaux du dehors. Ils étaient donc bien sûrs de n'en être pas dérangés dans leur rendez-vous quotidien et, à cette heure que je viens de dire, ils avaient coutume de se trouver dans la petite serre qui prolongeait, au rez-de-chaussée, le salon particulier de la comtesse, un endroit exquis, tout plein de fleurs exotiques grandes ouvertes sous l'illusion d'une température estivale et toujours la même.

Sous les lances pliantes des palmiers, une longue causeuse occupait un des angles de cette pièce vitrée, d'où l'on apercevait le paysage à travers les tiges hautes et minces des camélias, — un paysage froid dans cet éden tiède, — tout blanc de neige dans ces senteurs de printemps. Et d'égoïstes bien-êtres venaient dans l'esprit, du contraste entre la nature désolée du dehors et la douceur fleurie de cet oasis. De tous les lieux où ils se rencontraient pour s'aimer, celui-là était celui que préféraient également Marthe et André.

Or, comme ils y goûtaient les délices accoutumées, dans le jour défaillant, elle tout à l'abandon d'une passion dont elle savourait, dans leur plénitude, les voluptés ; lui sentant son amour désespéré se grossir, comme un torrent après l'orage, de toutes ses larmes cachées et de toutes ses tortures inavouées, jetant là, dans un instant d'oubli, le fardeau qui lui meurtrissait les épaules, rêvant de mourir dans un suprême embrassement, ils entendirent la porte de la serre s'ouvrir et distinctement, dans une glace qu'une coulée oblique de la clarté occidentale éclairait vaguement encore, ils virent M. de Prades qui entrait grave et marchait droit vers le coin d'ombre où ils étaient blottis. Moins distinctement, mais avec une quasi-certitude encore, ils virent briller, dans sa main, l'acier d'une arme que léchait un dernier rayon de soleil, comme une langue de pourpre.

Mais le tressaillement qui leur vint de cette visite inattendue ne fit que ranimer leur étreinte, et leur bonheur suprême s'acheva, comme précipité par cette angoisse, et jamais il n'avait été si grand. Ce n'étaient plus des baisers mais des cris qui leur montaient aux lèvres et qu'ils durent étouffer en s'étouffant eux-mêmes, comme s'ils eussent voulu se cacher l'un dans l'autre.

Mais M. de Prades s'arrêta net à mi-chemin de la causeuse où ils agonisaient. Avec une tranquillité parfaite, il choisit une large fleur rouge ayant la forme d'une croix de Jérusalem et avec le sécateur dont il s'était pourvu, la sépara de sa tige et l'emporta, l'ayant trouvée ressemblante à une fleur symbolique qu'il était en train de rétablir, un pinceau d'or à la main, sur l'écusson d'un de ses aïeux mort en défendant le tombeau du Christ.

Quand la porte se fut doucement refermée derrière lui, André desserra ses bras de l'étreinte où ils étaient crispés et, avec un accent de désespoir dont Marthe fut épouvantée, il s'écria :

— Ah ! que ne nous a-t-il tués !

Elle était très pâle et le regardait debout, haletante, avec, dans les yeux, l'effarement d'une chute dans un abîme.

Il se mit à genoux devant elle, et sans attendre qu'elle parlât, couvrant ses mains de baisers auxquels se mêlaient des larmes demandant pardon :

— Eh bien, oui, fit-il en éclatant en sanglots, je suis jaloux !

X

Une lueur de fierté passa sur le front de la comtesse, mais rapide, et que, pareille à une ombre, chassa l'expression d'une douleur étonnée. S'il eût été plus maître de sa pensée, André lui eût su gré certainement du silence qu'elle garda et de la grâce qu'elle lui fit de tous les sales raisonnements que les femmes nous font volontiers en pareil cas. Elle ne lui demanda pas comment il pouvait souffrir puisqu'elle n'aimait pas son mari. Elle n'essaya pas de lui prouver que celui-ci ne lui prenait rien en usant de ses droits. Elle ne chercha pas à lui mentir en inventant une façon d'union platonique, de mariage mystique entre le comte et elle. Elle se montra intelligente et bonne, vis-à-vis de cet amant intelligent et sincère, en ne discutant pas le bien-fondé de sa douleur.

Comme il l'interrogeait anxieusement du regard pour deviner dans quel gouffre d'impressions il l'avait poussée, elle aussi le contempla avec une compassion infinie et murmura :

— C'est la fatalité.

Et il se souvint que ce mot avait déjà été prononcé entre eux quand il exprimait, non pas une immense douleur, comme à présent, mais la plus grande joie de leur vie. Ainsi le même son retentit sous le marteau, quand les cloches sonnent les affres d'un glas et les joies d'un baptême. Et lui aussi répéta, comme si un écho se fût éveillé dans son âme :

— C'est la fatalité !

Ils se quittèrent sans ajouter une parole, mais avec un serrement de main qui voulait dire que, devant cette fatalité même, leur amour n'abdiquerait jamais.

Cette courte aventure, ce danger rapide affronté, cet état plus confiant de son âme, après l'aveu qui l'avait montré à Marthe tout entier, induisirent, pour ainsi parler, André en un ordre nouveau de méditations. Sa tristesse changeait de lit, comme un fleuve, mais sans trouver pour cela le repos.

Elle avait dit vrai et juste. C'était une fatalité réelle que deux êtres, dont l'amour était absolu, ne fussent pas absolument l'un à l'autre. Il y avait là quelque chose d'odieux et de révoltant, une impiété véritable des faits contre les droits sacrés de l'amour, un crime de Dieu. Était-ce leur faute, après tout, s'ils s'étaient rencontrés dans le même coup de foudre comme deux oiseaux que précipite, meurtris, sur le sol, le même éclat de tonnerre ? Ils n'avaient pas été au-devant de cet orage et si le ciel s'était déchiré au-dessus de leur tête, sur le rayonnement du même idéal, en étaient-ils responsables ? Si leurs yeux étaient faits maintenant de la même lumière et leurs cœurs de la même tendresse, avaient-ils pour cela mérité de souffrir ?

Fatalité ! Fatalité ! mais cette fatalité était-elle donc si respectable ? Sous quelle forme se dressait-elle devant leur bonheur et osait-elle y dresser une barrière ? Au nom de quoi leur demandait-elle leurs larmes et leur sang ?

Car il ne doutait pas que Marthe souffrît autant que lui de ce partage. En quoi il se trompait peut-être. Car les femmes n'ont généralement pas, sur ce point de casuistique amoureuse, les mêmes idées que nous.

Et la haine de l'obstacle lui venait lentement, sourdement, sans qu'il pensât même à s'en reprocher l'injustice. A grand'peine il supportait la société de Maurice, sa seule raison d'être cependant dans la maison qu'il était plus résolu que jamais à ne pas quitter. Car il se disait, avec de décevantes humilités, que, chassé par la porte, il se cramponnerait, pour rentrer, par la fenêtre. Il faisait donc la meilleure mine qu'il pouvait à cette forme particulière de la mauvaise fortune.

Mais un agacement terrible était en lui de ce qu'il lui fallait supporter.

Il en était arrivé à des nervosités d'un subtil inquiétant. Maurice lui semblait-il plus gai que de coutume ? Dans cette gaieté, il croyait deviner le contentement du mâle repu et la nuit précédente ressuscitait dans son esprit pleine d'ombres.

méchantes et de cauchemars. Le comte eut une douleur très vive à la jambe, un peu de rhumatisme gagné à la guerre, et dut garder l'immobilité dans sa chambre pendant une quinzaine. André éprouva une joie infâme, égoïste et féroce de cet accident qui retenait le comte chez lui. Ces deux semaines lui furent un paradis, celui de la possession sans conteste; il remerciait sérieusement le bon Dieu; il aurait voulu que cela durât toujours.

Mais Maurice de Prades devait être rapidement guéri. Il fallut bien qu'André lui donnât le bras pour faire les premiers pas dans l'appartement. Ce fut avec une amertume effroyable qu'il lui rendit ce petit service, se disant que la première visite du convalescent, qui marcherait demain peut-être, serait pour la comtesse. Il passa vingt-quatre heures épouvantables. Quand ce moment fut venu, c'était la géhenne qui se rouvrait, la géhenne où sa conscience elle-même et ses générosités natives, et tout ce qui en avait fait la noblesse, ne se retrouvait plus.

Rien qu'une chose : il ne se répétait, sans parler, qu'une chose, dans les monologues muets où s'exhalait son tourment : c'est que l'Amour était plus haut que les vains combats où l'homme n'a que les lois humaines pour ennemis, que ses droits priment tous les autres, et que, puisqu'il est la vie, c'est au nom même de l'intérêt de vivre qu'il a le devoir de se défendre et qu'il est absous de frapper.

De mauvais rêves d'assassin lui passaient, comme

des papillons sanglants, sous les paupières, et, quand il s'en réveillait, des sueurs lui coulaient au front. Il cachait sa tête dans ses mains et se demandait s'il était bien lui-même.

Tous ces abîmes où se roulaient les remous d'une passion désespérée, ne le laissant remonter à la surface où brille le ciel que pour le plonger plus avant dans de mortelles obscurités, étaient parfaitement cachés sous l'uniformité d'une vie ambiante que lui imposait le milieu où il vivait et qu'on eût pu comparer à un lac tranquille et souriant sous la sérénité de l'azur. Le comte, dont la jambe allait beaucoup mieux, était d'une gaieté inusitée parce que ses dernières recherches avaient été couronnées d'un plein succès, et que c'était bien une croix de Jérusalem qui devait fleurir le blason de son ancêtre. Claire, qui recevait hebdomadairement des nouvelles encourageantes de Claude, avait repris tout son enjouement naturel. Mlle Clarisse avait renoncé à pénétrer le secret de Thomas Loursin, mais elle continuait à le lui payer, et en quelle belle monnaie de chairs blanches et roses dont la fraîcheur même de l'hiver fouettait délicieusement le ton exquis ! Elle éprouvait à l'acquittement de cette dette une singulière joie d'honnête fille et, comme il arrive toujours, Dieu merci ! quand la conscience est satisfaite, le bien-être de son âme se lisait sur son grassouillet visage et dressait, en nimbe béatifiant autour de sa tête, l'or clair de sa vigoureuse chevelure.

Le marquis d'Estange avait fait des chasses

admirables. Il avait tué un oiseau qu'on voyait à peine dans le pays tous les cinquante ans. Ce service rendu à l'histoire naturelle de son arrondissement le gonflait d'une légitime fierté. Le nouveau cheval que montait Mlle Antoinette n'avait pas les inconvénients du premier. Il était bien un peu sourd, mais il était tout à fait muet. Sur cette bête bien élevée elle n'avait plus à craindre les grossiers éclats de rire des passants.

Restait la comtesse. Eh bien, la façon d'être de Mme de Prades n'apportait aucune note discordante, voire même inquiétante, dans ce concert de voix heureuses et de bonnes volontés satisfaites. Elle était ce qu'elle avait toujours été. Jamais, en effet, sa gaieté naturelle n'avait égalé celle de sa sœur. Une certaine gravité était le charme naturel de sa beauté plus régulière. Elle souriait comme le sphinx, mais riait rarement, et l'énigme de son être était toute dans l'étrange expression de son regard, dans cette transparence insondable des prunelles qui roulaient l'inconnu dans leur sable d'or fin.

Rien n'avait donc changé dans son attitude et rien ne faisait pressentir qu'un drame s'agitât en elle et tout près de son cœur, dans son cœur même.

A la vérité, et très injustement sans doute, André lui en voulait un peu de ne pas avoir l'air de souffrir autant que lui. S'accommodait-elle donc, en secret, de ce qui lui paraissait, à lui, si misérable et si monstrueux? Elle l'aimait alors moins qu'il ne l'aimait. Et il lui en voulait aussi d'autre chose. De l'aveu qu'il lui avait fait de sa jalousie et de ses tortures, rien n'était résulté de ce qu'il avait espéré follement. Elle ne lui avait pas juré qu'il ne souffrirait plus et qu'elle ferait l'impossible pour ne plus être à son mari. Elle n'avait rien promis, et cette confidence terrible n'avait rien modifié à l'état qu'il jugeait insupportable. Dans les rendez-vous qui se suivirent, elle n'y fit aucune allusion. Elle demeura passionnée comme par le passé, plus tendre même, comme si une pitié lui fût venue de cette douleur, mais sans explosion de cette tendresse nouvelle en paroles rassurantes et en effectives consolations.

Le voile ne s'était pas dissipé entre eux : il s'était plutôt épaissi davantage. Seulement, c'était elle maintenant qui le portait au front et non plus lui, elle qui avait un secret et lui qui n'en avait plus. Le dépit de cette infériorité — car la vie passionnelle est toujours un combat — augmentait la rancune d'André contre la vie et achevait d'empoisonner un bonheur qu'il ne renonçait cependant pas à goûter, parce que toutes les lâchetés de son être vaincu l'y poussaient comme pousse la bête à l'abattoir, la main vigoureuse du boucher. Car c'est avec des liens sanglants comme ceux dont on attache la victime, que ses sens, bourreaux sans merci, l'y traînaient pantelant et se faisant horreur à soi-même. Et dans l'anéantissement de toute noblesse et de tout orgueil il goûtait un surcroît de volupté sauvage. Mais les réveils de cette ivresse le laissaient anéanti, ne sentant plus battre à ses tempes le rythme viril de l'honneur, rien de beau ni de sacré lui mettre au front le frisson du laurier qu'on gagne à se vaincre soi-même. C'était l'abandon, l'abandon désespéré.

Et combien de temps cela durerait-il encore ?

Il se répondait avec effroi : toujours! ou, tout au moins, aussi longtemps qu'il vivrait.

Ce sont les faits indifférents en apparence qui déterminent l'évolution de l'amour, à travers ses phases de joie infinie et d'insurmontable souffrance. La tendresse d'André et de Marthe, toujours vivace, même après le malentendu que l'inutile confidence d'André y avait apporté, devait subir cette loi stupide du dehors.

On arrivait à la fin de mars, et le printemps, comme l'hiver, était hâtif cette année-là. La métamorphose du paysage s'accomplissait sous la pluie de perles des giboulées que traverse un rayon de soleil, les arbres se hérissant déjà de pointes d'émeraude, comme se pare la devanture d'un joaillier, et les violettes semant les gazons de vivantes améthystes, comme si une princesse de féerie fût passée par là. C'était, au loin, comme une poussière verte qui courait au-dessus des branches noires encore; la limpidité revenait aux eaux de la Loire par les belles après-midi et le printemps préludait, dans le parc de Prades, par un grand concert d'oiseaux amoureux, se cherchant sous les feuilles naissantes, et par la chanson des roseaux se relevant autour de l'étang où, sur les larges feuilles de nénuphars, larges et luisantes, couraient déjà des araignées à hautes pattes descendant ensuite sur l'eau sans s'y mouiller. Claire prenait une vraie joie d'enfant à ce spectacle des renouveaux qui sont comme une floraison du jardin immortel de l'espérance. Mlle Clarisse en éprouvait un émoustillement agréable, et semblait, auprès de son élève, une pivoine majestueuse, plantée au même vase qu'un bouton de rose blanche.

C'est à un point de vue moins poétique que celui de sa belle-sœur, moins sensuel que celui de l'aimable institutrice, que le comte Maurice de Prades se réjouissait de ce retour des journées longues et parfois ensoleillées. On allait pouvoir enfin reprendre la restauration du donjon interrompue pendant plusieurs mois par les gelées. Ce serait une belle occasion pour André de développer ses connaissances techniques appliquées au couronnement du grand œuvre architectural de son ami.

Les charpentes étaient demeurées debout, ayant à leurs pieds le bâillement du large mur de pierre sortant à peine de ses fondations et semblant, dans sa forme circulaire, une bouche aux dents inégales; les charpentes longtemps mouillées et luisantes au soleil avec leurs cordes qui avaient noirci et s'étaient tendues, en se resserrant, rapprochant, comme les pointes extrêmes d'un arc, les têtes des madriers sur lesquels venaient s'abattre les pigeons enamourés.

Sur l'ordre de M. de Prades on y posa une échelle montant presque au sommet jusqu'à un mauvais plancher qu'il avait fait étendre à l'automne, pour pouvoir dominer de là, comme du haut d'une plate-forme, l'ensemble des travaux. Le comte se proposait d'y monter, accompagné de M. Maurienne, pour développer longuement à celui-ci le fin des fins du plan qu'il avait conçu. La comtesse, bien affectueusement, conjura son mari de ne pas faire encore cette ascension, la jambe dont il avait souffert n'ayant pas encore recouvré toute sa souplesse de mouvements. Cette preuve d'intérêt tout naturel et de simple humanité fut horriblement déplaisante à André, qui se trouvait dans un état de nerfs particulièrement douloureux.

M. de Prades rassura sa femme et monta le premier, humant avidement l'air et savourant déjà l'enfantine joie de dominer toutes ces campagnes, autrefois serves de son château, et d'étendre son regard jusque là où celui de ses ancêtres fouillait l'horizon pour savoir si quelque seigneur, hérétique ou excommunié, ne leur venait pas chercher querelle. Et l'œil du gentilhomme s'était illuminé, tandis que ce glorieux souvenir lui passait sous le front, son œil bleu, viril et doux tout ensemble, où le sentiment du devoir, toujours suivi, mettait une grande profondeur de sérénité. Et vraiment il était beau ainsi, d'une beauté vigoureuse et tout à fait mâle, gravissant les échelons tête levée, intrépidement, les bras horizontaux et tendus en avant, comme un fou sublime qui, par les degrés obscurs de la nuit, irait à la conquête des étoiles.

André, qui s'avançait derrière, mais à une certaine distance, était dans le rayonnement physique de cette imposante attitude : il sentait que le comte était dans tous ses avantages, que sa femme le regardait sans doute, d'en bas, et il en était furieux.

Déjà, Maurice était debout sur la plate-forme, les bras croisés, regardant autour de lui, fier par avance du donjon ressuscité et se disant que les ombres des vilains devaient trembler bien loin, au fond des rustiques cimetières, un de Prades s'étant levé et les évoquant de son regard.

Quand André mit le pied sur le même parquet, il s'aperçut que les solives tremblaient et que les planches mal jointes criaient par places, les pourritures de l'hiver passé leur ayant mis, aux sèves mortes, cette faiblesse et ce gémissement. Maurice de Prades, lui, n'écoutait pas ce grincement du bois sous leurs pieds, et bien vite il prenait son ami sous le bras pour lui faire les honneurs de ce panorama vraiment magnifique.

Mais Maurienne ne regardait pas. Une obsession lui était venue, une pensée terrible qui le forçait à regarder en dedans avec terreur. Cet homme, son involontaire bourreau, l'obstacle unique à sa complète félicité, celui qui profanait tout ce que son amour, à lui, faisait sacré, cet homme était là suspendu à une hauteur d'où la chute serait mortelle, posé sur un plancher vermoulu qui, en cédant sous son pied, le précipiterait dans un abîme. Et tout serait dit de la fatalité dont il mourait lui-même ! Ses tortures seraient finies, son supplice achevé. Marthe serait à lui seul dans un lit où lui seul aurait couché avec elle! Et Dieu n'avait pas pitié de lui! Et le malheur nécessaire n'arrivait pas! Et ces misérables planches ne s'ouvraient pas dans un craquement de délivrance! Et il ne restait pas seul, là, tout près du ciel qu'il lui semblait toucher de la main!

Un simple mouvement de bras, une maladresse apparente, M. de Prades poussé dans l'espace ne se relevait plus et Marthe était libre et elle ne lui serait plus une maîtresse seulement!

Il ne voyait pas rouge, mais noir. Il voyait le fond d'un gouffre dont l'ombre lui brûlait les paupières, comme un charbon où aucune étincelle ne luit mais qui consume cependant.

Un seul mouvement, un frôlement subit de l'épaule comme en perdant soi-même pied! La tentation était trop forte; les jarrets d'André se raidirent pour donner cette poussée homicide. Un craquement se fit sous ses talons et c'est sous lui que le plancher creva, l'abandonnant dans l'espace comme par un puits ouvert sous ses pas. Le vertige le prit. Il se sentit tombé, puis retenu par les reins, puis lancé contre une traverse horizontale où instinctivement ses mains tendues en avant se cramponnèrent. Le bruit d'une chute à terre et de grands cris le rendirent brusquement à la réalité.

C'était le comte de Prades qui, au mépris de sa propre vie, avait suspendu André au-dessus de l'abîme, l'avait jeté au perchoir où il avait trouvé le salut; puis, à bout de forces, l'équilibre perdu, s'était abattu comme une masse sur le sol qui l'avait repoussé en l'air dans un sinistre bondissement, doublant la plainte sourde de sa chute.

Auprès du gentilhomme inanimé, Marthe et Claire sanglotaient, agenouillées, le tâtant de leurs doigts tremblants. M. de Prades ouvrit les yeux, se passa à lui-même les mains le long du corps, d'un mouvement saccadé, et murmura avec un rassérénement, sur la face, vite étouffé par la douleur : « J'en reviendrai ! »

On était accouru du château. Sur un matelas on l'y transporta gémissant à chaque cahot, puis on l'étendit sur son lit, dans l'attente anxieuse du médecin demandé en toute hâte. Enfin celui-ci vint et constata que le blessé pouvait en revenir, un hasard heureux ayant dirigé sa chute sur une couche épaisse de hautes herbes crues pendant l'hiver, au centre des travaux interrompus. Mais la guérison serait lente, devrait être aidée de soins infinis et il y avait encore à compter avec l'imprévu, qui peut amener de terribles complications en pareil cas.

Et André? André dont personne ne s'était occupé, pas même Marthe, André péniblement descendu de la branche à laquelle il s'était trouvé accroché, demeurait là, comme anéanti, au pied de l'échafaudage, un monde d'impressions diverses et douloureuses lui grouillant au cerveau, la honte du crime qu'il avait conçu, l'effroi du bienfait qu'il venait de recevoir, la fatalité qui aurait pu le délivrer par la mort de Maurice et par la sienne et qui ne l'avait pas voulu. Le poids de reconnaissance tombé soudain sur sa conscience y avait produit un terrible ébranlement et semblait clouer au sol son être engourdi. Avec des yeux vagues, il mesurait l'espace franchi ou regardait la place creusée dans le gazon par la chute de M. de Prades. Il y aperçut, parmi les fleurs sauvages, quelques gouttelettes de sang et pâlit affreusement. Il eut une action de grâces instinctive et spontanément douce à penser que, du moins, ce n'était pas lui qui l'avait versé !

Et se passant plusieurs fois les mains sur les yeux, comme après un mauvais rêve, il comprit qu'il était temps qu'il s'inquiétât des événements, et, les jambes tremblantes comme un criminel qui marche au supplice, laissant à chaque pas un peu du courage qu'il s'était donné par un effort de volonté, il pénétra dans la chambre du malade, se cachant presque derrière les autres pour ne pas être vu.

Mais le comte l'aperçut aussitôt.

— André ! mon cher André ! lui dit-il d'une voix très faible, venez.

M. Maurienne s'avança la sueur au visage.

D'un mouvement qui lui arracha un cri de douleur, le comte l'étreignit dans ses bras et lui dit :

— Tu m'avais sauvé autrefois la vie, mais je crois que je te l'ai bien rendu !

Et il le baisait au front avec une tendresse heureuse.

XI

Pâques approchait, venant de bonne heure dans le cours de l'année, couronné des derniers lilas et des premières roses. M. de Prades était à peine convalescent et n'avait pas quitté encore, non pas seulement sa chambre, mais son lit. André aidait Marthe à lui donner les soins que comportait son état. Il le faisait avec un zèle où il cherchait sans doute l'allégement de son remords. Car Marthe et lui continuaient la vie passée, si profondément rivés l'un à l'autre par les liens sacrés de la chair qu'aucun événement ne les pouvait troubler de leur commun et despotique désir.

Quand ils s'étaient retrouvés seuls pour la première fois, après cette souleur et cette alerte, ils n'y avaient même pas fait allusion. Les baisers avaient étouffé les mots qui leur venaient sans doute à la bouche. Ils reculaient évidemment devant l'explication pénible nécessitée par la nouvelle situation de M. de Prades vis-à-vis de l'ami qui le trompait. André n'y voulait même pas réfléchir. Il goûtait des délices dont il se sentait désormais incapable de se passer, avec une insouciance voulue, durant un sommeil artificiel de la pensée violemment repliée sur elle-même, comme une fleur qu'on veut empêcher de s'ouvrir. Il laissait passer les jours et n'en comptait que les voluptés devenues cependant plus coupables. C'est honteux à dire pour l'âme humaine. Mais il se sentait heureux dans cet abaissement. La jalousie ne le mordait plus au cœur : Maurice était dans l'impossibilité de réclamer aucun de ses droits. Il allait jusqu'au bout dans l'infamie. Enchanté que le comte ne fût pas mort, ce qui lui évitait un crime, il aurait voulu qu'il demeurât éternellement ainsi, infirme, à peine un homme, pour respirer seulement et souffrir. A ces conditions, il lui aurait volontiers permis de vivre, et se trouvait presque généreux. Il égayait le comte par une belle humeur où celui-ci ne voyait que le soin affectueux de le distraire. Mais la réalité est qu'il tenait cet entrain, en lui, du mal qui rendait l'autre inoffensif.

Marthe, comme toujours, était beaucoup plus impénétrable. Qui eût plongé dans sa pensée y eût trouvé la résolution dont elle avait fait toujours preuve jusque-là, la volonté sans réplique que l'homme qu'elle avait voulu à elle fût à elle ; cette foi aveugle dans les droits sacrés et supérieurs de la Passion qui ne souffre ni hésitation, ni retour en arrière, ni repentir. Il y avait certes plus de grandeur dans cet état d'un esprit impénitent jusqu'au seuil de l'enfer, dans cette résignation de damnée

amoureuse de son éternel supplice, dans ce mépris
du Mal et du Bien, dès qu'il s'agissait de son amour,
que dans les ténèbres volontaires amassées par
André autour de sa propre pensée s'enfouissant,
comme une bête mortellement blessée, dans la
solitude où l'attendent les anéantissements sans
réveil.

Aussi, par cette fermeté plus grande d'âme, en
face de la faute irrémissible, du péché après lequel
il n'est plus de salut, la femme se montre souvent
supérieure à l'homme et mérite un plus large pardon.

Que l'adultère continuât, dans ces conditions
nouvelles, cela pouvait être infâme. Mais, au moins,
Marthe avait-elle l'air de ne s'en pas douter et, en
réalité, ne s'en doutait-elle pas, emportée par son
aveugle tendresse, plus haut que le monde où s'agite
l'imbécile révolte du devoir. Elle vivait dans le
monde de feu du ciel, dans l'incendie des constellations rayonnantes et, de son chemin fleuri de
flammes, traversé par le vol éblouissant des étoiles,
elle ne voyait plus rien de ce que l'horizon enferme
dans la tombe du soleil couché.

Pâques approchait, avec la chanson matinale de
ses cloches qui sonnent, en même temps que l'éternelle jeunesse, les renouveaux, le réveil éperdu des
souvenirs envolés dans l'air, comme des oiseaux
longtemps captifs et qu'une main mystérieuse
délivre. La nature était vraiment en habit de fête,
les muguets étendant partout leur neige odorante,
et l'antienne de résurrection montant non seule-

ment aux flancs religieux des orgues, dans les églises toutes parées, mais chantant aux lèvres des amoureux qui retrouvent, sous les premiers soleils, le secret des caresses oubliées. C'était dans l'air comme un parfum de baisers qui passait, de baisers volés sous les feuillages tendres inclinant leurs berceaux sur des oaristis. A la légende qui s'y rattache, celle d'un Dieu surgissant des ténèbres de la mort, dans un ruissellement de lumière, cet anniversaire doit, pour les impies mêmes, d'avoir un charme de haute et vivante poésie.

Pour ceux-là, le Dieu qui se réveille, c'est celui dont un souffle ouvrira les roses et fera mûrir les cerises, le Dieu bienfaisant, fécondant et superbe que mène au Zénith, par une route d'azur, le char rallumé du soleil, dans une après-midi d'or où s'exhale l'inconscience de tous les bien-êtres. C'est la vie universelle courant dans les ruisseaux dégelés, sous les écorces dégourdies, dans le frisson attiédi des brises, dans les veines à la pourpre plus chaude, dans tout ce qui respire, dans tout ce qui embaume, dans tout ce qui chante! C'est le rajeunissement des formes sous la fuite plus rapide des ombres. C'est la longueur et la gaieté des jours dans leur large source de lumière... C'est la douceur voluptueuse des nuits où les aveux se mêlent au chœur énamouré des choses.

C'est là qu'est vraiment le symbole et où toutes les âmes simples le doivent chercher.

Quelle transformation nouvelle du paysage où s'agite un drame mêlé d'ivresse et de sanglots! Le fleuve avait retrouvé l'azur de ses eaux plus basses, où les sables à découvert mettaient, çà et là, des îlots d'or humide; par delà, les verdures avaient déjà foncé et, comme une étoffe plus épaisse, se plissaient plus largement sous les ondulations du vent. Le parc du château était comme un immense parterre où les floraisons variées s'étageaient sur l'uniformité luisante des pelouses engazonnées.

Pâques approchait et on était même à la veille de Pâques quand Claire reçut, du messager ordinaire de Claude, un billet plus court que tous les précédents, mais dont la lecture lui fit monter aux joues comme une rosée qui les baigna délicieusement. Deux mots qui en disaient plus que bien des pages. L'exilé serait là demain!

Avait-il besoin de lui expliquer davantage à quelle généreuse tentation il cédait, et que, pour la revoir, l'apercevoir peut-être seulement ne fût-ce qu'un instant, nul danger ne coûtait à son courage; qu'il était à bout de forces pour supporter plus longtemps l'exil sans la consolation d'un regard ou d'un sourire; qu'il savait bien qu'elle lui pardonnerait cette audace et ferait, elle aussi, tout au monde, pour qu'ils se puissent parler, ne fût-ce qu'un seul instant? Non certes; toutes ces choses sont inutiles à dire à qui les devine dans son cœur. Il lui demandait seulement de laisser entr'ouverte la poterne fermant le parc, par le fond, au bout d'allées qu'on ne fréquentait guère, la descente des promenades se faisant d'ordinaire par le perron.

Il attendrait que la nuit fût à peu près venue. Si

elle le pouvait rejoindre, pour une minute, pour une seule, il mourrait de joie. S'il lui était impossible de sortir sans éveiller quelque soupçon, au moins, il reverrait la chère maison où tout son cœur est resté, et baiserait sur le sable la trace des pas de l'aimée ; il boirait, dans le vague de l'air, les parfums qu'y avait laissés son passage ; il revivrait, sur place, une des heures autrefois vécues, et, de ce grand voyage au pays du souvenir, il rapporterait une nouvelle vigueur dans la lutte, un regain d'espérance, tout ce qui défaillait en lui quand il songeait au temps qu'il serait encore sans la revoir !

Rien encore de tout cela n'était sur le papier. Mais Claire l'y lisait entre les lignes absentes, dans le blanc grimoire où les amoureux savent lire seuls.

Dans quel monde d'impressions tour à tour délicieuses et inquiètes elle passa cette nuit que les siens avaient destinée à une veillée de toute autre nature ! Car on était violemment catholique au château de Prades, du moins le maître de la maison, qui était un croyant sincère et qui était convaincu que sa foi était celle de tous les siens. Claire devait donc communier le lendemain, comme c'est à Pâques le devoir de tout fidèle, et c'est au retour de confesse où elle n'avait rien caché, ma foi, de ses naïves tendresses pour l'absent, et n'avait obtenu l'absolution qu'à grand'peine, qu'elle avait reçu cette courte lettre qui la mettait dans un si étrange bouleversement. Ce que Dieu fut oublié, cette nuit-là ! Ce n'est pas vers les saints du calendrier que montèrent les litanies qui lui mettaient aux lèvres leur voluptueux bourdonnement.

Et cependant, c'était le lendemain Pâques. La vraie Pâques, puisque son bonheur allait ressusciter dans r˙˙ ɔ étreinte, dans un baiser peut-être, et que su: es ombres dissipées de l'absence, comme le soleil après les ténèbres hibernales, une grande clarté allait s'allumer dans ses yeux quand y reviendrait la chère image de l'absent. Et elle remerciait Claude dans son cœur, de n'avoir pas voulu laisser passer cette grande fête des renouveaux sans lui montrer, par un gage d'amour, leur tendresse pour longtemps renouvelée. Ce n'était donc pas des prières qui lui montaient à la bouche, mais des baisers, des baisers vides, des baisers où vainement s'exhalait toute son âme.

Cette impression de résurrection lui vint plus nette et plus vibrante encore du jour répandant ses premières clartés blanches à l'horizon, dans le bruit argentin des cloches lointaines sonnant déjà les premières messes; et, charmante à voir dans sa longue chemise que les agitations de la veille avaient largement entr'ouverte, en la chiffonnant, elle s'en fut bien vite ouvrir la croisée, pour boire, comme une fleur altérée, ces premières fraîcheurs de l'aurore, pour revoir ce paysage où ils se retrouveraient bientôt, pour deviner, dans le vague des horizons, la route qu'il suivait sans doute déjà, impatient comme elle, avec cette activité de la marche qui fait les attentes moins longues à celui

13.

qui vient qu'à celui qui attend. Un brouillard léger baignait les bords du ciel, tendant à son imagination un de ces décors dont le vague même nous permet d'y évoquer les chers fantômes que notre rêve poursuit.

Longtemps elle demeura ainsi, dans une contemplation rêveuse, regardant la tache de carmin qui s'élargissait, à l'Orient, en éclaboussures éclatantes, écoutant, sur le sol légèrement grésilleux de la route, sonner le pas des fidèles se rendant à l'office du ressuscité, leur livre d'heures sous le bras, appelés par les volées impatientes des cloches.

Un coup léger, frappé à sa porte, la tira de cette méditation délicieuse. C'était Mlle Clarisse qui la venait prévenir qu'elles-mêmes devaient être à l'église dans moins d'une heure. Indifférente à toute coquetterie, puisqu'il ne devait pas encore la voir, Claire se hâta à sa toilette. Elle se contenta de relever, sans les lisser longtemps sous le peigne, ses lourds cheveux dont le brun foncé avait, aux pointes, de vagues reflets d'or sombre, et sur leur masse brillante, elle posa un chapeau léger que fleurissaient seulement quelques violettes. Sa robe légère vivement agrafée et bouffant aux jupes, en plis maladroits, elle descendit, une main gantée seulement et l'autre soutenant son paroissien de velours. Ainsi semblait-elle une aurore aussi dans cette aurore, les lèvres roses comme si elle avait bu au bord du ciel.

Que valut sa piété de ce jour-là ? C'est ce qui

n'importe à personne. J'imagine que le crucifié descendit souvent sur des lèvres plus ferventes. Et cependant cette musique joyeuse de Pâques dans les temples, cette odeur d'encens dans le souffle des cantiques, ces pompes païennes du culte catholique sont un décor où volontiers s'exalte l'âme des amoureux dans de mystiques tendresses, où le ciel se mêle à la terre, où la prière s'élève avec des baisers et les baisers s'envolent dans une prière, sacrilège exquis, charmante profanation des dévotions devenues des adorations charnelles, métamorphose aimable de sentiments austères en riantes imaginations.

Et si elle avait su combien Claude était près d'elle ! C'est pour le coup que ses orémus n'auraient pas valu quatre sous !

Oui, Claude était là tout près, dans l'ombre même de cette église où elle était censée prier, blotti derrière un mur abandonné, comme un voleur, et l'ayant vue quand elle franchissait ce porche, entre deux pierres mal jointes où se glissait son regard. Et il avait dû se retenir aux touffes de giroflées qui, intérieurement, émergeaient de cette ruine, pour ne pas tomber à genoux, tant était grande son émotion de la revoir.

Et tous les bruits qui lui venaient de l'enceinte où elle était entrée, lui mettaient un tressaillement dans l'âme, comme si sa voix, à elle, y eût été mêlée. Des bouffées de psaumes inarticulés, soutenus par le grognement des serpents et ponctués par les aigres faussets des enfants de chœur, s'engouffraient dans les basses portes, quand quelque nouveau venu en poussait le bois grossièrement sculpté tournant sur le grincement des gonds rouillés, et, dans cette rumeur qui lui arrivait aux oreilles, confondue aux mugissements de l'orgue, il cherchait le timbre aimé, le timbre clair qui lui avait sonné les joies divines de l'aveu.

A la sortie, il la revit encore, la tête penchée sous un faux recueillement, cherchant des yeux quelque violette ou quelque marguerite perdue dans les herbes dont était hérissée la place mal tenue, pour la cueillir et la lui donner le soir. Il la revit et jamais elle ne lui avait paru plus charmante. Ces huit mois d'absence avaient mis une pâleur plus douce sur son visage, une pâleur où il lisait le regret dont lui-même avait souffert.

Il erra, comme une âme en peine, tout le reste de la journée, ayant grand soin de ne rencontrer personne, passant derrière les haies toutes fleuries d'aubépines, quand il apercevait quelqu'un sur le chemin, et, de tous les points où les cimes des arbres du parc de Prades pouvaient être vues, et les flèches des tonnelles restaurées, émergeant de ce moutonnement de verdure, il s'enivra lentement du charme de ses souvenirs, enviant son aile au ramier qui fendait l'espace au-dessus de sa tête, pour s'aller abattre là-bas, aux pointes de ces hauts chênes que baignait la lumière dorée du soleil.

Enfin, tout vibrant encore des derniers hosannas du salut s'exhalant au travers d'une constellation de cierges, visible à travers les vitraux bariolés, l'air s'emplit lentement des obscurités blanches du crépuscule, rosées, à l'occident, par un adieu du soleil à son déclin. L'heure mystérieuse approchait que les amoureux fervents aiment entre toutes, l'heure qui met son voile d'ombre autour de leurs délicieuses terreurs et les enveloppe de l'oubli du reste du monde, comme d'un manteau sombre, lavé aux eaux légendaires du Styx, l'heure qui ouvre aux âmes les enfers de volupté où elles se perdent dans les anéantissements plus doux que la mort.

Il faisait presque nuit noire, une nuit sans lune et bien faite pour les proscrits des plaisirs permis, quand il posa la main sur le bois vert de mousse de la poterne, une main qui tremblait. Ce lui eût été un désespoir sans nom que celle-ci ne cédât pas sous cette poussée même légère. Car enfin il n'était pas dit que Claire eût reçu sa dernière lettre, n'ayant pu rejoindre le petit mendiant qui la lui avait remise, dans la peur qu'il avait de se montrer lui-même. Si donc cette porte du Paradis longtemps fermé était restée close, la plus horrible inquiétude lui serait venue au cœur en même temps que le plus vif chagrin. Il eut encore cette idée, peut-être que le billet avait été volé par une main étrangère, qu'un piège lui était tendu, et que, derrière cet huis entr'ouvert comme pour le signal, ce n'était pas Claire qu'il rencontrerait, mais peut-être le comte, dont il ignorait l'accident.

Et, dans cette diversité d'impressions se heurtant

à travers son esprit, son émotion grandissait encore et c'est à peine s'il osait respirer, étouffé par les battements de son cœur dans sa poitrine.

Mais la porte s'ouvrit comme si les vieilles ferrures en eussent été graissées, et à deux pas, sous une façon de mantelet jeté trop haut sur les épaules et qui lui voilait une partie du visage, c'est Claire qu'il vit, Claire debout et tremblante comme lui, Claire qui l'attendait au bout de la plus proche allée.

Et d'un bond il fut à ses genoux. Dans un accès de ferveur où tout son être se fondait, où l'extase le prenait tout entier, il lui couvrit les mains de baisers et les lui mouilla de larmes. Et, elle, la tête penchée vers lui, n'ayant pas non plus le courage de parler, si haletante que des reflets intermittents de clarté, rythmés sur les mouvements oppressés de sa gorge, passaient sur son corsage et le moiraient imperceptiblement, toute baignée de pleurs aussi, tombant en paillettes d'argent de ses longs cils sur ses seins cadencés, demeura comme une statue, comme l'idole impassible aux pieds de laquelle le pèlerin stupide colle sa bouche.

— Claude! murmura-t-elle la première.

Lui aussi soupira le nom de l'aimée, et, doucement se relevant, mais avec une timidité bien différente des élans d'autrefois, quand la nuit les avait déjà trouvés ensemble, il enveloppa de son bras la taille de la jeune fille, et tous deux, silencieux encore, furent s'asseoir sur une énorme pierre, débris d'un de ces bancs lourds dont la morsure lente des lichens finit cependant par avoir toujours raison, dans l'air humide des grands jardins. Et ce fut toujours à genoux qu'il continua de lui dire des paroles intelligibles à peine, approchant sa bouche de l'oreille de Claire, mais sans chercher à monter jusqu'aux lèvres qui cependant lui étaient tendues.

Comment tant de respect était-il venu à une adoration naguère si fougueusement charnelle? Par le travail de méditation qui s'était fait dans l'esprit de Claude pendant son absence, et par ce qu'il avait appris de la vie même dans le peu qu'il avait vu à Paris.

L'amour de plus en plus exalté et résolu qu'il éprouvait pour Mlle de Lys s'était comme purifié par l'idée qu'elle serait un jour sa femme, non pas une maîtresse comme celles qu'il voyait aux amants banals que le hasard lui faisait rencontrer. Il était devenu, devant l'opprobre des tendresses faciles et sans durée, jaloux de cette pureté de jeune fille, jaloux de cette fleur virginale qui resplendissait au front de Claire dans le jardin parfumé de ses cheveux.

Il l'adorait d'une affection plus haute que le désir même, d'une affection raffinée et économe de ses futures délices, comme un avare qui n'ose pas toucher lui-même à son trésor. Aussi la contemplait-il, à la clarté vacillante des étoiles, avec des yeux dont un rêve sublime de chasteté, savourée avant que d'être vaincue, éteignait l'ardeur, estompait la flamme.

Comprenait-elle ce qui se passait en lui? Le souvenir n'était-il pas là pour l'étonner de cette réserve? Qui devine la pensée obscure de la femme dans ces épreuves où sa vertu est tentée?

Claire, dont les sens n'avaient subi qu'un rapide assaut, sans victoire qui l'ait suivi, Claire, en qui dormaient encore les fièvres où la femme se donne irrémissiblement, n'analysait guère, sans doute, ce qui se passait en elle. Elle jouissait, vaguement, physiquement, mais sans aiguillon douloureux, de ce rapprochement de leurs deux êtres, du souffle qui venait à sa joue des lèvres brûlantes du jeune homme, des mots d'amour qui la berçaient de leur musique passionnée, de l'air caressant qui les enveloppait tous les deux, de cette ombre qui les faisait l'un à l'autre dans son compatissant mystère, et elle se trouvait heureuse ainsi, absolument heureuse de par son innocence, à qui rien n'était révélé de l'au-delà qui est cependant la fin suprême de l'amour.

Et quand ils se furent bien dit leur joie de se revoir, il osa s'asseoir auprès d'elle, et tenant ses mains dans ses mains, il lui dit ses projets et ses espérances, ses désirs et le bonheur prochain qu'il entrevoyait d'être digne de devenir son mari. Elle l'écoutait avec une foi charmante, avec une admiration naïve, croyant tout ce qu'il disait et s'en réjouissant avec lui comme un enfant. Et les minutes passèrent ainsi, pour eux, bien douces et sans la menace du moindre remords.

— Il faut que je m'en aille, lui dit-elle avec un

gros soupir. On n'aurait qu'à s'apercevoir de mon absence !

Faisant appel à tout son courage, il ne lui demanda pas un seul instant de grâce, et, résolu, l'aida lui-même à se relever pour partir.

— Tu me jures d'être à moi un jour et pour toujours? lui demanda-t-il seulement d'une voix étrangement virile et vibrante.

Sans trop savoir à quoi elle s'engageait, mais aussi sincère et du même accent violemment décidé, elle lui répondit :

— Je te le jure.

C'était la première fois qu'ils se tutoyaient. Elle en eut une rougeur au front quand elle s'en aperçut. Là même, à côté, par une nuit pareille, la première fois, quand l'expansion avait été autrement périlleuse et désespérée, il ne lui avait pas dit : tu.

Ils étaient tout près de la porte. Leurs visages se rapprochèrent, mêlant de nouvelles larmes et, le voulurent-ils ou non, leurs lèvres s'étaient rencontrées, s'étaient bues l'une l'autre pendant une seconde, quand l'huis se refermait sur la fuite de Claude.

Claire dut se soutenir au tilleul qui surplombait la poterne pour ne pas tomber. Elle passa sa main dans ses cheveux, rajusta le mantelet sur sa tête et, un instant après, elle rentrait au salon où Marthe tourmentait distraitement, sous la lampe mélancolique, une broderie, pendant qu'André Maurienne, assis près du canapé où le comte de Prades était étendu, achevait avec le convalescent une partie d'échecs.

Pourquoi le regard de Marthe monta-t-il vers sa sœur? Par un simple hasard, sans doute. Mais l'animation du visage de Claire, dont les paupières étaient humides encore, la frappa. Comment en conclut-elle que sa sœur avait reçu des nouvelles de Claude? — Car l'idée que celui-ci eût osé venir à Prades dépassait son imagination. — Par cette faculté d'intuition si vive et presque de divination qui est chez les femmes d'une nervosité exquise et développée, d'un tempéramment vraiment précieux et subtil.

Toujours est-il que quand Mlle de Lys, se disant lassée par la longueur des offices du jour, eut demandé la permission de se retirer dans sa chambre, Mme de Prades s'approcha des joueurs et dit à son mari :

— Mon ami, il faudrait nous occuper cependant de marier Claire.

M. de Prades, qui venait de gagner, brouilla les échecs et se tournant vers elle :

— Croyez, ma chère, que j'y pense souvent, car je l'aime autant que vous l'aimez vous-même.

Puis, s'adressant à André qui achevait de fermer l'échiquier :

— Est-ce que votre cousin Robert Maurienne, mon cher André, est toujours garçon ?

— Certainement, répondit André.

— Et où est-il maintenant en résidence?

— A Tours, où il est substitut.

— A deux pas! Il serait facile de l'inviter à venir passer quelques jours ici. J'ai mon idée à ce sujet. Sa fortune?

— Comme la mienne. Une simple aisance actuellement, mais la certitude à peu près de partager avec moi l'héritage d'un vieil oncle très avare, très âgé, et millionnaire.

— L'oncle Hilaire? oui, vous m'en avez parlé déjà. Votre cousin?

— Un fort galant homme et qui a eu dans le monde des succès du meilleur aloi, un garçon studieux et grave, très apprécié au ministère.

— Ce me serait une vraie joie, André, continua le comte, que votre famille devint aussi un peu la mienne.

André eut un imperceptible mouvement d'impatience. Marthe le regardait, lui dictait ce qu'il avait à dire, sans avoir à lui parler, et ne lui permettait pas d'entrer en lutte avec elle, en ajoutant immédiatement :

— Je crois, comme vous, que ce serait un excellent parti pour Claire. Mais il faudra attendre, pour inviter M. Robert Maurienne à venir au château, que je sois revenue de Paris.

En effet, tous les ans, Mme de Prades allait passer à Paris la semaine pascale, pour entretenir quelques relations de famille qui lui étaient précieuses, et aussi pour faire faire ses toilettes d'été et celles de sa sœur. Elle partirait donc le lendemain matin et ne reviendrait que le lundi suivant. Il fut toutefois convenu que M. le substitut serait prévenu dès à présent, son arrivée n'étant retardée, en somme, que d'une huitaine de jours.

Et, durant que ce complot s'achevait entre les deux époux, avec la complicité peu zélée d'André Maurienne, Claire dormait, Claire rêvait et Claude passait dans son rêve, lui offrant la plus belle rose qu'elle eût vue jamais sur aucun rosier.

XII

Comme elle l'avait annoncé, Mme de Prades quittait le château le lendemain matin. Dans la voiture, dont les chevaux mettaient une double buée dans l'air frais, elle monta avec Claire qui, frileuse, s'était enveloppé le cou d'un frisson de fourrure, les gris fins du renard bleu s'harmonisant délicieusement au ton rosé de ses joues fouettées par la brise, et aussi Mlle Clarisse, qui devait les reconduire seulement jusqu'à la gare prochaine et revenir seule ensuite. André ne voulait pas être de cette accompagnée, mais ce fut Maurice qui insista pour que ce fût lui-même qui mît sa femme en wagon. Ces côtés invinciblement comiques d'une passion qu'il sentait tragique dans son cœur, l'impatientaient horriblement. Mais Marthe paraissait heureuse qu'il fût auprès d'elle jusqu'au dernier instant, et il prit place, lui quatrième, dans le landau, qui partit dans une grande cinglée de fouet battant l'air sonore!

Le petit voyage se fit gaiement. Marthe partait

ordinairement seule. En emmenant, cette fois-ci, Claire, elle songeait sans doute à la soustraire aux tentatives de Claude, qui, connaissant ses habitudes de départ, aurait pu en profiter pour venir à Prades; mais aussi pensait-elle sans doute la préparer doucement à la venue du prétendant qui lui avait été choisi la veille au soir.

Ce que Claire était heureuse d'aller à Paris! Elle croyait fermement à un hasard heureux qui lui ferait rencontrer Claude. Oh! le voir seulement! Elle n'osait en espérer davantage! Le voir passer dans la rue! au théâtre peut-être et plus longtemps, blotti dans un coin où elle l'aurait découvert toute seule, avec ces yeux d'amant qui, pareils à ceux des chats, voient même dans l'ombre. Car il devait aller au théâtre beaucoup, voulant faire des pièces lui-même, comme il le lui avait écrit, puis conté. Elle se ferait mener par sa sœur à toutes les pièces nouvelles. Elle se ferait conduire aussi dans ce jardin du Luxembourg, que dominait la fenêtre de la chambre de Claude. Elle la devinerait certainement, cette croisée, entre les mille qui s'ouvrent sur ce magnifique panorama ombreux. D'abord, elle la reconnaîtrait aux volubilis qu'il y avait plantés, comme il le lui avait dit lui-même, pour ce que cette fleur était celle qu'elle avait longtemps préférée, se levant dès le petit jour pour l'aller voir s'ouvrir comme un papillon parfumé qui déploie lentement ses ailes humides de rosée.

Aussi, tout le long du chemin qui s'ensoleillait, dans le cahotement d'une route mal tenue, se berçait-elle d'un rêve doux et charmant et causait-elle déjà avec Claude de cette voix sans paroles qui chante au dedans de nous quand nous aimons.

Marthe et André échangeaient de longs regards de tristesse, la séparation — même de courte durée — leur étant pénible à tous deux; mais pour que leur secret ne fût point surpris de personne, ils causaient gaiement de mille banalités, de tout absolument, excepté de ce qu'ils pensaient, du ton indifférent des cloches sonnant, sans le savoir, un convoi ou un mariage. Et Mlle Clarisse, tout en goûtant, comme une grosse chatte, le bien-être de ce matinal voyage, pelotonnée dans son coin, se disait avec une joie paresseuse qu'elle n'aurait pas une leçon à donner de la semaine et que les expériences de physique amusante du professeur Thomas Loursin iraient bon train.

Un long serrement de main, pendant que Mlle Clarisse faisait enregistrer les bagages, fut le seul adieu que se firent Marthe et André. Celle-ci, quand le train se mit en route, agita, une dernière fois, son mouchoir à la croisée; un blanc panache de fumée rabattu, le long du train, par le vent, enveloppa le blanc signal de sa blancheur où il se confondit; puis un tournant circulaire de la voie emporta la file de wagons derrière un rideau de peupliers où il s'effaça, par la distance, si bien qu'en dépassant ce voile, il n'était plus qu'une petite bande noire courant à l'horizon.

Maurienne remonta en voiture après Mlle Clarisse et tous deux se trouvèrent, au fond, à côté l'un de l'autre, les jambes opulentes de l'institutrice frôlant les siennes de leur tiédeur bien portante, et de la belle fille s'exhalait, dans l'air matinal, un parfum vivant de santé qui avait quelque chose de grisant, une odeur de chair jeune et amoureuse, qui eût mis en appétit de plaisir le plus indifférent. Car c'était une superbe créature que cette Flamande mâtinée d'Espagnole, en qui les neiges du Nord s'étaient comme ensoleillées dans la caresse d'un sang plus chaud, et c'était un épanouissement de fleurs superbes, que les reliefs de sa personne étageaient comme sur un espalier de grâces savoureuses.

André n'était pas dans une situation d'esprit à jouir de ce voisinage. Mais, comme on se chauffe quelquefois au soleil en lui tournant le dos, il éprouvait un bien-être qu'il ne connaissait pas, un bien-être physique et inconscient, à ce frôlement et à ces exhalaisons venant à la fois des lèvres et de la chevelure. Ainsi respire-t-on l'arome d'une rose, sans la regarder et simplement parce qu'elle est là. Toujours est-il que le retour au château lui sembla moins long qu'il ne l'avait redouté, et qu'il éprouva une sorte de désenchantement de ses propres chairs quand l'opulente Clarisse éloigna sa cuisse pour sauter à terre avec toute la légèreté que comportait sa rondeur.

Il passa l'après-midi avec le comte, à qui il dut dessiner, pour satisfaire sa curiosité d'archéologue, le nouvel état du donjon, dont les travaux avaient été repris sous la direction de Maurienne seulement.

Le soir seulement, il se trouva seul et plus seul qu'il ne l'avait jamais été depuis longtemps. Car, pour la première fois depuis son arrivée à Prades, il se trouvait face à face avec sa pensée, hors du despotique enchantement du regard de Marthe et comme soustrait, par son absence, au pouvoir magnétique de son regard, au charme irrésistible dont elle l'avait emprisonné, dont elle avait garrotté sa conscience et sa raison.

Et ce fut un phénomène étrange pour lui que le sentiment de bien-être et de délivrance qu'il en éprouva. Il ne doutait pas que le départ de Marthe lui fût une douleur, et que les huit jours passés loin d'elle lui parussent un siècle. Eh bien, ce n'était ni un chagrin de son absence, ni une impatience de son retour qu'il ressentait, mais un souffle de liberté qui lui semblait venir d'en haut et réveiller toutes les noblesses engourdies de son cœur.

Il s'allait retrouver, après cette grande impression d'orage, où il s'était senti descendre comme dans ces gouffres que la vague creuse derrière elle. Il s'allait retrouver comme le marin jeté sur un roc désert par le déferlement éperdu du flot. Il avait vécu dans une nuit délicieuse, mais qui était cependant la nuit. Il avait soif d'une clarté dans cette ombre, dût-elle lui brûler les yeux, comme fait le jour trop vif après de trop longues ténèbres. Et c'était comme une sève de virilité longtemps contenue sous la rude écorce, qui avait enfin brisé son enveloppe et sourdait au fond de lui.

Il avait cependant la terreur de regarder en lui-même. L'abîme lui faisait peur. De vagues notions d'honneur outragé y grondaient comme les souffles engouffrés dans une grotte aux multiples issues. C'étaient comme les rumeurs de honte d'une foule qui vient d'insulter quelque chose de sacré et de grand. Il reculait, comme un pécheur épouvanté de sa faute, la confession qu'il s'allait faire à lui-même. Le malaise d'un combat où il se sentait vaincu par avance était en lui.

Et cependant le sommeil ne venait pas, seul pitoyable aux idées qui nous obsèdent. Il lui fallait penser, penser encore à tout ce qui s'était passé. Il était condamné à se souvenir. Il avait beau fermer les yeux, dans le rouge éblouissement de ses paupières où le sang était monté, c'était comme le flamboiement d'un *Mane Thecel Phares*, un livre ouvert écrit en caractères de feu, et où il lui fallait inexorablement lire.

Et ce qu'il y lisait l'emplissait d'une effroyable honte, et c'était comme une diane qui lui battait aux tempes le réveil des idées longtemps endormies et montant à l'assaut de son cerveau. Dans quel engourdissement fatal de toute la noblesse de son âme avait-il donc vécu? Comment ce triste courage lui était-il venu de manger le pain de l'hôte qu'il trahissait, de serrer la main de l'ami qu'il déshonorait dans la seule gloire de sa vie?

Qu'il eût obéi, en demeurant à Prades, à la fatalité qui l'y avait conduit et qu'il ne se fût pas dérobé tout d'abord à ce qui lui semblait voulu par une mystérieuse puissance, soit? C'était alors le comte qui lui devait la vie. Lui prendre sa femme était une façon de le mettre en règle avec soi que le gentilhomme n'eût certainement pas acceptée. Mais c'était un manque de générosité, voilà tout. Maintenant M. de Prades avait payé sa dette. C'est lui, André, qui avait été à son tour sauvé de la mort. C'était à présent, et de par ce fait, un manque de reconnaissance.

Et sur tous ces détails d'un amour coupable, qui lui avaient paru délicieux, passait comme un de ces brouillards empuantis d'automne dont la beauté du paysage est empoisonnée. Tous les opprobres intimes, tous les mensonges de l'adultère bourgeois, entre le lit du mari et le canapé de l'amant, lui mettaient leur rougeur au visage. Tant qu'il avait marché les yeux assez haut vers le ciel pour ne pas voir l'horreur de la route, c'était bien! Mais maintenant qu'il avait sondé les fanges du chemin, il ne lui était plus permis de traîner ses pieds plus longtemps dans cette boue qui lui montait jusqu'au cœur.

Fuir avec elle! C'était le seul moyen de rendre quelque dignité à leur tendresse. Il goûta dans ce parti un certain apaisement, et ce fut celui qu'il caressa jusqu'au matin, dans le silence de son insomnie. Il y trouva même la douceur d'un rêve d'existence libre et régénérée, immortellement vouée à celle qu'il aimait. Ils s'en iraient tous deux vers ces terres lointaines, sinon là où elle était née, dans un pays qui, du moins, y ressemblât, avec la mer à l'horizon et son grand bercement d'oubli de toutes choses. Sous un meilleur climat, ils cueilleraient les fleurs nouvelles dont le parfum grisant fait oublier les parfums autrefois aimés. Sous un ciel pareil à celui sous lequel elle avait grandi, il revivrait, à ses côtés, les grâces de son enfance et de sa jeunesse, il boirait à la coupe des souvenirs que lui rendrait la patrie. C'est Marthe jeune fille, non plus femme, qui lui serait rendue, Marthe ne se rappelant rien de l'exil, sinon qu'elle l'y avait aimé.

Et, dans son esprit éminemment précis, se dressait déjà le plan de la fuite, s'amassaient les calculs de ce que coûterait le voyage, des dépenses qu'il faudrait réduire jusqu'à ce que l'oncle Hilaire eût rendu son âme à Dieu et à ses neveux son bien. On en viendrait à bout avec un peu de patience et un peu de sacrifice. Il ne doutait pas que Marthe fût prête à tout pour le suivre. Il avait raison, mais sur ce point seulement. Et le matin clair le trouva, les yeux sur une carte, comme un conquérant dont le regard inquiet menace la paix du monde, mesurant les traversées en marin connaissant les mers, enhardi par la résolution qu'il jugeait inévitable dans son esprit.

Mais les impressions du jour firent écrouler ce consolant édifice. La réalité sonna leur glas à toutes ces espérances bientôt mortes. Le sentiment des choses vraies et vécues eut vite raison de ces illusions. La vue de ce château calme qu'animait encore l'âme de la maîtresse absente, où tout parlait d'elle, où tout semblait, même de loin, inspiré par elle; le respect dont le nom de Mme de Prades était entouré; ce noble intérieur où seul il avait mis un peu de honte heureusement cachée; cette tutelle sacrée de la sœur aînée veillant sur sa jeune sœur avec des tendresses maternelles; tout ce bonheur, paisible et honoré, lentement acquis à l'ombre de grands souvenirs, par un homme fidèle aux traditions du passé; tout ce qu'il y avait là de respectable et de sacré mit, entre son projet et lui, une barrière infranchissable.

De quel droit, par quel crime nouveau arracherait-il cette femme aux hommages qu'elle avait su conserver, même dans sa faute? Ne serait-ce pas plus monstrueux que tout le reste qu'il les dépouillât de cette légende d'honneur et de vertu? Et pourquoi? Pour courir avec lui les aventures, au-devant de la misère peut-être, dans tous les cas au-devant du mépris! Et la pitié même lui vint de l'immense douleur de cet homme qui vivait encore d'une illusion et que la vérité ferait mourir.

Après une mortelle partie d'échecs dans laquelle il ne fit que des fautes, ce dont son partenaire, M. de Prades, s'amusait comme un enfant, il regagna son appartement, de bonne heure encore, pris du désir d'être seul avant tout. Et, dans la même veille obstinée dont aucune fatigue physique n'avait raison, — car tout le jour, il s'était usé en travaux pénibles pour se vaincre, — devant la même fenêtre ouverte où les astres, revenus à la même place, le regardaient avec leurs yeux impassibles de contemporains de l'Éternité, il reprit sa méditation douloureuse, mais en lui donnant un autre cours. Fuir! Fuir encore! il le fallait à tout prix. Mais fuir seul et seul souffrir du mal qu'il avait fait.

Il trouverait bien quelque prétexte à donner à Maurice pour quitter, dès le lendemain matin, le château. On parlait de guerre probable. Il reprendrait du service; il se ferait tuer et tout serait dit et des larmes lui seraient données par tous.

Souffrir seul? pensée d'une incontestable noblesse, mais dont le côté chimérique lui apparut dès que l'aube dissipa, au chant du coq, la rumeur de clairons et de canonnades dont se berçait son songe glorieux. Comment supporterait-elle son départ, celle à qui il devait penser avant de penser à lui-même? Que dirait-elle quand elle reviendrait, sans se douter de rien, et ne le trouverait plus là? Qui sait où un désespoir dont son amour lui donnait la mesure la pourrait conduire? En tout cas, profiter de son absence pour lui porter, dans l'ombre, un tel coup, était certainement une lâcheté, une félonie. Une tendresse comme la leur valait bien qu'on y restât loyal, même dans la plus horrible détresse, qu'on ne s'y cachât rien de soi-même, qu'on se fît, face à face, le compte de la douleur qu'on s'imposait l'un à l'autre. C'était trop simple de fuir, de fuir devant le déchirement viril des adieux, devant l'angoisse des mains pour la dernière fois pressées, devant la mort qu'on boit aux lèvres où l'on avait longtemps bu la vie!

Certes Mme de Prades avait été, pour lui, une maîtresse assez courageuse, assez prête à tout risquer et à tout souffrir, s'étant donnée à lui, complètement à lui, corps et âme, pour qu'il lui dût bien une explication suprême et de supporter les reproches, justes peut-être, que lui crierait son désespoir. Lui laisser croire qu'il partait parce qu'il ne l'aimait plus! Une autre sublimité apparente, mais au fond une cruauté de plus. Ils s'étaient aimés déjà durant longtemps sans se voir. C'était une souffrance qu'il valait mieux recommencer que de mentir en déchirant une âme. D'ailleurs elle ne le croirait pas.

Alors l'attendre pour partir, pour lui parler avec franchise, pour en entendre peut-être de nobles encouragements à l'héroïsme? Car peut-être souffrait-elle aussi des humiliants côtés de leur vie amoureuse sous les regards du mari. Attendre son retour... Mais il sentait bien que dès qu'il l'aurait revue, il retomberait dans l'enchantement et n'aurait plus aux lèvres que des baisers au lieu de mâles paroles. Elle étant là, avoir le courage de fuir! Il se disait qu'il ne l'aurait pas, qu'il se leurrerait volontairement de scrupules pour la revoir encore et qu'il était bien rivé à son misérable sort de continuer à mentir et à tromper.

La nuit suivante — car mieux vaut ne pas parler des jours qui s'égrenaient en périodes de méditation violente et le jetaient dans les banalités de la vie coutumière où il se heurtait à toutes choses, comme ces oiseaux des ténèbres dont les grands yeux d'or ne s'ouvrent que sur les étoiles et dont la lumière aveugle le vol maladroit — la nuit suivante, il se raidit dans un dernier effort de volonté, décidé à bien lire au fond de lui-même et à chercher le salut dans l'analyse même du sentiment qui lui était une telle torture.

Ce n'était pas, en effet, un homme se payant de mots et d'idées toutes faites qu'André Maurienne. De son éducation scientifique il avait gardé le goût des conceptions absolument claires. Dans sa vie de marin, il avait eu les recueillements nécessaires pour s'approfondir soi-même psychologiquement. Il croyait au *gnôti séauton* du philosophe grec et entendait le pratiquer de son mieux.

Quelle était la nature expresse, exclusive de l'amour qui l'attachait à Marthe? Il osa nettement se poser la question et ne se révolta pas de ce que lui répondit sa conscience. Le lien qui l'unissait à cette femme tenait-il vraiment aux profondeurs de son âme? N'était-il pas la dupe d'une longue et despotique fureur des sens? L'amour sous cette forme n'en est pas moins sacré, ni moins dans son immortelle essence. Mais il ne comporte pas les mêmes devoirs et se peut plus simplement guérir. Qu'apporte l'homme, avant tout, dans sa tendresse pour la femme? Un sentiment d'humilité profonde devant sa beauté et un sentiment de protection doux et profond devant sa faiblesse. A tout amour vraiment grand, à tout amour qui prétend être plus haut que le désir, ces deux éléments de noblesse, ces deux cachets d'origine divine sont nécessaires.

Certes la beauté de Marthe l'avait dompté à jamais.

Tout de suite il avait senti, devant elle, trembler et souffrir une âme d'esclave prêt à mourir à ses pieds. Depuis il avait toujours vécu dans la contemplati n de cette splendeur vivante, aussi bien par l'esprit repu de son idéal que par les yeux et le toucher dans la douceur passionnée des caresses. Mais Marthe échappait à l'autre loi. Si le premier jour qu'ils s'étaient revus, elle lui avait dit : « Je quitte tout, fuyons ensemble ! » comme il l'aurait emportée avec tendresse, fût-ce au fond même des enfers ! Mais elle ne s'était pas ainsi réfugiée dans ses bras comme dans un suprême asile, comme dans le temple où elle n'aurait plus rien à craindre de la vie. Elle ne lui avait pas dit : « Sois mon unique maître, maintenant. Je ne veux être aimée et protégée que de toi ! »

Et il lui en voulait maintenant de ce qu'elle n'avait pas eu ce courage.

Et il sentait son estime s'amoindrir pour elle de ce qu'elle n'avait pas, tout de suite, senti qu'un opprobre allait peser sur leur amour. Il ne pouvait l'admirer absolument que pour ses charmes de femme, non pas pour la hauteur de son âme. Ce qui le faisait captif près d'elle, ce n'était pas l'extase spirituelle, ni le ravissement de plonger dans une pensée aussi lointaine et aussi pure que les cieux. C'étaient les fibres saignantes de sa chair qui s'étaient comme prises aux fibres de cette chair idéalement attirante et tentatrice ; c'était la chaîne de brûlures délicieuses qu'elle lui faisait passer aux moelles, en étreignant tout son être dans le frisson d'un seul baiser; c'était le clou sanglant du désir que, d'un regard, elle lui rivait au flanc, comme un cavalier enfonce l'éperon; c'était le charme cruel de sa bouche qui ne pouvait s'entr'ouvrir sans qu'il lui semblât qu'elle allait boire son âme; c'était le magnétisme pervers dont elle l'enveloppait et l'attirait à elle, rien qu'en passant dans le même chemin; c'était l'odeur de ses cheveux qui le soûlait comme une liqueur, le parfum de sa gorge et de son ventre, l'arome qui montait de chacune de ses beautés comme d'une fleur mystérieuse.

Et il se disait que tout cela ne constitue pas les grandes tendresses de l'âme, bien qu'on en puisse mourir. Et il se disait encore que, d'un tel amour, un autre amour pareil pourrait être le remède, que ses sens, pris une fois, pourraient bien se reprendre ailleurs; qu'un même homme passe, plusieurs fois dans sa vie, par cette folie physique d'une femme, et que l'objet peut en changer avec le temps; qu'on ne peut demander sa vie à ce qui n'est vraiment qu'une fièvre; qu'on ne la doit pas enfermer dans ce cercle de chair, dans cette prison que lui fait un charme qui peut s'évanouir demain.

Et comme une grande logique était en lui, même quand étaient fausses, comme à présent, les prémisses de ses raisonnements, André se convainquit, ou crut se convaincre, que la possession d'une autre femme, belle aussi, mais d'un type absolument différent de celui de Marthe, pourrait l'affranchir de celle-ci, l'émanciper de ce joug qui lui pesait à la conscience, l'arracher à cette torture de jalousie dont le retour de Maurice à la santé allait rallumer le brasier sous ses reins. Marthe! Marthe, après tout, n'était qu'une femme comme tant d'autres qui, pourvu qu'elles ne changent rien à leur vie, sont prêtes à tout donner à leurs amants!

Une autre femme! Il eut une révolte d'abord en l'imaginant déjà auprès de lui, lui souriant, à demi nue, blonde parce que Marthe était brune, opulente de contours parce que Marthe était surtout élégante de formes, aux chairs roses parce que le teint de Marthe était fait de lunaires pâleurs. Il repoussa la vision qu'il avait d'abord invoquée. Mais le fantôme grassouillet et obstiné ne quitta pas son chevet. Insensiblement il se résigna à la compagnie de cette image. Il venait, par la croisée, une grande tiédeur de l'air, le printemps précoce étant déjà fait de jours chauds et de nuits sans brises froides. L'âme des voluptés était dans cette atmosphère tout imprégnée du parfum des fleurs, derniers lilas aux clochettes s'égrenant, silencieuses, sur le luisant des feuilles, premières roses s'emplissant de gouttelettes de rosée. Les sèves printanières mettaient leur fureur dans tout ce qui croît, renaît et s'épanouit. Dans ces malaises inconscients d'une virilité non satisfaite, André s'assoupit, les paupières seulement baissées à demi, et celle qui s'obstinait ainsi, auprès de son lit, prit nettement les traits de Mlle Clarisse, et, dans ce rêve dont il goûtait presque le caprice, M. Maurienne sentit passer, sur son corps, les tiédeurs caressantes qu'avait mises à ses jambes le voisinage des jambes de l'institutrice, durant leur retour en voiture à deux au château.

Il lui sembla que le réveil effarouchait un baiser perdu sur sa lèvre.

XIII

Il demeura, toute la matinée, sous l'impression de ce songe, chassant de son mieux la pensée de Marthe, s'applaudissant de la belle découverte qu'il avait faite en s'interrogeant lui-même, et attendant avec quelque impatience l'heure du déjeuner pour revoir celle dont les charmes avaient occupé, de loin, son esprit. Les femmes ont une faculté d'intuition qui déroute quelquefois. Est-ce à un phénomène de ce genre qu'il faut attribuer le soin tout particulier que Mlle Clarisse avait apporté, ce jour-là, à sa toilette ?

Toujours est-il qu'elle apparut, dans la salle à manger, comme un beau rayon de soleil illuminant toutes choses sur sa route. Dans une robe de coutil clair qui lui allait à ravir, assez échancrée à la gorge et, par derrière, en triangle, à la naissance du cou, aux manches s'arrêtant à peine au-dessous du coude, sous l'or aux flots se croisant de sa superbe chevelure, un grand éclat dans les yeux, un charmant sourire aux lèvres, elle semblait vraiment un poème fait chair de jeunesse robuste et de vaillante santé. Quand elle s'assit auprès de lui, André huma comme une odeur de plante sauvage et vivace, de celles dont les bourdons enveloppent, de leur vol sonore, les pétales simples et puissants. Il creusa les souvenirs de son rêve et se convainquit que Mlle Clarisse était mieux encore, dans ce bel état de réalité vivante, qu'en spectre prêt à s'évanouir au moindre souffle.

Et fort indifférent à tout ce qui lui fut servi, il ne causa guère avec sa voisine, n'ayant qu'une chose à lui dire qui ne se dit pas volontiers devant le monde; mais il plongea son regard dans l'échancrure du corset avec une obstination singulière, les yeux comme caressés par le spectacle dont le rideau était cependant à peine levé. On ne trouve pas tous les jours des seins joignant cette fermeté marmoréenne à cette abondance confortable. Le fait est que la poitrine de Mlle Clarisse était plutôt un verger qu'un parterre, les fruits dans leur maturité savoureuse se mêlant aux fleurs de neige rose dont était fleuri ce beau jardin. Il eut de longues attentions aussi pour les mains grassouillettes peut-être de l'institutrice, mais d'un dessin amusant, avec de jolis retroussis de doigts donnant une impression d'oiseau qui s'envole et avec de mignonnes fossettes circonflexes, comme un vol d'hirondelles sur un ciel embrumé d'argent.

Et lentement, sincèrement, contrairement à tout ce qu'il aurait supposé la veille encore, il sentit le désir en lui de cette belle créature, si bien faite pour les délices d'un printemps d'amour souriant dans le printemps de l'année. Il se demanda comment il avait longtemps été assez fou pour ne rien voir de ce qui lui était ainsi révélé. Il attendit impatiemment qu'on se levât de table; mais, — était-ce un hasard ou encore un pressentiment malicieux de femme? — toujours est-il que Mlle Clarisse ne mit jamais plus de temps à éplucher une à une, dans son assiette, les grosses fraises qui mettaient un peu de leur pourpre au bout de ses jolis doigts.

— Venez-vous faire un tour au donjon, André? demanda le comte.

— Très volontiers, répondit Maurienne.

Mais, tandis que M. de Prades passait en avant, il se retourna vivement vers l'institutrice, et lui dit, à voix presque basse :

— A deux heures, auprès de l'étang, je voudrais vous parler.

Elle leva sur lui ses yeux étonnés, mais ne lui répondit rien, si bien qu'il se demanda si elle l'avait entendu, et cette incertitude accrut encore l'humeur inquiète et l'énervement où le mit l'entretien long, et absolument indifférent pour lui, avec M. de Prades, dont la compagnie lui était devenue un véritable supplice.

Il faut citer, parmi les plus aimables fatalités des choses, celle qui ramène l'amour vers certains paysages, vers certains coins fleuris de nature, comme l'eau suit sa pente et s'en va de la source vers la mer. Pour les cœurs simples une superstition s'attache à ces lieux faits pour la musique divine des baisers et des mots où se mêlent les âmes; ils apparaissent comme les bois sacrés de la fable antique, avec le charme mystérieux de temples dressés au seul des cultes qui ne se saurait abolir. Et les belles images de la fable éclairent ces bucoliques souvenirs et, dans le frisson du feuillage au vent d'Avril, on croit entendre les pas légers des nymphes qu'effarouche la toison hirsute d'un faune entrevu derrière les saules égratignant de leurs flèches d'argent la surface tranquille des eaux.

Telle était cette allée déjà décrite qui bordait, derrière un rideau d'arbres cachant le château, l'étang où nous avons vu déjà se rencontrer les images amies de Claude et de Claire, puis de Maurice et de Marthe, la pièce d'eau qui venait mourir au pied du banc qu'enveloppait un berceau naturel de feuillages légers.

Il semblait qu'on fût là mieux que partout au monde pour s'aimer et pour se le dire, que tout y fût un accompagnement aux paroles de tendresse, le murmure de l'eau à peine courante, la causerie des roseaux rapprochant leurs têtes au moindre souffle (comme des bavards), le vol des ramiers s'abattant sur le gazon, pour venir boire, à petits pas, entre les herbes. C'est là que nous devons retrouver un nouveau couple aux cœurs gonflés de soupirs, Mlle Clarisse et André Maurienne.

L'institutrice avait fort bien entendu le rendez-vous que lui donnait André. Mais c'était une personne d'expérience et qui voulait se donner le temps de réfléchir. Et puis, la vérité est qu'elle n'était pas certaine du tout que cette entrevue lui eût été demandée pour lui dire des choses aimables. Un moment elle avait pensé qu'elle obtiendrait peut-être de Maurienne le secret que ce finaud de Thomas Loursin avait toujours gardé. Elle se disait bien qu'il y avait quelque chose entre cet homme et M⁰ de Prades, mais elle était loin de savoir où en étaient les choses, ceux-ci ayant pris grand soin de les cacher. Peut-être l'amoureux avait-il besoin d'une confidente? Peut-être même, de plus que cela, d'une complice? Elle était incertaine et curieuse; au demeurant, bien résolue à se trouver où lui avait dit Maurienne, mais après l'avoir laissé attendre un peu, comme il convient quand il se pourrait que les gens aient besoin de vous. Leur impatience ajoute déjà au prix des services qu'on leur rendra tout à l'heure. Et puis, elle ne savait pas et c'était peut-être autre chose dont il voulait lui parler.

Il arriva donc le premier, au coup exact de deux heures, au bord de l'eau qui était, sous le soleil, comme un scintillement d'étincelles éteint, çà et là, par le passage de quelque grande ombre, d'un souffle léger balayant, au-dessus, les masses éplorées des saules. Son projet s'affirmait en lui avec des violences de virilité dont il se sentait rassuré pour la suprême délivrance de son esprit. Il serait comme exorcisé par cette aventure nouvelle, et délivré du démon qui l'avait si bien tout entier possédé.

Certes, Marthe était d'une beauté bien autrement

aristocratique et désirable pour les délicats, que celle à qui allait s'adresser son hommage. Mais dans l'apaisement où le mettrait, sans doute, une passion où il n'avait plus à craindre d'au-delà, il trouverait l'oubli du charme cruel dont il avait tant souffert après y avoir bu tant de délices.

Enfin un frôlement de robe sur le sable et un bruit de pas moins légers que ceux de Mme de Prades lui prouva qu'il avait été entendu et même que ses vœux avaient été pris en sérieuse considération.

— Me voici, cher monsieur, fit le plus naturellement du monde l'institutrice, en penchant sa tête, avec une pointe imperceptible de moquerie au coin du sourire, mais moquerie feinte; car elle s'était convaincue, par la réflexion, qu'on avait à lui demander quelque chose de grave, et en était très curieuse, sinon inquiète.

Comme il la regardait, sans lui dire un mot et légèrement ému lui-même, moitié de plaisir, moitié d'hésitation encore, elle ajouta :

— Enchantée, si je puis vous être utile à quelque chose.

Il lui fit signe de s'asseoir auprès de lui sur le banc. Elle y posa l'abondance de ses grâces, en ramenant légèrement sa robe sous ses jarrets, découvrant ainsi jusqu'à la cheville son pied qu'elle cambrait sous le siège, son pied chaussé d'un petit soulier d'étoffe avec une touffe de rubans sur le dessus.

— Pardonnez-moi, lui dit-il enfin, mademoiselle,

et la peine que je vous ai donnée de venir ici et l'aveu délicat que j'ai à vous faire.

— Un aveu?

Il continua avec une gravité douce.

— Vous ne vous êtes jamais demandé, mademoiselle, comment, arrivé ici dans l'intention d'y passer quelques jours seulement, j'y suis depuis plusieurs mois et je semble décidé à y demeurer longtemps encore?

Mlle Clarisse pensa : la confidence va venir, et j'avais deviné juste. Fière de son instinct, elle répondit du ton le plus naturel du monde :

— J'attribuais votre présence persistante ici à la vie agréable et calme qu'on y mène, plus précieuse à vous qu'à tout autre, puisque vous avez mené longtemps sur la mer une existence hasardeuse et agitée. J'en faisais aussi l'honneur à la beauté de ce paysage, aux sympathies que vous y inspirez à tout le monde, et surtout enfin à votre affection et à votre reconnaissance pour M. le comte.

Elle avait insisté sur ces derniers mots; mais, bien que s'en étant aperçu, André ne les releva pas. Il était décidé à mentir, à s'abaisser même à une comédie indigne de lui, tant il avait soif de délivrance, tant il lui tardait de rompre, comme il l'espérait, la chaîne qui lui collait maintenant aux flancs avec des brûlures de cilice. Sur un véritable accent de tendresse, il répondit :

— Vous vous trompiez.

— Alors c'est une énigme que vous me proposez, monsieur, et je ne suis pas habile à les deviner.

— Vous êtes trop spirituelle, Clarisse, pour que ma conduite soit une énigme pour vous. Il n'a pu vous sembler naturel qu'un homme de mon âge et qui longtemps a vécu de la vie passionnelle, sans s'y consumer, y renonce tout à coup et se condamne volontairement à des habitudes d'anachorète.

— Je crois vous comprendre. Mais, mon cher, peut-être n'est-il pas plus naturel que, jeune encore, comme je le suis, n'ayant pas, il est vrai, comme vous l'expérience des choses, mais sachant cependant qu'il est des au-delà qui me sont interdits ici, j'y vive comme une cloîtrée. Il est pour quelques-uns des lois injustes qu'il faut savoir subir.

Et Mlle Clarisse ponctua cette phrase mélancolique d'un gros soupir.

André lui prit doucement une main qu'elle ne retira pas de la sienne.

— C'est pour vous que je suis resté, fit-il.

Elle recula vivement la tête, en poussant un grand éclat de rire.

— Vous vous moquez, n'est-ce pas? Ce n'est pas bien.

Et il y avait, dans ces derniers mots, un ton de vrai reproche. Ce lui fut comme un remords, à lui, que cette fille pauvre et belle ne lui fût rien, en réalité, que l'objet d'un jeu cruel et qu'elle eût l'air de s'en apercevoir. Par un tour rapide de pensée il se demanda si vraiment elle n'était pas digne d'être aimée et s'il n'était pas tout près de l'aimer. C'est donc avec un fond de sincérité dans l'âme qu'il lui répondit :

— Non certes, je ne me moque pas de vous. N'êtes-vous pas vraiment belle et ne le savez-vous pas? Vous voyez bien que je suis à vos genoux et que je vous implore. Laissez-moi seulement baiser cette boucle de cheveux dont l'or s'est répandu sur votre épaule, là, tout au bout, vos cheveux seulement, sans effleurer même votre poitrine !

Et convaincu, grisé par les émanations de santé et de jeunesse qui le prenaient à tous les sens à la fois, il mit doucement ses lèvres sur la boucle vagabonde, puis les monta insensiblement jusqu'aux lèvres de Mlle Clarisse, dont le souffle haletant disait l'émotion.

Mais elle recula vivement sa bouche par un mouvement brusque de cavale que le frein mord :

— Ce n'est pas possible, fit-elle. Laissez-moi !

Mais lui, l'enlaçait davantage, se relevant à demi, pour la suivre, sans la quitter, dans son mouvement révulsif, et il suppliait tout bas, disant des mots sans suite, sans dénouer l'étreinte dont il l'avait enveloppée. Alors elle dégagea rapidement ses coudes et les lui planta aux flancs, l'écartant ainsi par une double et douloureuse pesée.

Pourquoi se rebuta-t-il contre un acte de défense bien naturel, cependant, et qui pouvait n'être qu'une dernière protestation de la pudeur prête à abdiquer? Il avait cependant une expérience suffisante des femmes pour savoir que les suprêmes révoltes se peuvent vaincre. L'institutrice était fré-

16.

missante entre ses bras; elle était sensiblement
brûlée de la même fièvre et les forces lui manque-
raient bientôt pour se raidir plus longtemps contre
l'abandon qui était en elle.

Tout disait la victoire immédiate : cet acte même
de colère qui lui faisait entrer ses os dans les chairs
d'André; sa bouche serrée sur ses dents où sifflait
son haleine; ses yeux où se mouillaient déjà les
foudres un instant allumées. André cependant
abandonna l'attaque. Ce n'était pas ainsi qu'il la
voulait, dans une façon de surprise. Ce n'était pas
ainsi qu'il se soûlerait du vin dont il se voulait eni-
vrer pour oublier. Cet inconscient bonheur d'un
instant ne suffirait pas à le guérir. Il voulait que
cette chair devînt sa chair dans des baisers plus
longs comme il en faut pour une durable attache :

— Clarisse, lui dit-il d'une voix suppliante, lais-
sez, je vous en prie, la porte de votre chambre
entr'ouverte cette nuit.

Avait-elle eu un désappointement? Était-elle vraiment offensée? Mais l'institutrice se releva avec une
indignation feinte ou vraie, d'où sortirent ces mots
saccadés :

— Vous oubliez, monsieur, que je suis une honnête fille! »

Et, repoussant vigoureusement André, elle partit à pas précipités, sans se retourner en arrière,
son ombrelle ramenée sur les épaules et ne laissant voir que des jupes rapidement remuées par
sa course.

André se demanda s'il était, oui ou non, dupe

de quelque comédie. Cette fille avait-elle des sens auxquels il lui fallait céder à l'occasion, mais avec de réelles intentions de vertu, quand ceux-ci n'étaient pas violemment sollicités et comme à l'improviste ? Était-elle susceptible d'être une de ces victimes du tempérament en qui persiste une inutile volonté de sagesse, respectable cependant? Après lui avoir fait l'effet d'un sot, l'avait-il vraiment et profondément insultée ? Toutes ces questions se posèrent à son esprit et y mirent une grande impression de malaise. Et puis, le désir sur lequel il était volontairement resté le reprenait aux moelles, et il se trouvait imbécile de n'y avoir pas cédé comme à une loi sacrée, par un de ces raffinements qui ne sont qu'une malhonnêteté d'esprit ou de cœur. En le quittant, ainsi blessée, Clarisse n'avait pas emporté avec elle le charme du décor où il l'avait tenue entre ses bras. Dans l'air flottaient encore, autour de lui, les vivantes odeurs qu'elle y avait laissées, et, sur le banc, sa place était tiède encore et, dans le sable, les mille dessins capricieux qu'elle avait tracés du bout de son ombrelle disaient les hésitations de sa pensée, durant qu'il lui parlait d'amour.

Elle n'avait déchiré, pour s'échapper, qu'un coin de ce voile, et André se sentait encore enveloppé, comme d'un filet léger mais brûlant la peau, de toutes les tentations qui lui étaient venues durant ces instants si mal employés. Il se sentit un tel dépit de se voir repoussé qu'il se dit qu'il allait devenir sincèrement amoureux de cette fille qu'il avait longtemps méconnue. L'obstacle dressé devant lui irritait sensiblement l'ardeur de sa poursuite. Il la voulait maintenant, il la voulait absolument. La guérison de l'ancien amour était désormais chose sûre. Pour la première fois, c'était une autre femme que Marthe qu'il désirait, une autre vers qui montait le désespoir de ses baisers, une autre dont la bouche attirait sa bouche et qui pouvait d'un seul regard lui mettre dans l'âme le ciel ou l'enfer.

Il était presque heureux de son apparente défaite qui lui semblait le gage d'un triomphe plus sérieux que la victoire vaine dont il n'avait pas voulu, un triomphe sur soi-même et sur l'ancienne tendresse qu'il était résolu de chasser de son cœur.

— Comme vous êtes gai aujourd'hui, André! lui dit le comte quand ils reprirent ensemble les travaux auxquels il l'avait abandonné pour courir à son rendez-vous.

— Cet admirable temps ne vous rend-il pas joyeux vous-même, mon cher Maurice? répondit-il. Et il faillit ajouter :

— Vous avez d'être ainsi les mêmes raisons que moi. »

L'heure du dîner lui apporta l'embarras de se retrouver auprès de Mlle Clarisse, après l'impertinence qu'il lui avait faite. Mais Mlle Clarisse avait son air enjoué accoutumé, avec seulement de rapides envolées de mélancolie dans ses beaux yeux clairs. Mais ces oiseaux sombres passaient vite sur ce coin de ciel bleu. Ils n'échappèrent pas toutefois aux regards de Maurienne, qui les trouva cent fois plus charmants encore et s'affermit dans sa résolution de ne pas abandonner l'aventure, pour l'échec apparent qu'il y avait reçu.

Donc, le soir venu et les lampes allumées sur la table où M. de Prades interrogeait un bouquin coûteusement venu de Paris, André se rapprocha de l'institutrice, qui ne fit d'ailleurs aucun mouvement pour l'éviter.

— Pardonnez-moi, mademoiselle, lui dit-il d'une voix vraiment émue.

— Vous pardonner quoi ? lui dit-elle très bas.

— D'avoir osé...

— Alors ce n'était pas une plaisanterie ?

— Je vous jure que non, Clarisse.

Une rougeur subite passa au visage de la jeune femme. D'un mouvement rapide très vif, elle effleura, de sa main, la main pendante à son côté d'André, et tout bas, tout bas :

— Alors, venez tout à l'heure.

Quelques instants encore et l'institutrice prenait congé du comte, qui lui souhaitait affectueusement une bonne nuit.

Une joie farouche était au cœur d'André. Elle allait être à lui, celle qui devait l'arracher à cette géhenne, par le divin sortilège de sa beauté et de sa jeunesse. Devant ce beau poème de chair, toutes les voix se taisaient qui ne lui chantaient plus que des tristesses et des hontes ! Il eut cependant un tressaillement douloureux quand M. de Prades lui dit :

— J'ai reçu tout à l'heure des nouvelles de Marthe, mon cher André. Elle arrive toujours après-demain.

Et Maurienne pensa qu'il était temps et que Clarisse avait bien fait de ne pas le faire attendre davantage.

On avait emporté la lumière du salon, M. de Prades étant remonté dans son appartement. André y revint un instant après, dans l'obscurité, pour laisser, à tous, venir le temps du premier sommeil et n'avoir pas à ouvrir et fermer la porte de sa chambre. Il s'assit devant les hautes croisées, contempla la nuit étoilée, et l'image passa, dans le ciel plein de blanchâtres vapeurs, de celle qu'il allait trahir et qui, dans deux jours, serait là. Il mit les mains sur ses yeux comme pour fuir cette vision mélancolique, mais entre ses doigts que traversait une lumière argentée, il lui semblait sentir le frisson de sa robe, de la robe qu'il avait si souvent baisée avec ferveur au temps des anciennes extases. Cette obsession qui le dérangeait de ses projets, lui fit mal. Il se leva pour s'arracher à ce courant d'idées et au souvenir inopportun de Marthe. La pièce était rayée de grandes clartés par la lune. Tout y parlait de Mme de Prades, les meubles familiers auxquels s'accrochaient des candeurs vibrantes, l'ouvrage commencé resté sur la table, le grand portrait où elle rêvait, pâle parmi les aïeux couverts d'armures et dont le cadre semblait comme phosphorescent.

Il luttait contre cette invasion du passé dans

l'avenir qu'il avait résolu. Quand onze heures sonnèrent, il eut ce mouvement de joie d'un homme pour qui l'épreuve cesse. Tout le monde dormait maintenant, tout le monde, hormis celle qui l'attendait, la clef d'un paradis terrestre dans ses mains. Et il compta les coups que tintait la vieille horloge, chacun d'eux semblant l'alléger d'un poids et donner plus de liberté aux battements comprimés de son cœur. La lenteur du dernier écho de cuivre qui suivait chaque choc du marteau sur le timbre s'effilait encore, pour ainsi parler, dans l'air, quand André, sans faire craquer le parquet sous ses pas, enjambant à la fois plusieurs marches de l'escalier pour que son pied n'y soulevât que le moins de bruit possible, haletant de désir, enfiévré, réprimant jusqu'à son souffle, se glissa vers l'appartement de l'institutrice dont aucun filet de lumière n'indiquait la porte entr'ouverte.

Et cependant Mlle Clarisse avait tenu parole. A peine le doigt d'André s'était-il porté sur l'huis que celui-ci avait cédé, et lui livrait passage, une main invisible l'ayant tiré en dedans. Et, en même temps, l'autre main, toute tremblante, se posait sur son bras, comme pour s'assurer que c'était bien lui. Un frisson lui passa par le corps à ce toucher. Il chercha des lèvres, en avant dans cette ombre, et ses lèvres rencontrèrent celles de l'hospitalière personne et s'y collèrent dans un de ces baisers longs et moites que Ronsard appelle si bien : la saveur de la bouche. •

Cette première chaîne, nouée dans la nuit, à

l'aventure du désir subtil, ne se rompit que dans l'évolution nécessaire à la fermeture de la porte, laquelle s'effectua derrière André, sans le moindre bruit, avec un imperceptible frôlement seulement du bois sur le tapis.

Et tandis qu'elle l'entraînait doucement, comme s'il eût été aveugle, dans le sens du lit où, sur les draps tièdes et parfumés, les mains d'André se posèrent, elle le caressait de son souffle et du frôlement de ses admirables cheveux répandus en gerbes épaisses. Alors, il l'enveloppa de ses bras, sentant sa peau fraîche et satinée sous le tissu léger de sa chemise, les reins appuyés au matelas, l'attirant à lui, glissant ses pieds sous les pieds nus de la jeune femme, et ce fut un second baiser plus long que l'autre qu'il lui donna, un baiser où leurs deux âmes se mêlèrent dans le même désir furieux et désespéré.

Ce que fut cette nuit dans l'ombre d'abord où la chute des pudeurs se sentait mieux à l'aise, puis la lampe discrète allumée et baignant sous les yeux ravis d'André, de sa lumière ambrée, le corps miraculeusement blanc de la créature superbe qui se donnait avec de réelles délices, c'est ce qu'il ne convient pas de décrire. Les sens exaspérés d'André y goûtèrent un complet apaisement, et les beaux ferments de santé et de jeunesse qui étaient en sa nouvelle maîtresse y poussèrent une floraison de caresses sous laquelle il demeurait comme anéanti dans des extases douces jusqu'à la mort.

C'est seulement quand le jour naissant enveloppait déjà d'un halo, pareil à une vapeur de lait, la flamme d'or de la lampe et, suintant à travers les rideaux, faisait courir un frisson d'argent sur les étoffes jetées à terre, qu'il eut le courage de s'arracher de cette couche écrasée et de ces étreintes ardentes, emportant sur lui comme un relent de cette nuit d'ivresse et, dans ses yeux, ces formes roses et frémissantes s'enlaçant et se multipliant comme si mille femmes nues fussent sorties de celle-là.

Et, une fois dans sa chambre, qu'il avait regagnée presque à tâtons, suivant sa route aux zébrures blanches des fenêtres dont les vitres étaient encore obscures et les joints seulement éclairés, un grand vide dans tout l'être, avec des pensées insaisissables voletant, comme des chauves-souris dans une grotte, au creux de son cerveau, il se laissa choir sur son lit et s'endormit d'un sommeil lourd et sans rêve.

Et durant que ces choses inattendues se passaient à Prades, à Paris Marthe était plus que jamais tout entière au souvenir de son infidèle amant. Elle comptait les heures des deux derniers jours qu'elle devait passer encore loin de lui et, sentant qu'elle s'était si bien à jamais donnée, avec beaucoup de logique dans l'esprit, cette logique des femmes qui, mieux que nous, savent bien que l'amour est au-dessus de toutes les choses, avec une conscience d'une parfaite tranquillité, elle ne se demandait certes pas si elle avait fait quelque faute et se savait, par avance, absoute devant l'éternelle loi.

XIV

Les occupations qu'elle avait eues durant son séjour à Paris n'avaient pas été d'ailleurs de nature à la distraire de cette unique préoccupation. Avec le sentiment de sa beauté parfaite à laquelle tout seyait et la simplicité avant tout, elle n'apportait pas aux choses de sa toilette cette passion qu'y mettent volontiers les femmes moins assurées de leurs charmes naturels. Ses emplettes s'étaient donc faites sans enthousiasme, au hasard du magasin à la mode, sans économie mais sans recherche excessive non plus. N'était-elle pas sûre de plaire au seul être dont l'amour lui était toute la vie? Le reste de son temps s'était passé chez de vieilles gens de sa famille où rien ne l'intéressait, comme il arrive souvent chez les personnes qu'on voit rarement et dont la vie est trop distante de la nôtre. Enfin, dans les milieux où il était connu, elle s'était renseignée de son mieux sur le mari qu'on allait présenter à sa sœur à son retour.

Claire avait vécu, intellectuellement du moins,

une existence bien autrement active et mouvementée. Sa sœur ne lui ayant appris que le matin même du départ, qu'elle l'accompagnait à Paris — et pour cause — il lui avait été impossible, à elle, de prévenir Claude par l'intermédiaire du petit vaurien qui allait d'ordinaire lui mettre, à deux lieues de là, ses lettres à la poste. Une fois à Paris, Mme de Prades ne l'avait pas quittée d'un seul instant. Impossible de sortir seule et impossible d'écrire sans se confier à quelque inconnu. Claire donc comptait seulement sur le hasard, qui protège les amoureux, pour rencontrer celui qui était Paris tout entier, pour elle, Paris et ses dômes ensoleillés et ses jardins fleuris et tout ce qui le fait bruyant et mélancolique à la fois, la gloire et la tentation toujours éveillées. Comme elle pensait que Claude fréquentait au théâtre, elle se fit conduire par la comtesse à toutes les pièces en vogue. Elle n'y goûta d'ailleurs qu'un plaisir modéré. Le théâtre à Paris n'est plus guère fait que pour les Parisiens et il faut connaître les acteurs pour s'y attacher. Car ce n'est plus les pièces qu'on va voir, mais les comédiens. Ceux-ci sont arrivés à prouver au public que l'auteur est tout simplement leur parfait domestique, et l'art dramatique un simple prétexte à leur noble profession. Or, Claire était peu au fait des actions de ces grands hommes qui tiennent aujourd'hui, dans la vie parisienne, plus de place que les politiques, les poètes et les savants. Elle ne connaissait aucune des intrigues des femmes en renom sur les planches, ignorait les noms de leurs amants et ne pouvait s'intéresser que fort peu, par suite, à des succès où l'art tient généralement si peu de place.

Et puis, que lui faisait, bien que nouveau pour elle, l'éternel vaudeville qu'on retourne comme un habit sur nos théâtres de vaudeville, ou l'opéra-bouffe dont le jeune prince imbécile, guidé par un gouverneur gâteux, reconnaît, depuis vingt ans, au dernier acte, que c'est à la princesse qui lui était destinée qu'il avait fait la cour, dénouement moral à un imbroglio féroce en polissonnerie. Tandis que se débattaient sur la scène les destinées des héroïnes de fantaisie, elle poursuivait le drame vivant de son propre amour. De la profondeur de la loge où elle s'enfouissait, sous prétexte que la grande lumière l'aveuglait, mais en réalité pour que sa sœur, placée devant elle, ne pût surprendre la direction de ses regards, elle interrogeait les têtes tournées qui surmontaient les dossiers des fauteuils d'orchestre, cherchant au milieu de ces calvities la belle chevelure frisée de Claude mettant une touffe de goémons dans cette collection d'œufs d'autruches. Et elle était dupe de rapides illusions, de joies vite évanouies. Bien qu'ils soient rares les jeunes messieurs de Paris qui ont encore des cheveux, elle passa par plusieurs méprises qui ne la découragèrent pas.

Son attention redoublait au moment des entr'actes, quand tous ces déplumés se levaient et rabattaient leurs chapeaux sur cette nudité que ne leur envient pas les Grâces. Ceux-ci se retournaient pour lorgner aux fauteuils de balcon et ceux-là traversaient, au milieu des malédictions, les travées étroites, pour aller fumer la cigarette sans laquelle le spectacle n'aurait vraiment aucune raison d'être. C'est dans ce tohu-bohu traversé par les grimaces des personnes aux pieds sensibles, qu'elle poursuivait la bonne figure rose de Claude qu'elle avait toujours cru apercevoir en entrant. Car c'est une des manies des amoureux que celle de rencontrer partout l'objet de leur tendresse.

Marthe, qui connaissait les goûts à la fois sérieux et difficiles de sa sœur, s'étonnait qu'elle prît tant de plaisir à ces inutiles soirées, au milieu d'indifférents, et devant des œuvres peu faites pour passionner. Elle lui cédait cependant comme a un enfant, et ainsi firent-elles toutes deux le tour des merveilles en cours de représentation et des comédiens en vedette qui tiennent le haut du pavé.

Plus qu'un jour cependant à passer à Paris. Claire se dit que la dernière ressource était une promenade dans le quartier habité par Claude, et elle demanda à la comtesse de la conduire au jardin du Luxembourg, affirmant qu'il était cent fois plus beau que celui des Tuileries et infiniment mieux fréquenté que les avenues du Bois. Marthe, qui n'était pas loin de penser la même chose et qui en avait assez de la sempiternelle voiturée, à quatre heures, dans l'allée des Acacias, où les provinciaux ne manquent pas de venir voir Tout Paris, — en admettant que Tout Paris soit uniquement composé de ridicules godelureaux, de vieux beaux teints et

17.

de drôlesses maquillées, ce qui est une flagrante exagération, — Marthe accepta volontiers ce petit voyage au delà des ponts et sur les frontières mal explorées de l'Odéonie dont les ours sont célèbres dans le monde entier.

Il faisait précisément une journée admirable et le trajet se fit par les rues encombrées des jardins ambulants que poussaient devant elles les marchandes de lilas, de roses et de giroflées ; dans un parfum vague et pénétrant où se mêlaient toutes les flores ; en traversant la Seine qui coupe précisément Paris, sur ce point, en deux tronçons de paysages également admirables; d'un côté, Notre-Dame, aux tours massives, veillant sur la légende grave du passé ; de l'autre, les flèches pseudo-orientales du Trocadéro, plongeant dans une brume dorée, et, — au-dessous, — de chaque côté du plancher sonore, où retentit le pas ralenti des chevaux, la rivière étincelante sous le soleil, semblant rouler, dans son cours, des étoiles brisées en mille miettes, la rivière vivante autant que la rue, avec ses bateaux aux tentes légères filant comme des flèches, sous une rumeur de cloches annonçant le débarcadère aux gens affairés causant sur le pont.

Car Paris est précisément délicieux à voir dans ce temps de Pâques, déjà fleuri de tout ce qui fleurit hors des serres tièdes et pour longtemps fermées, dans les campagnes diaprées qu'enchante le double réveil des parfums et des couleurs ; Paris qui boit toutes les sèves, qui aspire la vie tout autour de lui ; Paris triomphant, à qui il faut des verdures pour tapis aux pierres insensibles de ses palais.

Et le Luxembourg, en particulier, offrait un spectacle vraiment merveilleux, fait de la tranquillité des arbres séculaires au haut desquels se détend, comme un arc d'ivoire, le vol des ramiers aux lourdes ailes, de l'eau calme des bassins reflétant l'image innombrable des enfants qui y soufflent inutilement des tempêtes autour de leurs batelets; des masses sombres entourant, sous les ombrages, les orchestres militaires d'où montent des rugissements de cuivre et des sanglots de flûte; de la mélancolie des hautes figures de marbre debout autour du parterre central, belles dames d'antan qui font penser aux vers de Villon :

> Ingerburge qui tint le Maine,
> Et Jeanne, la bonne Lorraine
> Qu'Anglais brûlèrent à Rouen;

véritables berceaux de feuillages que dominent, de toutes parts, les hautes maisons, et que la clameur de la ville traverse à grand'peine, comme un souffle mauvais que le vent balaye, tout chargé d'haleines de fleurs.

Marthe qui, comme toutes les femmes de son pays, subissait, des choses de la nature, une influence immédiatement alanguissante, goûtait un charme mal défini mais réel, à suivre ces longues allées qu'un dôme de marronniers protège. L'attention de Claire était bien autrement éveillée. A cette heure exquise qui précède la chute du soleil vers l'horizon et le montre déjà comme déchiré par les contours des maisons se profilant en ombre sur son disque rougissant, à cette heure bruyante encore, mais où passe cependant déjà l'aile du silence à venir, faite pour la méditation et pour la rêverie, Claude ne manquerait certainement pas de descendre, et c'est là, sans doute, dans ce jardin, qu'il viendrait penser à elle, après le rude labeur de la journée. Car il lui avait dit qu'il travaillait de grand matin et ne se reposait que fort avant dans la journée. Donc, il allait venir. C'était certain.

Et elle poussait sa sœur doucement, comme sans s'en apercevoir elle-même, vers les allées isolées, celles que le public dédaigne, celles que Claude devait certainement aimer. Dans la partie haute, là où était la merveilleuse pépinière qu'un caprice d'en haut a dévastée, les promeneurs étaient rares et c'est là qu'elle se disait qu'elle le rencontrerait.

C'est cela! Il apparaîtrait au détour de leur chemin, pensif ou disant des vers tout haut comme il en avait déjà l'habitude à Prades : et c'est son nom peut-être qu'elle entendrait murmurer par sa voix; et quand il la verrait, il aurait dans les yeux une grande extase, comme si elle venait parce qu'il l'avait appelée. Ils ne pourraient pas se parler, il est vrai, mais ils emporteraient cependant l'un et l'autre une grande joie de cette rapide entrevue. Avec ses yeux d'amoureuse pareille aux voyantes dont l'hypnotisme a retourné le regard sur lui-même, elle le reconnaissait déjà de loin, avant qu'il fût portée de sa vue. Il s'arrêtait pour la contempler ; il se cachait peut-être pour la regarder plus longtemps ! Ainsi se l'imaginait-elle, le cœur tout rempli de son souvenir et marchant à l'aventure d'un rêve où son image, à elle, le guidait comme une étoile !

Une rumeur croissante détourna leur attention et mit un frisson aux épaules de Marthe qui, elle aussi, rêvait, rêvait à un cher absent, mais sans l'illusion qu'elle le verrait tout à coup devant elle. Mais, par une curiosité qu'aucune terreur ne peut réprimer chez la femme, elles se rendirent du côté où s'entendait ce bruit.

Entre deux files de curieux riant et applaudissant, un serpent vivant et fort long, dont chaque anneau était un homme serrant par les épaules celui qui était devant lui, s'enroulait et se déroulait au caprice des allées avec des mouvements de jambes comiques, des pas de bourrée ébranlant le sol et ce refrain étrange répété en chœur par deux cents voix jeunes et vibrantes : « A bas Collatin ! »

Marthe et Claire s'approchèrent. Justement la tête du serpent venait de leur côté. Les figures commençaient à se dessiner autrement qu'en vagues silhouettes et les visages allaient bientôt se reconnaître. Le vacarme s'enflait de toute la distance parcourue. Ah ! les bizarres promeneurs n'avaient plus que vingt pas à faire en avant. Claire porta vivement ses mains à ses yeux comme si elle se sentait devenir folle. En tête de cette colonne endiablée, celui qui se démenait le plus, en brandissant une queue de billlard et en criant plus fort que tous les autres : « A bas Collatin ! » c'était Claude, Claude échevelé, rigolant, chantant et, de temps en temps, passant sa hallebarde à son voisin pour faire deux ou trois grands sauts en l'air, en se tapant sur les fesses.

— Et youp ! youp ! youp ! pour Collatin ! faisait-il en se claquant ainsi le derrière.

Cependant un gros de sergents de ville débouchait au pas de course pour rompre cette chaîne humaine et disperser ces braillards. Claude se rua tête baissée sur les agents, en envoya deux par terre d'un double croc-en-jambe, se débattit comme un diable quand il eut été appréhendé au collet, et disparut, un des premiers, derrière les hommes en capuchon qui tapaient dur, mais en dessous, comme n'y manquent jamais les soldats de la police.

Marthe avait-elle reconnu Claude dans cet énergumène ? Toujours elle n'en fit rien paraître. Mais Claire suffoquait d'étonnement et de crainte douloureuse, et sa sœur, la voyant si pâle, lui dit avec beaucoup de douceur :

— Je crois que tu es fatiguée. Partons !

Un instant après, elles remontaient en voiture et faisaient, en rentrant, leurs malles ; car elles repartaient pour Prades le lendemain matin.

Pauvre Claude ! Il n'avait même pas vu celle qu'il aimait et à qui il donnait ce peu édifiant spectacle. Avant qu'il ait pu se disculper devant Mlle de Lys, il convient de présenter ici sa défense. Le pauvre garçon, après un travail acharné et qui n'était nullement mensonger, avait eu le matin une grande joie. Il avait une pièce reçue ! La première ! Dans un petit théâtre, mais enfin reçue. Il n'était pas encore à la Comédie-Française, mais dans l'antichambre certainement. Ses rares amis et Bistouille lui-même, le placide Bistouille, l'avaient engagé à se divertir un peu et arroser cette bonne nouvelle. Voilà comment on avait déjeuné gaiement ensemble et comment, arraché brusquement à ses habitudes de sobriété, Claude s'était trouvé, à trois heures de l'après-midi, plus gai qu'il ne convient. Et Bistouille donc ! Il avait oublié sa propre adresse et voulait absolument rentrer dans une maison qu'il avait quittée depuis dix ans !

Les sages de la bande avaient décidé que rien ne vaut mieux, en pareil cas, que prendre l'air, les vapeurs ne pouvant être chassées que par une salutaire ventilation. Ainsi était-on descendu au Luxembourg. Or, justement y montait le monôme que nous avons rencontré, un monôme d'étudiants en droit protestant contre M. Collatin, leur professeur, qui avait la prétention de les vouloir faire assister à son cours. Claude et Bistouille n'avaient jamais entendu parler de ce décrotteur de pandectes. Ils n'en prirent pas moins chaudement la cause de ses opprimés ; et, avec cet amour du vacarme et cette horreur de l'injustice qui constituent le véritable ivrogne, ils s'étaient mis au ton de la compagnie et ils objurguaient Collatin avec une rage qui leur avait immédiatement conquis l'estime publique.

Et voilà comment ce modèle des amoureux, ce fervent et platonique Claude, pour une fois, une seule qu'il se départait des pratiques de son culte austère et de ses mystiques adorations, était apparu à son idole, à l'unique déesse de son temple, sous les couleurs d'un bousingot, comme on disait autrefois, faisant du chahut et dansant le cancan dans le plus magistral décor qu'aient réalisé les arts combinés de Le Nôtre et de Mansart.

Quand, le lendemain matin, les cheveux en épis obstinés sur la tête, de vagues douleurs dans les cuisses, un boulet de canon sous le crâne, il tenta tant bien que mal de se remettre au travail, il ne se doutait guère que Mlle de Lys avait assisté à son débordement et, bien malencontreusement, il lui écrivait une longue lettre pour l'assurer qu'il ne passait pas un instant sans penser à elle. Il faut avouer qu'il avait une drôle de façon de mettre la main sur son cœur pour dire ces choses-là !

XV

Quand André se réveilla du lourd sommeil qui avait suivi une nuit de lassantes délices, il n'était guère moins de midi. Encore cet anéantissement réparateur se fût-il prolongé davantage si M. de Prades, inquiet et sachant les habitudes matinales de son ami, n'eût envoyé prendre de ses nouvelles.

Avec la bonne foi d'un homme qui, tombé d'une grande hauteur, tâte anxieusement ses membres meurtris pour s'assurer qu'aucun d'eux n'est brisé, son premier soin fut de descendre en lui-même, pour se demander s'il était guéri. Mais comme en pleine mer la sonde, sa pensée plongea sans rencontrer de fond qui l'arrêtât. Tout était bouleversé en lui, et il n'y rencontrait que le néant ici et que le chaos là. Ses nerfs surmenés le soutenaient mal dans cette pénible recherche. Il avait comme peur d'être entraîné par quelque courant obscur qui ne lui permettrait pas de remonter au jour.

L'expression de bonheur qui illuminait le visage de Mlle Clarisse, quand il la revit au moment du déjeuner, eut sur lui comme un rayonnement de sérénité. Il fut heureux par contagion, comme une chose est éclairée par reflet, comme l'oreille est occupée par un écho. Mais cette joie intime, profonde, personnelle, la sentait-il également, au même degré, au dedans de lui-même ? Il dut s'avouer désespérément que non. Il contemplait sa nouvelle maîtresse avec des yeux qui la voulaient trouver invinciblement belle; il se cramponnait à ses charmes comme un noyé aux branches qui casseront sous son effort. Il ne sentait pas en lui cette défaite qui nous fait à jamais l'esclave d'une femme. L'image évoquée n'avait rien des despotismes sous lesquels l'idéal atteint nous tient vaincus.

Elle ne voyait qu'une chose, c'est qu'il la regardait à tous moments, avec une obstination dont elle se sentait flattée, y croyant lire la preuve d'un amour que l'expérience avait fixé. Car, jusqu'à la possession, qui peut se tenir assuré d'aimer une femme ? Il reste à franchir l'abîme au fond duquel se peut trouver, aussi bien que l'immortelle ivresse, la suprême désillusion. Il parut à Mlle Clarisse que ce n'était pas la désillusion qu'André avait trouvée.

Il goûta, après le repas, une certaine douceur à la promenade qu'ils firent à deux, dans le parc, sans se dire un mot d'abord, puis en se cherchant des lèvres, la digestion mettant une chaleur affectueuse entre eux, ses expansibilités naturelles. On revint dans l'allée où le premier aveu avait été fait et l'institutrice remarqua en rougissant qu'il y avait bien peu de temps. Elle disait regretter — et c'était pure coquetterie — d'avoir cédé si vite. Et André, qui était juste, au contraire, et en dedans, lui était reconnaissant de la franchise qu'elle avait mise dans tout cela.

Si peu de femmes savent se donner et ne nous apportent plus aucun bonheur pour nous l'avoir trop fait attendre ! Passionnellement, Mlle Clarisse avait été tout à fait intelligente, ayant cédé au moment psychologique où elle était le plus ardemment désirée. Son amant, qui avait l'expérience de la vie, avait raison de lui en savoir gré. Certaine plénitude d'impressions ne se retrouve plus et les joies perdues sont bien ce que nous devons regretter le plus au monde.

Et, la conversation, aussi bien que la pensée qu'elle reflétait sincèrement, comme l'eau de l'étang, calme et transparente, l'image des grands arbres penchés sur ses bords, la conversation ayant pris ce tour, par une logique de sentiments et de faits toute naturelle, on s'accorda gloutonnement, avec un regain de volupté, ce qui n'avait pas été permis la veille. Sur la mousse très douce, étendant son tapis au pied du banc, dans l'éplorement du grand saule formant, autour de son tronc vide, un circulaire rideau, les délices de la nuit furent renouvelées dans les pénombres que rayaient, frémissants comme de longs serpents de flamme, les rayons du soleil. Et, dans ce moment éperdu là, André crut bien avoir bu à jamais l'oubli de ses anciennes amours et de ses anciennes tortures, tant le réveil de ses sens fut complet et leur énergie avivée par cet air tiède du jour tout chargé du parfum des roses et traversé par l'aile sonore des bourdons traînant une poussière d'or à leur corset de velours. Ainsi, par un mystérieux pouvoir, la nature double-t-elle nos joies comme le ciel se double aux tranquilles miroirs de l'onde.

Et c'est très amoureusement, les bras se serrant l'un contre l'autre jusqu'à l'épaule, avec un redoublement de baisers sur la bouche, qu'ils reprirent lentement, et le soleil déclinant déjà avec quelques filets de sang clair dans l'or blessé de ses rayons, le chemin du château, en suivant les allées couvertes, les larges allées dont la lumière oblique jonchait le sol de bandes jaunes, entre les ombres s'allongeant des grands arbres où les oiseaux commençaient à se rassembler.

Et la seconde nuit ressembla fort à la première. Mais André en sortit plus brisé encore et moins conscient de ce qui se passait en lui.

Le matin mit un peu de jour dans son âme aussi bien qu'au front renaissant des choses. Marthe allait revenir dans quelques heures et le frémissement qu'il éprouvait à cette idée jeta le premier trouble dans la fausse sérénité où la fatigue l'avait induit. Qu'il éprouvât un embarras devant l'explication nécessaire? Rien de plus naturel. Mais ce n'était pas de cela seulement qu'était faite son émotion. Il y sentait surtout son être éperdu à la seule approche de celle qui jadis avait pris tout son être. Il était tremblant comme la bête, sous la feuillée, quand le chasseur fait sonner les branches cassées sous ses pas. De loin, déjà, l'ancienne servitude lui revenait, le reprenait, se jouait de sa révolte inutile et le jetait à terre sous le pied qu'il n'oserait plus baiser. Une lâcheté immense lui venait au cœur. Il se tenait les yeux grands ouverts, malgré que ses paupières lourdes retombassent brûlantes sur ses prunelles, pour que l'image de Marthe n'y passât pas. Mais l'image triomphante y mettait, malgré lui, son rayonnement parmi celui de la lumière, et il avait beau retenir son souffle, chaque fois qu'il respirait, un peu de l'haleine de Marthe lui passait sur les lèvres et faisait trembler ses moelles comme le vent d'automne les feuilles sèches pendant aux branches en chapelet. Elle l'envahissait rien que par la terreur délicieuse de sa venue, celle qui, depuis longtemps déjà, l'avait fait sien, l'avait conquis, l'avait dompté.

Et une grande honte le prenait de lui-même qui avait voulu secouer ce joug sans s'être assuré auparavant qu'il était assez fort. Et la vérité des choses lui descendait dans l'esprit comme une clarté impitoyable. Il avait été fou de croire qu'un amour vrai se déracine ainsi du cœur, parce que l'insurrection des sens a égratigné son écorce. Que fait au chêne robuste et dont les sèves ont creusé la terre au loin, le couteau imbécile du berger écrivant son nom sur le tronc rugueux ? Cette blessure sans profondeur ne fait pas monter sa souffrance jusqu'aux cimes toujours verdoyantes, ne la fait pas descendre jusqu'aux racines qu'un épais anneau de mousse défend. Il avait été fou et il avait été coupable. Qui avait-il sacrifié en somme, dans cette trahison ? Elle-même, à qui il aurait dû tout sacrifier au monde ! A la paix lâche de son propre cœur, il avait immolé le cœur qui lui était demeuré douloureusement fidèle. Et cette conscience délicate qui ne lui avait plus permis de tromper un ami, elle avait pu, sans révolte, tromper l'être autrement sacré qui lui avait donné mille fois plus que la vie en lui donnant le bonheur immortel d'aimer.

Cette disproportion effroyable, entre ses devoirs envers le mari qui l'avaient épouvanté de leur ombre et ses devoirs envers la femme qui avait mis toute cette lumière dans sa vie, l'accabla, comme un poids lourd jeté dans sa méditation. Marthe n'était pas encore devant lui et des prières et des pardons lui montaient déjà aux lèvres. Comment supporterait il l'éclat confiant de son regard, à elle qui n'avait jamais trahi ?

Et puis, quand il s'était demandé cela avec angoisse, l'éblouissement lui revenait de la beauté qu'il avait un instant méconnue, et, par un revirement subit de ses impressions, oubliant son crime à son tour, il se fondait en interminables délices, songeant qu'ill'allait revoir, que sa main toucherait la sienne, que, ce soir même, leurs lèvres seraient mêlées, et que refleurirait cette fleur de volupté continue, profonde, infinie qu'il n'avait respirée que dans ses bras quand ceux-ci se refermeraient sur son cou ! Avait-il stupidement compté sur la lassitude de ses sens ? Il les sentait plus frémissants sous l'aiguillon de ses désirs renouvelés, que les chevaux dont l'éperon fouille la chair pour la première fois. Et, sur son lit, il se tordait comme une couleuvre sur les braises, sentant se rallumer autour de ses reins le réseau imperceptible de feu qui lui mettait déjà à la peau comme une ceinture, le filet d'or ardent dont un seul regard de Marthe l'enveloppait et le faisait captif. Il murmurait son nom, dans cette folie, et ce nom s'étouffait dans les baisers dont il mangeait son oreiller.

Clarisse avait-elle vécu? Dans des siècles lointains peut-être, et il avait oublié même son nom !
. C'est dans cette disposition d'esprit, dans cette exaltation de désir qu'il fut surpris par M. de Prades venant le chercher pour aller au-devant de sa femme. M{le} Clarisse devait rester seule à la maison, pour y veiller sur toutes choses. Quand André monta le second dans la voiture, l'institutrice parvint à lui presser affectueusement le bout du doigt. Il lui fallut un effort pour ne pas retirer sa main avec dégoût.

Ah! comme il était loin de ses impressions de la veille, quand ils étaient revenus tous les deux, sur le banc au bord de l'étang! Cette pauvre fille lui avait dit mille choses qui l'avaient vraiment attendri. Il était le premier homme vers qui elle se fût sentie attirée et sa fierté jusque-là ne lui avait pas permis d'amant.

Et cependant quelle existence triste pour une femme jeune et se sachant belle, que cette existence sans amour! Et puis l'humiliante politesse dont on honore ces filles pauvres à qui les jeunes filles sont confiées! La domesticité réelle qui est au fond de ces feints égards! L'audace des hommes vis-à-vis d'êtres que nul ne défend! Ainsi lui avait-elle fait le tableau touchant de sa propre vie, ajoutant que pour la première fois elle connaissait un peu le bonheur. Et cette reconnaissance lui donnant le change, André avait cru l'aimer un instant parce qu'il la plaignait et qu'un orgueil intime le caressait d'avoir été un bon génie pour cette méconnue. Car nous aimons surtout les gens, non pour le bien qu'ils nous font, mais pour celui que nous croyons leur faire.

Et, de très bonne foi, pendant cette promenade, il s'était associé aux projets joyeux de Mlle Clarisse. Les choses ne resteraient pas toujours ainsi. Il quitterait le château quand le donjon serait terminé. Il retournerait à Paris. Elle y chercherait des leçons qui lui laisseraient plus d'indépendance. Ils se verraient tous les jours... toutes les nuits. Et ce serait une vie bien douce à tous deux, si, du moins, il lui rendait un peu de la tendresse immense qu'elle sentait pour lui!

Et il lui jurait — et il ne mentait pas en ce moment — qu'il éprouvait pour elle une passion égale à la sienne et que son rêve, à elle, était aussi le sien. Ainsi s'exhalait, aux dépens de sa conscience, sa gratitude toute plastique pour le bonheur très réel qu'il venait de goûter sur le gazon. Ce sont actes de justice auxquels sont sujets tous les honnêtes gens.

Quelqu'un qui lui eût rappelé tout cela — et ce

tout cela était cependant de la veille, — durant qu'à côté du comte il allait au-devant de Mme de Prades, l'eût prodigieusement étonné, et je crois même qu'il ne l'eût pas compris. Les roues tournaient dans la poussière et chaque tour le rapprochait de celle dont il se sentait plus que jamais possédé. Les chevaux se cabraient sous une cinglée et ce sursaut de vitesse franchissait vers elle un pas plus long. A l'inverse de leur course, le paysage aussi semblait courir; mais tout à l'heure un paysage sacré se recueillerait devant elle, temple dont les encensoirs se rallument parce que le Dieu y est revenu! Et telles lui semblaient les fumées qui, sous le soleil plus chaud, montaient au revers des fossés, de l'herbe longtemps mouillée.

On arriva quelques minutes avant le train. Ce lui furent dix minutes d'angoisse. Enfin deux yeux rouges rayèrent le brouillard qui courait encore sur la haie bordant la voie. Une tête passa à la portière qui avait un sourire sur les lèvres. C'était le visage de Claire, l'émotion de Marthe, au moment de revoir André, étant trop grande pour qu'elle eût le courage de regarder elle-même si on était venu au-devant d'elles. Claire sauta donc, la première, du wagon dans les bras de Maurienne, qui l'embrassa au front, dans l'embroussaillement de sa belle chevelure brune que le vent du voyage avait mêlée. Marthe vint ensuite, délicieusement pâle, que sa sœur entraîna et qui tendit à son amant une main tremblante de bonheur. Jamais à André elle n'avait paru plus belle! Son beau visage s'était subitement coloré en le revoyant, et il avait pu plonger dans l'inquiétante profondeur de ses yeux transparents et constellés, sans y trouver autre chose que des tendresses infinies, sa propre image au milieu de tous ces petits astres perdus dans cette double goutte de ciel! Les lèvres humides de Marthe mettaient quand elle lui parlait, à lui, assis devant elle, sur le devant de la voiture où ils étaient remontés ensemble, une saveur de baisers que, seul, il respirait, dans l'air tout embaumé de sa présence. Et tout doucement, elle avait glissé le bout de son pied entre les siens et, dans ce contact délicieusement idiot, tous deux trouvaient une douceur si grande que le voyage eût duré jusqu'à l'éternité qu'ils ne l'eussent pas trouvé trop long.

Mlle Clarisse attendait devant le perron. André eût pu la plonger vivante au fond des enfers, qu'il n'eût pas hésité un seul instant. Tout était devenu cruauté en lui, pour la pauvre fille. L'institutrice s'en aperçut-elle? Peut-être. Car l'accueil qu'elle fit à Claire, qu'elle semblait pourtant beaucoup aimer, fut infiniment moins affectueux qu'on ne s'y serait attendu; et c'est avec une mauvaise humeur marquée qu'elle suivit la jeune fille dans son appartement. Les bavardages de Claire ne furent pas pour la distraire de l'impression pénible qu'elle avait reçue. Claire aussi avait beaucoup de chagrin, mais elle bavardait pour s'étourdir. La conduite scandaleuse de Claude l'avait révoltée.

Eh bien! c'était du joli, les hommes! Celui-là avait l'air de mourir d'amour devant elle, et, quand

elle n'était plus là, il se mettait à la tête de compagnons de débauche et rossait le guet, qui finissait
par l'emmener au poste! C'était sa façon de travailler le théâtre pour arriver à une fortune qu'il
lui ferait partager! Et ce devait être bien pis encore
quand elle lirait la lettre de Claude en instance
entre les mains du petit mendiant! Les termes pas-
sionnés, émus et mélancoliques de cette épître
devaient paraître, à la pauvre enfant, le dernier
mot de l'hypocrisie. Et cependant le pauvre Claude
était bien sincère en lui écrivant! Le grand remords
d'avoir perdu une journée et passé une nuit dans
un cachot se compliquait, pour lui, d'un mal de
tête épouvantable et d'un léger embarras gastrique.
Oh! oui qu'il disait vrai en ajoutant qu'il aimerait
bien mieux être encore à Prades dans le beau parc,
parmi les fleurs et les chansons d'oiseaux, au murmure du lac et sous le frémissement du feuillage,
toutes choses qui ne font pas mal au cœur!

— Enfin!

Tel fut le cri étouffé que poussa Marthe dès
qu'elle se trouva seule avec André. Et ses lèvres
burent celles de son amant, extasiées et froides,
tant tout le sang lui était revenu au cœur. Et, de
ses mains frémissantes, elle lui tapotait les épaules,
comme pour s'assurer que c'était bien lui, que tout
son corps, à lui, était derrière ce baiser. André
râlait d'émotion sous cette furieuse caresse. Il pensait qu'il en voudrait mourir. Et, plus ardente, la
bouche de Marthe lui mettait des moiteurs altérées
aux dents, des saveurs astringentes qui aspiraient

ses propres sucs comme une liqueur. Ah! que n'eût-il pu faire monter tout son sang vers ces belles lèvres qui en avaient soif! Et son souffle haletait dans l'étreinte de sa maîtresse, deux fois dure à la place des seins qui lui entraient dans la poitrine, des seins fermes et comme armés d'une double flèche.

Et, sans se quitter de la bouche, ils tombèrent sur le canapé voisin, comme roulant l'un sur l'autre, se nouant l'un à l'autre, par les jambes aussi bien que par les bras, comme pour se fondre dans une terrible et mortelle caresse.

Ils n'avaient plus rien à se demander quand les pas du comte retentirent dans le vestibule. Ils ne pensèrent même pas combien ils avaient été imprudents. Que leur aurait fait de mourir, mourant ensemble, dans l'extase de ce moment où ils avaient, comme les morts, touché l'infini de la tête, heurtant l'insolence de leur bonheur contre les voûtes impassibles des cieux! Et la terre où ils retombèrent les consola avec des parfums et des chants. Ce fut, pour tous deux, une des plus admirables soirées de leur vie. C'était l'éternité du retour, tenant dans quelques heures, après huit jours seulement de séparation.

André ne s'aperçut pas seulement, quand on se préparait à se séparer, que Mlle Clarisse lui faisait comprendre, par une pantomime expressive, qu'elle laisserait encore sa porte ouverte, ce soir-là. Il rentra comme un fou dans sa chambre, tirant de sa poche une photographie de Marthe, que celle-ci avait fait faire exprès pour lui et qu'elle venait de lui donner en cachette, se mit à la baiser mille fois, dans le parc, puis se tint à genoux devant elle, la tête dans les mains, en pleurant, comme un enfant, du bonheur retrouvé.

Et il ne se souvenait plus. Il ne se souvenait plus vraiment! Il ne se souvenait que de l'avoir ainsi aimée pour la première fois et il ne savait plus rien de sa vie passée, à lui, sinon qu'elle l'avait pris tout entier et que tout ce qu'il en avait pu donner ailleurs, il le lui avait volé! Ah! comme il se sentait bien sous son empire, sous la caresse du joug qu'il aurait voulu entrer plus avant dans son cou, passionné du baiser dont elle lui avait scellé la bouche, enivré de cette chair qui mettait dans sa chair des délices impossibles aux autres. Dans cette furie d'amour il demeura plongé, se disant que rien au monde ne la séparerait de lui et qu'un crime même ne lui ferait plus peur.

Entendit-il les deux coups discrets frappés à sa porte, deux heures après son entrée dans sa chambre? Toujours est-il qu'il ne se leva pas pour y répondre.

Celle qui avait frappé était cependant Mlle Clarisse qui se souvenait aussi.

XVI

Le parti que prit André, vis-à-vis de l'institutrice, pendant les jours qui suivirent, était certainement le plus commode, mais aussi le plus maladroit. Il évita consciencieusement toute occasion de se trouver seul avec elle et la pauvre Clarisse n'eut aucun moyen de lui témoigner son mécontentement. Elle laissa plusieurs lettres sur son bureau, mais il les brûla, sans les lire. Cette façon d'agir manquait de prudence au dernier point. D'abord il faisait comprendre nettement, à celle qui en était l'objet, ce qui aurait dû lui être caché avant tout, la liaison de son amant avec Mme de Prades. Comment expliquer autrement la conduite de celui-ci au retour de la comtesse? Le voilà donc, le fameux secret du départ de Claude, le secret qu'elle n'avait pu arracher à Thomas Loursin! Claude avait été chassé parce que certainement lui aussi... Eh bien! elle avait mis du temps à s'apercevoir de ces choses et elle avait bien placé son respect en en entourant une vraie drôlesse! Car enfin, qu'une pauvre fille comme elle eût besoin de galants! Mais M⁽ᵐᵉ⁾ de Prades, à qui rien ne manquait dans la vie, pas même un mari amoureux d'elle et de belle apparence! Oh! ces femmes du monde! Ces porteuses de noms glorieux! Voilà celle qui lui était préférée.

Et tout de suite, M⁽ˡˡᵉ⁾ Clarisse allait, dans sa pensée, aux limites d'une vengeance où elle n'avait à ménager personne, étant sacrifiée à une femme qui ne la valait pas.

Sous de telles impressions, il eût fallu à l'institutrice des trésors de générosité naturelle pour ne pas troubler un bonheur fait de son chagrin. Mais sa déception de femme blessée dans son amour-propre ne lui était pas, seule, un mauvais conseiller. Certes, ce n'était pas par intérêt qu'elle s'était donnée à André, mais par un réel abandon parce qu'il lui plaisait depuis longtemps. Mais enfin, pendant leur liaison de deux jours, elle avait entrevu des horizons nouveaux et lumineux qui se trouvaient voilés du même coup. Elle avait fermement cru qu'une fois sa maîtresse, il l'emmènerait de Prades et l'installerait à Paris. Elle le lui avait fait comprendre et il avait paru de moitié dans son rêve. Quel besoin il avait donc de la tromper sur tous les points!

Les gens de race flamande sont bons, mais volontiers tirent-ils aussi bon parti des occasions de fortune qui se présentent à eux. Personne ne songera à reprocher à M⁽ˡˡᵉ⁾ Clarisse d'avoir entrevu, avec bonheur, une vie meilleure que sa triste existence d'institutrice, une vie à deux avec un homme qui l'aimait et qu'elle aimait, à qui elle serait fidèle. On aurait tort, également, de lui faire un crime des sentiments de haine qui lui vinrent au cœur contre celui qui, d'un coup de pied, brutalement, sans s'excuser même des larmes qu'il causait, jetait ce fragile édifice à terre et contre celle qui, n'ayant rien à lui envier, lui prenait son unique bien.

André aurait-il obtenu le repos par plus de franchise, par une explication loyale, en demandant pardon d'un mal nécessaire? Il ne faut guère demander aux femmes de ces héroïsmes et de ces abnégations. Mais peut-être aurait-il obtenu que les choses se dénouassent moins violemment. Il aurait peut-être pu faire heureusement, auprès de l'institutrice, appel de son amour-propre blessé à son propre intérêt facile à sauvegarder, et, comme cela se fait souvent, en pareil cas, limiter le désastre à un sacrifice d'argent.

Mais il n'y pensa même pas, et ce fut une grande faute.

En effet, le plan de Mlle Clarisse, qui n'était pas du tout méchante, fut fourni à celle-ci par Thomas Loursin, dont elle s'était momentanément rapprochée dans sa déconvenue; d'abord dans l'espoir d'inspirer quelque jalousie à André, ensuite parce qu'elle se sentait horriblement seule dans son chagrin. Beaucoup plus fin qu'elle, le fils de l'instituteur la confessa à fort peu près. Elle se contenta de lui dire, il est vrai, que M. Maurienne lui avait fait la cour; mais le pervers et sceptique Thomas ne croyait pas volontiers au platonisme. Il éprouva donc lui-même une grande colère intérieure contre André qui lui avait volé sa bonne amie. De là la perfidie impitoyable du conseil qu'il donna à celle-ci :

— Vraiment, il vous a parlé d'amour et vous êtes assez bête pour ne pas deviner ce qu'il faut faire ?

Et, comme Clarisse ne lui répondait pas :

— Que la comtesse le sache seulement. Elle vous met à la porte. C'est pour lui que vous perdez votre situation, et, à moins d'être un goujat qu'il n'est pas, force est bien qu'il vous en donne une autre.

Et, tout bas, il lui fournit le moyen le plus simple de faire connaître une vérité qui lui devait être si avantageuse.

En le quittant, Mlle Clarisse remonta dans sa chambre, y prit dans son buvard une lettre, la dernière qu'elle eût commencée pour André, une lettre d'amour et de reproches ne laissant aucun doute sur la nature de leurs relations et, comme si le vent l'eût emportée par la fenêtre ouverte qui donnait juste au-dessus de celle de la chambre de la comtesse alors dans le jardin, l'alla poser au bas de cette croisée où le même souffle aurait pu la faire tomber. Sans la moindre pensée indiscrète, la simple curiosité devait forcer Mme de Prades à développer le papier et à en lire les premières lignes.

Après quoi, elle-même descendit dans le parc, mais en y cherchant les allées solitaires, avec un vague remords dans l'âme et une certaine joie aussi de penser qu'elle serait bientôt vengée.

Trois heures après environ, quand le soleil était descendu déjà derrière le rideau profond des grands arbres, piquant, çà et là, leur masse d'un vert obscur, de petites taches de braise, André et Claire, au fond d'un batelet, sur l'étang, commençaient à ranger leurs appareils de pêche. Une douzaine de carpillons barbotaient dans un large seau et c'en était assez pour le dîner du vendredi ; car on faisait maigre au château de Prades, les jours prescrits par l'Église.

André était particulièrement de bonne humeur, ayant à donner une bonne nouvelle à la comtesse.

Il venait de causer, en effet, longuement et très affectueusement avec Claire, et celle-ci paraissait absolument décidée à épouser le mari qu'on allait lui présenter incessamment, le cousin Robert, dont on attendait la prochaine visite. Pauvre Claire! Elle aussi, toujours furieuse contre Claude, rêvait d'une vengeance éclatante. Elle prendrait le fiancé qu'on lui offrait. Elle l'inviterait, lui, Claude, à sa noce. Et ce serait une belle revanche de l'humiliant spectacle qu'il lui avait donné, que de se montrer à lui, dans sa jolie robe blanche de mariée, sous les fleurs d'oranger mêlées aux cheveux, et au bras d'un autre qui ne la quitterait plus ni nuit ni jour! Voilà une belle riposte au coup qu'elle en avait reçu en plein cœur!

Donc Maurienne se réjouissait à l'idée de la joie

qu'allait éprouver Mme de Prades, si pressée de marier sa jeune sœur; et déjà, tandis que Claire, ayant vaillamment sauté sur la berge, secouait les plis de sa jupe, tout en regardant les poissons captifs frétiller dans l'eau, il était en train d'amarrer le bateau au grand saule qui le cachait de ses éplorements. Ils étaient donc à quelque distance l'un de l'autre, quand Mlle Clarisse apparut sous son ombrelle et, nonchalamment, passant dans le gazon tout près de lui, lui dit à voix basse :

— J'ai à vous parler.

Il eut un sursaut et prévit, sinon un malheur, au moins un moment d'entretien pénible. Mais il n'y avait pas à reculer.

— Dans un instant, lui répondit-il, ici.

Et il lui montrait le coin de bois qui poussait presque, jusqu'au bord de l'eau dormante, sa langue touffue de broussailles dont les verdures montantes finissaient par se fondre aux cimes des grands arbres derrière les avenues profondes.

Et inquiets qu'on les vit ensemble, il avait déjà rejoint Claire, pris le seau par son large anneau de fer, et, légèrement ployé d'un côté par sa charge, — elle, sautillant gaiement dans l'herbe et y cueillant des marguerites et des coucous, — ils s'acheminèrent d'un pas inégal vers le château, impatiemment attendus à la cuisine.

Quand André revint à l'endroit indiqué tout à l'heure, il était plus résolu que jamais à faire comprendre à l'institutrice que le mieux qu'elle eût à faire était d'oublier.

Il trouva Mlle Clarisse assise sur un tronc d'arbre tapissé d'une mousse épaisse et faisant, avec une inconscience apparente parfaite, d'informes dessins sur le sol avec le bout de son ombrelle. Quand il fut près d'elle, elle leva ses yeux vers lui et sur un ton grave, mais naturel et sans reproche :

— Vous savez, lui dit-elle très doucement, que vous m'avez fait perdre ma place?

Il la regarda sans comprendre. Elle ajouta avec le même accent de simplicité :

— Mme la comtesse sait tout.

Le ciel se fût écroulé sur sa tête avec son monde d'astres et le poids effroyable de ses nuées, qu'André n'eût pas ressenti une pareille secousse, ne se serait pas perdu dans un tel chaos d'ombres et d'éblouissements. Il restait là comme hébété, ne pouvant croire, espérant qu'il était le jouet d'un rêve. Et Mlle Clarisse, presque troublée elle-même de l'état où elle le voyait, reprit cependant et sans pitié :

— Mme la comtesse sait tout. Elle a trouvé une lettre.

— Malheureuse ! Et que pouviez-vous m'écrire?
— Ce que vous savez bien : que je vous aimais.
— Et encore ?...
— Que je n'oublierais jamais le bonheur que nous avons eu ensemble.

André passa vivement ses mains à son front comme pour le contenir et empêcher qu'il n'éclatât. Une de ces visions rapides qui nous montrent l'avenir aussi bien que le passé, fit tourbillonner devant lui, comme des feuilles mortes au vent d'hiver, toutes ses espérances brisées, toutes ses joies abolies, tous ses bonheurs perdus, toutes les floraisons de son âme dispersées dans l'orage, deux cœurs brisés dans le sien et l'image de Marthe lui disant un éternel adieu. Et, dans cette tempête où tout s'anéantissait autour de lui et en lui, peu s'en fallut que sa raison même ne s'envolât, débris parmi tous ces débris, ruine parmi toutes ces ruines.

— Que comptez-vous faire pour moi ? continua l'institutrice sur le même ton calme, ayant rompu avec les dernières commisérations, savourant sa vengeance.

Il lui répondit :

— Tout ce que vous voudrez !... Mais partez ! partez ! ou je vous tue !

Et il avait les poings levés et d'effroyables colères lui grimaçaient aux mâchoires, tandis que des étincelles lui passaient aux yeux. Elle eut peur et fut bien près de se jeter à ses pieds et de lui dire :

— Eh bien, oui, tue-moi ! Car c'est moi qui t'ai fait tout ce mal et je te l'ai fait parce que je t'aimais. Ou plutôt pardonne et laisse-moi vivre, vivre auprès de toi, qui n'as plus rien à attendre de l'autre !

Mais cette tentation ne mit qu'un attendrissement rapide dans ses yeux. Elle se leva en lui jetant un dernier regard de rancune :

—Adieu ! dit-elle, vous savez ce que vous avez à faire. »

Et d'un pas précipité, saccadé, nerveux, son ombrelle rabattue sur ses épaules, elle disparut

entre les arbres, avec des sanglots dans la poitrine.
Car en venant, elle espérait encore, elle se sentait
au cœur des besoins d'indulgence et de pardon ; et
maintenant elle sentait bien que tout était fini, fini
sans amour, sans noblesse, hideusement tombé
dans une question d'argent, comme une perle dans
la boue.

Lui-même s'était laissé choir sur le siège
qu'elle venait de quitter et, le front entre ses mains,
il pleurait ; il pleurait des larmes bien autrement
amères, des larmes brûlantes où il sentait s'en aller
tout le sang de son cœur. Marthe savait tout !
Marthe se savait trahie ! Marthe ne daignerait
même pas le frapper de sa haine ; elle l'écraserait
de son mépris ! Ainsi la seule femme qu'il eût
aimée au monde, celle qui lui était un idéal vivant,
son rêve fait chair, la gloire de son esprit réalisée
dans ses yeux, la femme unique et uniquement
adorée, celle qu'avait faite pour lui la pitié du même
Dieu qui l'avait fait pour elle, Marthe dont, tout à
l'heure encore, un baiser sur la lèvre avait fait
monter toute son âme à sa bouche, Marthe qui, le
revoyant après trois ans, était venue à lui comme au
Messie longtemps attendu, Marthe était perdue pour
lui, peut-être pour jamais !

Et perdu pour jamais aussi le trésor de délices
amoureuses dont seule elle avait la clef, le Sésame
que, seule, elle savait ouvrir, l'enchantement inouï
que mettaient autour d'elle l'odeur exquise de ses
cheveux, le parfum plus doux encore de sa bouche,
l'arome fleuri de son corps en fleur, sa beauté par-

faite et sa voix qui en était comme la chanson ! Perdu ce beau poëme d'amour aux lyrismes poursuivis dans les tiédeurs des lits où se recueillent les caresses, dans la fraîcheur des gazons où les baisers gazouillent sous les feuillages, à travers les jours enfermés dans le mystère mouvant des rideaux et les nuits où, par le coin d'une fenêtre, les étoiles jetaient dans l'air leur semaille d'or, par toutes les allées du parc, par tous les chemins du voisinage, dans les promenades à deux où les bras se serraient jusqu'au haut de l'épaule ! Perdu le Paradis que lui avait ouvert la fatalité injustement maudite, la fatalité, qui le reprenait vaincu après l'avoir fait triomphant.

Et l'écroulement de toutes ces choses se faisait lentement dans sa tête comme si chacune eût entraîné un lambeau sanglant de son cerveau. Et ses idées émergeaient, flottantes, sur cet océan de ruines, s'y engloutissant tour à tour dans un surcroît de désespoir.

Il demeura assis longtemps, puis se leva comme pris d'une résolution soudaine. Quoi que Marthe pût lui dire, lui crachât-elle au visage, rien ne pourrait dépasser la torture qu'il souffrait en ce moment. Il voulait la revoir tout de suite. Ah ! si elle avait la bonne idée de lui plonger un couteau dans la poitrine ! Il voulait la revoir, lui demander un pardon qu'elle lui refuserait, qu'il ne méritait pas, mais la revoir, la revoir ! Tout valait mieux que cette solitude et des malédictions valaient mieux que ce silence de mort.

Il prit donc le chemin du château comme un fou, avec une indicible plaie au cœur, mais une résolution impitoyable dans l'esprit. Il fut droit au salon où elle était ordinairement à cette heure. Mais il ne l'y trouva pas. En revanche, le comte y descendit, son travail de bénédictin étant fini plus tôt que de coutume. Ce fut une torture terrible à André que la conversation indifférente qu'il dut soutenir. Claire avait également fait part à M. de Prades de ses bonnes intentions. Comme le château serait bientôt égayé par le jeune ménage !

Impitoyablement et sans s'en douter, le bourreau promenait, sous les yeux de sa victime, des horizons d'or et de rose comme le couchant où descendait le soleil, dans la limpidité du ciel.

Marthe s'en vint de sa chambre pour dîner seulement. Mlle Clarisse fit dire qu'elle était souffrante et qu'elle ne descendrait pas de la sienne.

Durant le repas qui lui parut occuper un siècle, André, à bout de forces, interrogeait anxieusement le regard de la comtesse, mais celui-ci fuyait obstinément le sien. Un peu plus pâle que de coutume, mais à peine cependant, la comtesse ne laissait rien voir de ce qui se passait de furieux et de douloureux en elle. Jamais ce sphinx n'avait été plus impénétrable dans sa fausse tranquillité. On eût dit que les étoiles s'étaient éteintes au fond de ses prunelles, de peur que leur transparence éclairée n'en trahît le secret. Elle souriait comme de coutume, de ce sourire sans gaieté, un peu hautain même, qui donnait un charme orgueilleux à sa physionomie, et jamais elle n'avait peut-être été plus belle, j'entends mieux dans le caractère mystérieux de sa beauté, comme si elle eût été enveloppée tout entière dans la nuit de ses cheveux aux sombres reflets d'azur.

Et la soirée commença comme toutes les autres, sans que rien transpirât de l'angoisse où vivaient les deux amants, en conversations banales, en propos indifférents, tristement, parce que Claire boudait, sa sœur lui ayant défendu d'aller, comme elle le voulait, donner ses soins à Mme Clarisse; et parce que M. de Prades avait dépensé déjà le bien petit pécule de gaieté qui était au fond de sa nature grave et méditative.

Comme celui-ci était monté quérir, dans son cabinet de travail, un document merveilleux qu'il voulait montrer à André, Marthe pria Claire d'aller lui chercher quelque rien dans sa chambre, et, se trouvant seule avec André tremblant :

— Lâche ! lui dit-elle avec un accent qui était comme un bruit de morsure.

Il bégaya :

— Pardonnez-moi !... je partirai.

— Non ! tu resteras, fit-elle. Tu resteras pour souffrir ce que tu m'as fait souffrir !

Et comme il avait l'air de ne pas comprendre :

— Le premier venu, ajouta-t-elle, me sera bon pour cela !

Et elle redevint impassible, le laissant atterré, parce que le comte rentrait. Il avait un dossier sous le bras et une lettre à la main.

— Bonne nouvelle ! fit-il, M. Robert Maurienne,

votre cousin, mon cher André, arrive demain.

— Quel bonheur ! fit Claire, qui revenait aussi avec un travail de broderie dans la main.

Et M. de Prades, ayant développé son manuscrit devant André, lui en expliqua les beautés dans une langue qui lui sembla être choisie. Mme de Prades remonta chez elle, en le saluant de la tête seulement, mais avec un sourire sur la bouche.

XVII

M. Robert Maurienne arrivait, en effet, le lendemain matin, et le moment est venu de présenter ce nouveau personnage qui entre un peu tard dans cette aventure, mais pour y faire peut-être tout autre chose que ce qu'il comptait lui-même.

Le cousin d'André avait trente-deux ans et était substitut, un très joli substitut à favoris bien peignés encadrant un de ces visages roses de jeune magistrat qui semblent si peu faits pour perpétuer l'image de l'austère Thémis. On ne portait pas avec une dignité plus parfaite la cravate blanche; on eût constaté le même idéal professionnel dans la coupe correcte des vêtements foncés et dans le mouvement onctueux des bras où se retrouvait l'avocat ayant défendu des têtes avant d'en demander. Jolis yeux d'un gris clair sous des sourcils destinés à s'embroussailler en grisonnant, caractère auquel on peut reconnaître ceux qui ont la vocation de la basoche. La bouche était grande, mince de lèvres, avec cette inflexion circonflexe et un peu oblique que donne l'usage d'une parole abondante. Le menton toujours soigneusement rasé, était moucheté d'une agréable fossette qui passait de côté, comme s'infléchit dans le ciel un vol d'oiseau, quand la bouche faisait la petite grimace que j'ai dite plus haut. La fraîcheur de son teint était très remarquée des dames, comme aussi la petitesse potelée de sa main aux doigts cependant légèrement infléchis en cercle, des doigts où il y avait du prélat et de l'usurier. Confortablement rondelet avec cela, mais sans menace d'obésité cependant, il était la coqueluche des femmes du meilleur monde et il passait pour ne trouver l'adultère blâmable que chez autrui.

Un moral fort bien coulé dans le physique de ce moule et s'y adaptant à ravir, sans bavures au dehors et sans bulles au dedans, comme un bon métal qui a bien pris la forme qu'on lui a imposée. C'était un de ces braves garçons qui ont l'amour de la justice dans tout ce qui ne les gêne pas, tout disposés d'ailleurs à faire pendre qui que ce soit, dans l'intérêt de leur avancement. De conscience, il en avait à revendre quand il s'agissait d'en appliquer les arrêts au prochain; mais il devait à cette exagération de principes de n'en avoir conservé que fort peu pour lui-même. Était-il donc égoïste? Comme un Dieu ! Et les Dieux l'ont été suffisamment, je crois, en nous jetant sur ce globe uniquement pour les faire rire. Car vous ne doutez pas, je l'espère, que nous ne soyons simplement les comédiens d'un théâtre dont les spectateurs sont assis dans le firmament, s'esclaffant à nos sottises, comme on a coutume de s'amuser des pitres. Je vous défie bien d'expliquer autrement le secret des destinées humaines et le misérable instinct d'histrion qui est au fond de chacun de nous. Au vaudeville succède souvent la tragédie, et les étoiles ne sont vraisemblablement que les larmes arrachées aux yeux d'or de quelques immortelles sentimentales, par le spectacle des maux dont nous distrayons la paresse de ces olympiens.

Oui certes, ce Robert était égoïste. Mais aussi ce qu'il était aimé des femmes! Par une logique instinctive, étonnante, régulièrement observée, les femmes supposent que les gens qui s'aiment beaucoup eux-mêmes ont d'excellentes raisons pour cela, et elles se mettent aussi à les adorer, par simple esprit d'imitation, par le goût inné de la singerie qui est en elles.

Il est rare que les grands dévouements inspirent autour d'eux des dévouements pareils. L'abnégation et le sacrifice s'en vont presque toujours aux indignes et c'est pour cela que nous ne devrions pas nous étonner qu'il y ait tant d'ingrats. Quand j'aurai ajouté que Robert Maurienne valsait à trois temps, qu'il barytonnait agréablement en s'accompagnant lui-même sur le piano, qu'il barbouillait au besoin une aquarelle sur un éventail et y posait des petits vers sentimentaux ou épicuriens, qu'il était adroit à la chasse, doué d'un bon appétit, connaisseur en bons vins, j'en aurai fait le portrait qui justifie tous les caprices dont il avait été l'objet. Mais son grand prestige était dans la façon éloquente et convaincue dont il défendait la morale au prétoire et flétrissait le crime. On le venait entendre, de tous les salons, quand il donnait de la voix et envoyait les malingreux aux galères. Ah ! c'est qu'il ne leur mâchait pas leur fait, quand il les voyait bien tenus entre deux bons gendarmes! Il allait jusqu'à les provoquer des poings et à leur tendre ensuite son thorax, sachant qu'ils n'en abuseraient pas et qu'il avait mieux que son éloquence pour braver les ripostes.

Il avait, pour ami, un Parisien échoué en province, un aimable homme qui avait mangé une belle fortune et en avait recueilli les miettes pour n'avoir rien à demander à personne, un doux philosophe, très fin observateur, qui ne s'était guère lié avec lui que pour savourer les égoïsmes de sa nature, en développer les travers aimables et étudier l'être humain civilisé, sur cette *anima vilis* toute en surface, avec des dessous comiques dont il se divertissait malicieusement. Et très inconsciemment, avec délices, Robert Maurienne se prêtait à cette expérience quotidienne, se montrant à nu, confiant à l'excès, ne comprenant aucune des ironies dont la conversation de son interlocuteur était pleine, posant, en un mot, son personnage avec une excellente bonne volonté. Parfois Marcel Gautier, — ainsi se nommait cet exilé, — allait jusqu'à encourager Robert dans l'expansion de sa personnalité, pour voir un peu jusqu'où il irait. Robert donnait merveilleusement dans le piège, ne pouvait pas se passer de Marcel et pensait aussi que Marcel ne pouvait pas se passer de lui.

— Tu seras témoin de mon mariage, lui avait-il dit en le quittant.

Et Marcel lui avait serré la main en se promettant un spectacle délicat de cet égoïste faisant sa cour. Un amoureux de cette trempe, ayant à exprimer, par simple politesse, le sentiment dont les abnégations suprêmes sont la loi, est, en effet, toujours amusant.

L'entrée de Robert Maurienne au château se fit avec une certaine solennité. M. de Prades avait mis au grand jour toutes ses coquetteries archéologiques et il se promettait d'en intéresser le nouveau venu. Claire avait revêtu une toilette charmante et, pour la première fois, sa sœur l'avait plaisantée sur son goût pour la toilette, elle dont le plus grand plaisir était ordinairement de la parer elle-même. Assez indifférente, au contraire, en général, à sa propre mise, Mme de Prades avait réuni sur elle toutes les élégances du meilleur goût. Elle était merveilleuse de beauté dans une longue robe blanche, une façon de mousseline qui se drapait et d'où son cou, aux lignes sculpturales, émergeait, comme des candeurs de leurs plis, les nobles cous des statues antiques. Elle avait relevé au-dessus de sa nuque, en masse lourde et traversée de lumières bleues, sa belle chevelure qui la coiffait à la Minerve, accentuant de ses ombres morbides la plasticité souveraine de ses traits.

Et vraiment semblait-elle ainsi l'Irrésistible fait

femme, et André à qui elle n'avait pas parlé depuis la veille, ou n'avait tenu, du moins, que d'insignifiants propos, fut terrifié en la voyant descendre ainsi, dans cette splendeur voulue, au-devant de l'étranger en qui lui apparaissaient déjà les menaces de l'avenir.

Et pourtant il ne pouvait croire que Marthe tînt sa terrible promesse, que tout pardon fût impossible pour lui. Abdiquerait-elle donc cette superbe fierté d'elle-même qui était une des vraies grandeurs de son caractère? Déchoirait-elle volontairement? — Car entre la femme qui n'a eu qu'un amant et celle qui en a eu plusieurs l'abîme est immense, celui qui sépare l'honnêteté de tout ce qui ne mérite plus ce nom. Marthe de Prades descendrait-elle à cette honte de se laisser aimer sans amour?

Car il sentait bien, au dedans de lui-même, qu'elle n'en aimerait jamais un autre que lui. Enfin, n'aurait-elle pas pitié de sa douleur effroyable, à lui, et le bourreau lui-même ne reculerait-il pas devant ce supplice ?

S'il l'avait bien regardée, cependant, cette femme d'où dépendait sa vie, il n'eût trouvé dans ses yeux qu'inexorabilité et vengeance recueillie. Cette nature orgueilleuse et aimante ne pouvait porter en elle l'oubli de l'affront. Tout y protestait contre ces complaisances de l'âme, lesquelles ne sont, après tout, qu'un abaissement de la passion. Les divines lâchetés et les miséricordes n'étaient pas faites pour cette créature noblement sensuelle, impitoyablement logique dans les choses augustes de la passion.

Comme toujours, quand il se présentait quelque part, le magistrat se montra surtout content de l'effet qu'il crut faire. L'immense satisfaction qu'il avait de lui-même lui paraissait répandue sur tous les visages. Il se souriait dans les sourires qui lui faisaient accueil. Le soir même, il écrivait à son ami Marcel Gautier :

« ... J'aurai une belle-sœur vraiment admirable et j'aurai grand mérite à ne pas devenir mon propre beau-frère. D'autant que la noble dame ne paraît pas autrement éprise de son mari et me semble une de ces incomprises que j'ai si longtemps excellé à consoler. Heureux Robert, si tu n'avais pas, par profession, la morale à défendre ! Me vois-tu, moi, l'austère substitut, apportant une façon d'inceste dans ma propre maison ? Compte sur ma vertu, bien que l'épreuve promette d'être rude !

« Quant à la jeune fille qui deviendra Mme Robert Maurienne, c'est une petite pensionnaire insignifiante que j'aurai à déniaiser considérablement. Elle paraît folle de moi, mais je sais ce que ce genre de conquêtes a de peu flatteur pour l'amour-propre. Quelle est donc la fillette ayant envie de se marier qui ne soit ainsi éperdue de son futur ?...

— Je crois que je m'amuserai certainement à cette noce, pensa le philosophe Gautier.

Les deux femmes firent donc de grands frais, un véritable assaut d'œillades encourageantes, de sourires bienveillants à l'endroit de l'arrivant qui buvait ces hommages de la jeunesse et de la beauté, en gourmet ayant l'habitude de ces vins généreux. Il fut merveilleux d'entrain et d'appétit à table, faisant le joli cœur à son tour, madrigaleux comme pas un, fouettant toutes les crèmes de son esprit qui n'était guère fait d'autre chose, parlant de tout avec autorité et donnant même à M. de Prades, complètement ébloui, des aperçus historiques nouveaux sur le passé de son propre château. Ces éruditions de pacotille en imposent, en effet, quelquefois, aux vrais savants. Le comte se sentait presque humilié du peu qu'il savait, lui-même, de ce qu'il avait tant étudié.

Force avait été à André de faire un bon accueil à son cousin dont il avait parlé, le premier, dans la maison. Bien que peu observateur, comme tous les bavards qui n'ont guère le temps de regarder autour d'eux, Robert avait néanmoins senti la contrainte qui était au fond de cette apparente cordialité. Comme il ne tirait jamais des faits qu'une conclusion flatteuse pour lui-même, il se dit qu'André était jaloux du bon effet qu'il produisait, lui, Robert, et qu'il serait dorénavant le seul Maurienne avec qui l'on eût à compter. André regrettait peut-être au fond de n'avoir pas demandé pour lui-même la main de Claire. Mais quelle prudence de sa part! La probabilité qu'une jeune fille voulût épouser un garçon sans position actuellement, quand elle pouvait entrer dans la magistrature! Et puis André était déjà vieux. Il ferait une sottise en se mariant et serait certainement trompé par sa femme. Enfin ces marins, qui ont très peu vécu à terre, n'entendent rien à la façon dont on conquiert les cœurs!

Ainsi pensait Robert Maurienne en cherchant une cause honorable, pour lui-même, à l'état de nervosité douloureuse très visible chez son cousin et dans lequel sa venue entrait certainement pour quelque chose.

Mlle Clarisse était partie avant l'arrivée du futur de Claire. Celle-ci avait ignoré, bien entendu, le véritable motif du départ de son institutrice. On avait parlé vaguement d'affaires de famille forçant Mlle Lauwers à s'éloigner. André avait fait son devoir de galant homme vis-à-vis de la femme qu'il avait compromise. Matériellement, Mlle Clarisse n'aurait pas à souffrir de son changement de position. Paris est plein de demoiselles ainsi rentées par des innocents de province qui se flattent de leur avoir fait quelque tort. Celle-ci avait bien cherché à acquitter, dans la monnaie usitée en pareil cas, la dette de reconnaissance mensuelle qu'elle avait contractée. Mais André n'avait même pas voulu la revoir et les choses s'étaient réglées dans une brève correspondance digne de la plume de notaires plutôt que d'amoureux.

Dans le premier moment de colère, Marthe avait menacé André de garder Clarisse à la maison. Elle avait renoncé à ce projet devant l'impossibilité de confier plus longtemps sa sœur à des mains qu'elle savait maintenant indignes. « Je vous demande

pardon de vous séparer d'elle, » avait-elle dit cruellement à son amant. Et comme le regard de celui-ci lui demandait grâce, elle avait ajouté :
— Je regrette également de ne pouvoir vous engager à l'aller rejoindre. Mais vous savez qu'il est impossible que vous quittiez le château. Vous devez d'y rester à mon mari, qui se plaît en votre compagnie, et à moi sur qui vous attireriez des soupçons, en partant sans avoir aucune bonne raison à donner pour cela. Je vous préviens d'ailleurs que le jour où vous essayeriez de fuir, M. de Prades saurait tout.

Ainsi le torturait-elle dans les quelques mots qu'ils pouvaient échanger sans être entendus de personne.

Elle avait dit ces mots : « M. de Prades saura tout », avec un accent qui avait fait passer un frisson aux moelles d'André.

La journée du samedi — M. Robert Maurienne qui n'était pas un superstitieux était arrivé le vendredi — commença par une longue excursion en voiture. Claire tentait décidément la conquête de son futur et Marthe avait, plus que jamais, ces airs alanguis qui étaient les meilleures armes de sa beauté. M. de Prades était réellement gai, autant que le comportait sa nature, une gaieté de curé, laquelle recule devant tout. Robert Maurienne faisait la roue d'une façon vraiment divertissante, et André, que le comte avait emmené de force, par un de ces élans de tyrannie amicale qui peuvent compter parmi les plus grands supplices de la vie, faisait de son mieux pour ne révéler à personne les tortures de son cœur.

On était rentré, après un long déjeuner à une ferme voisine, et le substitut s'était aussitôt rué dans sa chambre pour y renouveler une toilette à laquelle il ne souffrait, par principe, aucun accroc. Le fer crépita doucement dans ses blonds favoris ; des parfums variés s'étagèrent de sa chevelure à sa bouche. Il inaugura enfin un costume neuf récemment arrivé de Paris et sur lequel il comptait pour donner à ces aimables provinciales une façon de coup du lapin. C'est donc dans une tenue presque prétentieuse à force de recherche, qu'il se manifesta en arrivant pour le dîner. Et ce qu'il avait l'air content de lui et sûr de son fait !

Eh bien, il avait tort ; au moins, si, comme je l'espère, c'était pour sa fiancée qu'il avait fait tous ces frais. Claire, qui avait été jusque-là absolument délicieuse pour lui, le reçut presque mal, rit à son nez pour les compliments qu'il lui fit, fut plusieurs fois agressive dans les mots qu'ils échangèrent ensemble à table, et finit, au dessert, par lui témoigner très clairement qu'elle le trouvait tout à fait ridicule.

M. de Prades n'en revenait pas de cette volte-face. Marthe regardait et écoutait avec un étonnement inquiet. Quant à l'objet de ces attaques inattendues, il faisait bonne contenance, ayant cru d'abord à une coquetterie de plus. Puis, quand les coups étaient devenus plus directs, il s'était pelotonné en lui-même comme un porc-épic, faisant gros dos à ce déluge de flèches, tout à fait troublé et secouant, de temps en temps, ses oreilles comme un chien qui sort de l'eau. Il reniflait, il se mouchait, perdait visiblement contenance, puis se remettait soudain en se disant que l'opinion de cette provinciale n'était pas pour inquiéter un homme tel que lui !

André observait sans comprendre. Tout lui était appréhension douloureuse maintenant. Il n'était pas de fait insignifiant en apparence, qui ne lui parût une menace. Son angoisse augmenta encore quand, le même manège ayant duré toute la soirée et Claire s'étant montrée maussade jusqu'à l'impertinence avec Robert Maurienne, il entendit, après le départ de celui-ci pour son appartement, debout qu'il était lui-même sur le perron, le colloque suivant entre le comte et sa femme, demeurés un instant encore au salon.

— Je crois, avait dit M. de Prades, qu'il est inutile de retenir ce monsieur ici plus longtemps. Claire vient de me dire qu'elle n'en voulait pas.

— Ce n'est pas mon avis, avait répondu Marthe. Ce serait d'ailleurs désobligeant pour son cousin qui nous l'a présenté. Et puis je tiens absolument à ce qu'il reste quelque temps ici.

Elle ajouta avec une câlinerie infinie dans la voix :

— Laissez-moi faire, monsieur. J'ai mon idée et je veux que M. Robert Maurienne soit des nôtres longtemps encore.

— Espérez-vous donc que Claire changera à son égard ?

—Qui sait! Les jeunes filles sont si capricieuses!
Elle l'avait d'abord trouvé charmant!
— Au fait! c'est vrai, que votre volonté soit faite, madame la comtesse!

Et André avait entendu le baiser pris par M. de Prades sur la main de sa femme.

Il se sentait plus malheureux que jamais.

XVIII

Qu'est-ce qui avait produit ce revirement subit dans les dispositions de Mlle de Lys à l'endroit d'un fiancé si impatiemment attendu? Vous l'avez deviné, sans doute, et cette date du samedi vous fait prévoir l'arrivée d'une missive de Claude, laquelle avait bouleversé tous les projets matrimoniaux. Claude avait écrit, en effet, une très longue lettre, la suite de ce journal où était retracée sa vie de chaque jour dans l'exil. Le premier mouvement de Claire avait été de rendre ce factum au drôle qui le lui apportait, en le chargeant de le renvoyer à son auteur avec les signes du plus profond mépris. Si furieuse qu'elle fût encore, elle n'eut pas ce courage. Elle n'eut d'ailleurs rien à regretter de sa lâcheté; car une grande sérénité dans l'âme lui revint à la lecture de ces feuillets sincères et imprégnés d'une si vive et si contagieuse tendresse, qu'il ne lui était plus permis de douter.

Le début seul avait suffi à dissiper ces nuées de colère estompant, sur le blanc du papier, les premières lignes que l'émotion de sa main faisait trembler. On eût dit que Claude répondait au reproche deviné qui s'élevait contre lui, en elle. Jamais défense d'un accusé n'avait plus habilement commencé; et notez que cette défense ne laissait plus aucune place au réquisitoire à venir : l'épître de Claude débutait ainsi :

« Que vous ai-je fait, ma bien-aimée Claire, pour que cette longue semaine se soit passée sans que je reçoive aucune nouvelle de vous ? Ou plutôt qu'ai-je pu vous faire ? Rien ! alors c'est que plus je suis plein de votre souvenir, plus vous êtes, vous, pleine d'oubli. Ce me serait une peine horrible de croire cela. N'avons-nous donc entre nous deux qu'une somme de tendresse, que mon cœur ne puisse s'enrichir sans que le vôtre s'appauvrisse en même temps ? Alors l'amour ne serait pas quelque chose d'infini, comme je me l'imagine. Mais ce ne serait plus l'amour !

« Tous mes jours se passent, cependant, résignés et fidèles, à penser à vous sans cesse... Oui, mes jours, un seul excepté, cependant, où je me suis distrait de mon travail et de votre mémoire... Vous allez voir si je suis bêtement superstitieux ! Vous n'en saviez rien et il me semble que c'est pour cela que vous m'en voulez. Je ne sais pourquoi je vous le dis... Parce que j'aime à tout vous dire et qu'il me paraît que je ferais mal en vous cachant quelque chose.

« Ce sont les amis qui sont cause de tout. J'avais eu, le matin, un acte reçu à correction à l'Odéon.

J'ai appris qu'il y en avait cinq mille comme cela dans les cartons du théâtre, mais je ne l'ai appris qu'après, sans quoi je n'aurais pas été si joyeux. Bistouille, qui est un garçon très rangé cependant, parce qu'il veut arriver à son Prix de Rome, m'a dit que je ne pouvais faire autrement que d'arroser la réception de ma pièce. Nous avons fait les choses comme si nous n'avions rien à craindre des corrections. Je vais vous faire horreur, Claire, mais j'aurais des remords si je ne me confessais pas jusqu'au bout. Il paraît que je me suis abominablement grisé. Je n'ai rien su de ce que j'avais fait. J'ai pensé depuis : Si elle m'avait vu dans cet état ! J'ai eu mal à la tête jusqu'au lendemain matin. J'avais rêvé toute la nuit, mais des rêves obscurs, incohérents, pas ceux où je vous vois souvent dans une lumière d'étoiles. Et cependant, si ! Je vous voyais encore. Vous vous promeniez dans de grandes allées d'arbres avec votre sœur; mais un obstacle invincible m'empêchait d'aller à vous. C'était même plus distinct qu'à l'ordinaire, une vision comme on en a d'une personne qu'on a rencontrée dans la rue et qu'on n'a pas reconnue tout de suite. Cela a dû vous arriver comme à moi.

« Ah ! comme je l'ai maudite, cette journée de paresse ! J'en ai dit le lendemain à Bistouille ! D'autant plus que je me suis ruiné et qu'il a fallu le lendemain vendre une gravure au père Hilaire, qui devient de plus en plus dur à mesure qu'il devient de plus en plus vieux. Je voudrais les ménager; car, lorsque je n'en aurai plus, je serai obligé d'emprunter, à ce vieux misérable, sur ma pièce, comme beaucoup d'auteurs l'ont déjà fait, m'a-t-on dit, avec lui. J'ai bien essayé de lui offrir en caution mon acte à l'Odéon, au lieu de l'image que j'aurais voulu conserver ! Mais quand il a su que c'était à corrections, il m'a ri au nez, de son vilain air d'usurier !

« Je ne vous ai plus rien caché maintenant, ma Claire bien-aimée, des sottises que j'ai faites. J'ose donc vous en demander le pardon. Je me suis si bien remis à l'ouvrage ensuite... et toujours en pensant à vous, au bonheur que je veux nous faire à tous deux !... »

Claude était déjà pardonné dans le cœur de Claire, après ces lignes si franches et d'une expansion affectueuse si vraie. Citons encore quelques passages de la lettre, au caprice de la lecture qu'en faisait celle à qui elle était destinée, et dont l'intérêt s'appesantissait plus sur certains paragraphes que sur les autres.

«... J'ai les meilleures raisons de croire que les affaires de mon *Anneau de Gygès* vont bien. J'ai lu ma pièce, hier, à un directeur qui a une grande réputation pour mettre les ouvrages en scène, le fameux Cascarini. Il m'a écouté avec infiniment d'attention, recommandé que je lui étais par le poëte dont je vous ai déjà parlé. Il m'a dit après textuellement :
« Il y a plusieurs *clous* (c'est un de leurs mots)
« dans votre ouvrage. Le malheur est qu'ils ont des
« points de ressemblance marquée avec les choses

« sur lesquelles je compte le plus dans celui que je
« monte actuellement. C'est tout à fait fâcheux. Lais-
« sez-nous votre manuscrit tout de même. Je relirai,
« je verrai, je vous rendrai une réponse d'ici un
« mois. » Vous pensez, Claire, si j'ai accepté avec
enthousiasme ! Quand j'ai rendu compte de mon
entrevue et de son résultat à Bistouille, il m'a dit
que j'étais un naïf et un imbécile. Il prétend que ce
directeur sans délicatesse se servira de mes idées
pour améliorer la pièce qu'il monte, et que c'est
pour cela qu'il m'a prévenu qu'elle ressemblerait à
la mienne. Il paraît que ça se fait beaucoup. Mais
je ne peux croire à un tel oubli de toute conscience.
Bistouille voit tout en mal. Il est aigri parce que l'an
dernier, à un premier concours, un camarade a
tracé son esquisse d'après les confidences que Bistouille lui avait faites, à propos de la sienne. Et
c'est l'autre, bien entendu, qui a eu le prix. Mais
ces choses-là ne doivent pas arriver souvent. Ce
Cascarini, bien qu'il ait fait plusieurs fois faillite,
passe pour un très honnête homme parmi ses con-
frères. Et Dieu sait si on est porté, à Paris, à l'indulgence pour les gens de même profession que
soit !...

« ... J'en avais vu bien d'autres, d'ailleurs, avant
celui-ci, mais ceux-là n'avaient même pas pris la
peine de m'écouter. Au premier mot que je leur
avais dit, ils m'avaient répondu : « Ça n'est pas du
« théâtre ! » Il paraît que c'est la formule. Les simples secrétaires de théâtre s'en servent aussi ! Je
n'ai pas osé répondre à leurs patrons ; mais, à eux

qui sont de plus minces personnages, — quelque haute idée qu'ils aient de leurs fonctions, — j'ai répliqué que tout ce qui se représentait devant des spectateurs, sur une scène, après le lever d'un rideau, avec des personnages agissant et causant, costumés et remplissant des rôles, me semblait être par essence et par définition, du théâtre. Je leur ai demandé alors comment ils l'appelleraient? Aucun d'eux n'a pu me répondre. Est-ce donc qu'il y ait dans l'art dramatique un moule dont on ne peut sortir ? Mais dans Shakespeare tout seul on en trouve trois ou quatre !

« Il y a d'ailleurs une variante à la formule. Les directeurs disent aussi quand ils ne veulent pas vous lire : « Il n'y a pas de pièce ! » Et avant eux, devant même que vous leur ayez parlé, messieurs leurs secrétaires vous ont dit : « Il n'y a pas « de pièce ! » Je racontai ça à Bistouille qui a quelquefois des idées drôles, bien que mélancolique à l'habitude, et qui m'a dit : « Tu aurais dû leur « répondre : — « A mon pantalon, non plus, il n'y « a pas de pièce et c'est ce qui en fait le prix... »
— Que de choses folles je vous conte ici, ma Claire bien-aimée !

«... Il y en a un qui m'a étonné plus que tous les autres. Il m'a dit : « Il n'y a plus d'auteurs drama« tiques maintenant. Il y a, c'est vrai, des messieurs « qui m'apportent quelquefois des ouvrages inté« ressants par la suite des événements, par la « beauté de la forme. Mais ça, des auteurs drama« tiques ! Allons donc ! je me cache dans la loge

« d'une ouvreuse pour ne pas les recevoir ! »

« C'est tout de même un drôle de monde. Qui croirait que les œuvres d'art sont le plus souvent jugées par de mauvais comédiens qui, n'ayant pas réussi sur les planches, se proposent d'exploiter leurs anciens camarades, pour se venger de ce qu'ils ont plus de talent qu'eux.

«... Que vous devez me trouver bavard en vous parlant de choses qui ne vous intéressent guère ! Mais je voudrais tout vous dire, Claire, comme je vous dirai tout quand nos deux existences n'en feront plus qu'une faite de confiance, de tendresse et d'abandon !

«... Comme tout doit être beau, autour de vous, dans ce cher paysage où nous nous sommes aimés, qui ne quitte plus mon souvenir, divin de sa splendeur, rajeuni du cher et beau rayonnement dont la grâce de votre personne l'enveloppe et l'éclaire ! Il y a trois semaines déjà, trois semaines mortelles que je n'ai revu Prades, en cette furtive visite qui m'a rendu tant de courage, puisque je vous y retrouvais telle de cœur que je vous avais quittée ! Trois semaines dans cette saison, c'est une métamorphose complète des bois et des jardins, la transformation des merveilles trop tôt disparues sous des merveilles nouvelles. Je suis sûr qu'il n'y a plus là-bas de jacinthes ni de violettes. Les lilas eux-mêmes ne sont plus, les lilas qui ne durent guère que quelques journées. Mais les roses doivent, de tous côtés, s'ouvrir dans les parterres comme des cœurs prêts à aimer, humides comme des yeux prêts à pleurer, embaumées comme vos lèvres.

« Les glaïeuls font-ils déjà grimper, le long de leurs tiges, leurs belles langues de pourpre? Les larges pivoines saignent-elles dans l'épaisseur des feuillages sombres? Et cette jolie plate-bande d'œillets, que vous aimez tant, n'est-elle pas déjà comme un long bouquet d'étoiles multicolores, comme celles par qui les feux d'artifice s'achèvent? Tout cela sera flétri et je ne serai pas encore revenu!

« C'est une tristesse bien grande qui me prend quand, les yeux à demi fermés, j'évoque toutes ces images aimées qui ne sont cependant qu'un fond, qu'un cadre à votre image debout devant moi, foulant les sables et les gazons où je voudrais ensuite poser mes lèvres. Je vous suis, fervent et muet, dans votre promenade accoutumée, et quand vous vous asseyez, seule, sur le banc qu'abrite le saule dont les feuilles extrêmes égratignent, éplorées, l'eau de l'étang, les larmes me viennent aux yeux. Que ne puis-je en baigner vos pieds, sans vous rien demander que de me souffrir, tremblant devant vous, comme un esclave!

«... C'est le premier printemps que je vois à Paris. Je pensais qu'à Paris il n'y avait pas de printemps. Je me trompais. Il n'y a peut-être pas d'endroit au monde où il y ait autant de fleurs. Je ne parle pas des fleurs symétriquement plantées dans les jardins publics et qui font chaque îlot de plantations, circulairement dessiné dans le sable, pareil à une salade où des capucines font une mosaïque. Ces fleurs-là font l'éblouissement du bourgeois à qui les allées d'une serre semblent le dernier mot de la végétation paradisiaque. Ces belles imaginations des jardiniers urbains ne me causent pas un grand enthousiasme. La nature si bien peignée n'est vraiment plus la nature.

« Les fleurs dont je parle, celles que j'aime, sont celles que des femmes et des enfants poussent devant eux, par charretées branlantes et odorantes, hécatombe de giroflées et d'anémones, champs de bataille où les grands lis eux-mêmes sont couchés. Celles-ci ne vivront pas longtemps, si avant qu'on plonge leur tige dans l'eau des cristaux et des faïences rares. Elles ont porté, de tous les coins d'où elles viennent, un peu de l'âme des campagnes, un peu du parfum des champs lointains. Ce n'est pas l'odeur seule de leurs pétales qu'on respire en elles, mais quelque chose de plus. Je les aime pour ceux dont elles donnent des nouvelles à des absents inconnus, et pour la mélancolie de leur destin pareil au mien, puisqu'elles aussi sont des exilées.

« Vous garderez, ma Claire bien-aimée, cette pensée que j'ai arrachée pour vous d'un de ces bouquets ambulants que les mendiants eux-mêmes promènent par les rues. C'est ridicule, n'est-ce pas, d'envoyer en Touraine des fleurs de Paris? Eh bien non! les fleurs de Paris disent quelque chose de plus que les autres. Elles parlent mieux de ceux qui souffrent et de ceux qui espèrent au loin. Que votre bouche effleure donc celle-ci! Elle y rencontrera tout ce que ma bouche a pu mettre de baisers dans sa corolle élargie par l'écrasement de l'enveloppe qui la contient, plate comme une coupe, et j'y ai bu votre souvenir !

« ... Il faut que je ferme cette trop longue lettre pour qu'elle parte avant cinq heures. Avant de ployer les feuillets où j'ai mis, pour vous, la meilleure de mes pensées, je regarde par ma fenêtre ouverte dans le sens où je m'imagine que mes regards rencontreraient Prades, si la portée en était infinie. Les hauts arbres du Luxembourg sont pleins d'oiseaux trémoussant leurs ailes dans la tiédeur du jour déclinant, le soleil semblant déjà l'incendie des toits derrière lesquels il descend et qui se dessinent, sur son or, en ombres violettes et bleues. Une grande clameur d'enfants annonce les derniers jeux de la récréation qui va finir. Derrière les grilles passent des femmes en toilettes légères qui, toutes ont des bouquets dans les mains. Leurs chevelures font des taches d'encre et de rouille sur cette page fleurie du grand-livre parisien, ouvert comme une bible au lutrin et devant laquelle tout chante. Celles-là sont-elles aimées comme vous ? Je ne peux le croire. On m'a dit qu'il y en avait de belles. Je ne m'en suis jamais aperçu. C'est en vous qu'est, pour mes yeux, la seule image de la beauté.

« Adieu ! Adieu ! Les au-revoir si lointains, que nous pourrions nous dire, sont de véritables adieux ! Ce n'est pas des mois, c'est des siècles qui nous séparent, si j'en crois l'impatience de mon cœur. Si j'avais un succès cependant avec *l'Anneau de Gygès !* Il y a des farces qu'on joue depuis trente ans et dont les auteurs doivent être prodigieusement riches. Il est vrai qu'elles sont stupides. Ah! ça me serait bien égal d'être bête, si cela suffisait à ma fortune et si vous consentiez à m'aimer tout de même! Quand me permettrez-vous de revenir, ne fût-ce que vous voir une minute, comme la dernière fois? Je vous aime, Claire, je vous aime chaque jour davantage. Je vous aime à en mourir! Adieu... »

Claire était tout émue en lisant cette longue lettre. Une larme coula de ses yeux sur la dernière ligne. Elle en retira la pensée qui s'y était collée, imprégnant la feuille de sucs jaunes et violets. Longuement elle baisa le petit cadavre raidi de la fleur et la porta dans son reliquaire d'amour, là où des petits morceaux de cire rouge étaient gardés comme de précieux souvenirs. Et puis elle rêva délicieusement, l'âme pleine de pardons et de pitiés pour le cher absent. Elle se jura de lui répondre plus tendrement qu'elle ne lui avait jamais écrit, avec des aveux qu'elle ne lui avait jamais faits, et la voix de la cloche du dîner la surprit dans cet affectueux projet et prononçant du bout des lèvres ces mots qui eussent fait le pauvre Claude si heureux!

Et voilà comment, quand elle se retrouva en face de son futur, ses dispositions à son endroit étaient ainsi complètement changées; comment celui-ci fut bien obligé de le constater sans le comprendre, et comment M. Robert Maurienne aurait vraisemblablement quitté le château de Prades le lendemain, si la comtesse n'eût insisté pour qu'il y restât.

XIX

Les impressions d'André entrèrent dans une phase nouvelle, la plus douloureuse assurément de celles que devait traverser une passion désormais sans espérance. Car il aimait Marthe plus que jamais; son amour furieux pour elle avait grandi de la hauteur de l'obstacle dont elle mettait, entre elle et lui, la honte et le désespoir. Si monstrueusement cruel que cela lui parût, il n'en était plus à douter que la comtesse fût résolue à se venger, comme elle le lui avait dit, en le forçant à la voir à un autre. Et cet autre était là. Il le sentait! Elle était impitoyable! Elle lui avait interdit la fuite! A la première révolte, elle était prête à tout dire au comte. En même temps que lui, elle frappait, par lui, mortellement, au cœur, celui à qui il devait la vie, l'ami longtemps outragé. Les choses en viendraient peut-être à ce point qu'il lui faudrait protéger leur amour, à son nouvel amant et à elle, pour épargner une douleur au seul innocent dans

dans tout ceci, au seul qui ne méritât pas de souffrir !

C'était vraiment un abîme qu'il sondait, quand il descendait dans ses pensées à la fois claires et obscures, éclatantes de logique et ténébreuses par leur horreur. Quel supplice avait trouvé cette femme et comme le Dante n'en avait pas rêvé de pareil dans son enfer ! Et comme Robert était l'homme bien choisi pour aider inconsciemment à cette torture, en ne gardant même pas les secrets de leur bonheur ! Robert allait le prendre certainement pour confident de ses joies. De quel droit le lui pouvait-il défendre ? Quelle raison alléguer pour se dérober à ces effroyables confessions !

Le calvaire qu'il lui allait falloir gravir se dessinait nettement devant lui ; un Golgotha lui montait lentement dans l'âme. Les stations douloureuses s'étageaient devant lui, comme dans les images dévotes, chacune marquant une aggravation du martyre, une défaillance nouvelle sous le poids déchirant et trop lourd de la croix. Il n'attendit pas longtemps la première épine qui devait lui faire saigner le front.

— Robert, avait-il dit à son cousin, ne penses-tu pas qu'étant donnée l'attitude de Mlle de Lys, il vaut mieux pour ta dignité et pour la mienne, puisque c'est moi qui t'ai présenté ici, que tu te retires sans insister davantage ?

Et Robert, avec un sourire de fatuité adorable, lui avait répondu :

— J'ai mes raisons pour rester.

— Lesquelles ? lui avait-il encore demandé avec angoisse.

— Tu as assez d'esprit pour les deviner ! avait répliqué joyeusement le facétieux magistrat.

Peu s'en fallut qu'André ne lui sautât à la gorge. Il eut un instant la pensée folle de lui crier : « Pars à l'instant, ou je te tue ! Et son poing se crispait sur une arme imaginaire ; son bras se tordait dans une furie de frapper; ses yeux voyaient rouge comme si une buée de sang y eût passé. Mais un tel éclat, c'était l'aveu de son propre amour. C'était Marthe déshonorée, Robert maître d'un secret qu'il ne saurait garder! Il se contint, ses ongles entrant dans sa chair, et en se déchirant si fort les lèvres avec les dents que sa bouche était pleine d'une écume fade et rose.

Et Robert, trop occupé de lui-même pour rien voir de ce qui se passait chez autrui, continua sur un ton toujours doucement hilare :

— Nous allons nous amuser énormément ici. Je viens d'écrire à mon ami Marcel Gautier, que cet excellent comte de Prades (quel homme prévenant, mon cher !) vient d'inviter, pour m'être agréable, à passer quelques jours ici. Ce ne sera pourtant pas pour être, comme je le lui avais promis, le témoin de notre mariage... Car, s'il y a mariage, comme je l'espère, il n'y aura pas besoin de témoins !

Et sur cette plaisanterie du meilleur goût, le maître sot fit une pirouette.

André avait des flots de sang au cœur. Il étouffait, et, quand son stupide interlocuteur eut disparu

22.

sur cette manifestation chorégraphique, il se laissa tomber sur un fauteuil, étranglé de sanglots et la tête entre les mains.

On n'en était encore évidemment qu'aux premières galanteries; mais les encouragements de Marthe étaient évidents. Maintenue par la présence du comte, sa coquetterie prenait un libre essor quand celui-ci n'était plus là, et on ne se gênait que fort peu devant André, au point que Robert était surpris du laisser-aller de la comtesse devant son cousin. Surpris, mais non fâché. Il ne lui déplaisait pas que son bonheur eût un témoin. Il n'avait même fait venir son fidèle Gautier que pour lui en servir. Comme dans la tragédie, il éprouvait le besoin d'un confident. Ainsi chez beaucoup, s'accuse la part considérable pour laquelle l'amour-propre entre dans l'amour. Et cependant l'amour-propre est la négation du véritable amour.

Quelle existence fit à André cet abandon affectueux auquel on se livrait en sa présence! Il ne perdit pas un serrement de main fugitif, pas un chuchotement à l'oreille, quand l'haleine passe doucement sur le cou, par un de ces rapprochements rapides qui serrent l'un contre l'autre ceux qui se cherchent... aucun de ces riens délicieux et ridicules par où se tâtent, se mesurent et s'éprouvent les tendresses partagées. Il est vrai, il n'avait jamais connu, avec Marthe, ces puérilités exquises. Ils s'étaient rués l'un à l'autre comme des bêtes assoiffées d'amour qui se désaltèrent du premier coup, à pleine source. Mais il avait vu de pareils manèges dans le monde et en connaissait l'invariable fin.

Chaque jour marqua un progrès dans cette cour si indulgemment accueillie, si visiblement encouragée. Vite on en arriva aux rencontres peu fortuites dans le parc, aux endroits les plus mystérieux et les mieux entourés d'ombre. Ce qu'il lui fallait d'empire sur lui-même pour ne les pas aller sur prendre! La peur du ridicule et de l'odieux le retenait seule. Et puis Marthe lui semblait capable de tout, même d'un éclat terrible, s'il contrariait sa volonté, même son caprice.

Il ne la reconnaissait plus, vraiment, cette fière comtesse de Prades, au sourire hautain même dans l'abandon, si noblement consciente de sa beauté souveraine qu'elle n'avait point à plaire, si impérieusement tendre et recueillie dans l'énigme vivante qu'elle était pour tous ; ne trahissant rien du secret profond de sa pensée, pareille à ces sources bien cachées dans les verdures, où le ciel lui-même ne descend pas! Quelle grimace humaine avait tout à coup passé sur cette face de sphinx, la dépouillant de son caractère troublant et sacré? Quelle femme s'était révélée dans cette admirable statue ? Marthe ressemblant à toutes les autres, sensible aux hommages, heureuse d'être courtisée par un galant banal! Quelle comédienne était-elle donc et n'avait-il pas été lui-même sa dupe en la croyant si fort au-dessus de tout cela! Ce n'était pas assez d'avoir perdu son bonheur. Il ne lui manquait plus que de douter qu'il eût été heureux !

Mais peut-être était-il temps d'arrêter les choses

sur cette pente. Il fallait, en tout cas, le tenter avant l'arrivée de l'ami que Robert avait annoncé. Pour rien au monde celui-ci n'eût consenti à un échec devant la galerie. Il ne fallait pas attendre que le spectateur fût arrivé. Le malheur est que Marthe évitait toute occasion de se trouver en face de lui. Il doutait d'elle au point de ne plus oser lui écrire. Un soir, cependant, après une après-midi plus pénible encore que les autres, il put lui parler sans être entendu, M. de Prades ayant emmené inopinément Robert pour lui montrer quelque vieillerie récemment découverte. D'une voix où toute son âme vibrait, sans oser tenter de lui toucher la main, il lui dit seulement :

— Marthe, au nom de Dieu, je vous demande grâce.

Elle sourit, sans lui répondre, avec un mépris qui le glaça.

— Ah! pour vous-même! ajouta-t-il avec un redoublement de supplication et d'angoisse. Vous savez bien ce qu'est une femme qui a eu plusieurs amants!

Très lentement et d'une voix sans émotion apparente, elle répliqua :

— Une fille? je le sais. Mais il me semble que vous aimez les filles. Croyez-vous donc que cette demoiselle fût une vertu?

— Par pitié...

Il n'en put dire davantage. Le comte et Robert rentraient dans le salon. Marthe, d'un mouvement indifférent, lui tourna le dos et alla au-devant des arrivants. Il comprit qu'il était perdu et qu'elle ne pardonnerait jamais.

Le lendemain, M. Marcel Gautier s'installait à son tour au château. Les deux amis, Robert et lui, causèrent longuement ensemble. André les voyait se promener bras dessus bras dessous, dans une allée. Marcel fouettait l'herbe des bordures du bout de sa canne. Certainement Robert lui contait où en étaient les choses, et l'autre souriait en lui donnant confiance. Comme l'avait dit Robert, on allait bien s'amuser!

André eut un mouvement de dégoût, un véritable haut-le-cœur.

— Eh bien! lui dit affectueusement Maurice de Prades, qui arrivait devant lui, il me semble, mon cher André, qu'on ne s'ennuie pas au château.

Et l'excellent gentilhomme confessa qu'il n'avait jamais été plus heureux que depuis qu'il s'était entouré d'amis. C'était le meilleur moyen de ne pas faire regretter à Mme de Prades cette existence de Paris qui tente volontiers toutes les femmes jeunes, élégantes et belles. On ne pouvait pas exiger qu'à son âge, et avec ses charmes naturels, la comtesse vécût comme une recluse. Elle y avait mis assez de patience, la chère femme, avant qu'il comprît qu'elle ne se pouvait pas intéresser beaucoup à ses propres recherches archéologiques et qu'être la femme d'un savant n'est pas distrayant tous les jours. Plus heureux que Mahomet, il avait pu faire venir à lui la montagne, celle où fleurissent la rose et la gaieté de bonne compagnie et dont un parfum de mondanité embaume les sommets. Les pères de l'Église eux-mêmes conseillaient une société choisie et montraient la solitude comme pleine de périls.

Et André l'écoutait, stupéfié par la sérénité de cet homme qui, en plein dix-neuvième siècle, vivait vraiment dans le passé, âme de bénédictin dans une redingote de chez Renard, type de foi naïve, de loyauté chevaleresque, de fidélité aux grands souvenirs, comme on n'en rencontre plus que bien rarement aujourd'hui. Et un tel homme était trompé pour qui? Pour Robert?

Mais lui était-il permis de s'indigner qu'un tel homme fût trompé?

Le nouvel arrivant fit, du premier coup, la conquête de tout le monde. André lui-même se sentit attiré vers ce garçon dont le scepticisme avait, sous sa forme enjouée, des amertumes où se sentaient des souffrances anciennes et des délicatesses. Marcel Gautier semblait également porté vers lui, devinant également, sans doute, qu'il y avait là une douleur sincère et digne de sympathie, méritée peut-être, mais qu'importe! En est-on moins malheureux pour l'être justement? Ce philosophe était, avant tout, de morale humaine. C'est-à-dire que la perfection lui eût fait une véritable horreur et que le peu qu'il aimait dans l'homme c'étaient justement ses faiblesses.

Ainsi ces deux hommes que rien ne semblait devoir rapprocher prirent immédiatement grand plaisir dans la société l'un de l'autre. Il ne serait pas exact de dire, d'avance, qu'il n'y eût entre eux aucun point commun, aucun trait d'union. Si, au contraire : leur égal mépris pour la nature artificielle, sans tourment de conscience, mesquinement bourgeoise de Robert Maurienne. Mais cela se sentait plutôt que cela ne se traduisait entre eux, André évitant absolument de parler de son cousin.

Et ce qu'il avait prévu arriva comme il l'avait prévu. Ce fut à un grand air de sottise triomphante, à peine estompé par des sous-entendus insuffisamment mystérieux, aux reliefs extraordinaires dont la victoire gonfle les imbéciles qu'André connut que Robert n'avait plus rien à souhaiter et que Mme de Prades avait poussé la vengeance jusqu'au bout. Elle-même lui apparut alors, pour la troisième fois transfigurée, n'ayant plus la gaieté excitante des derniers jours, un peu contrainte presque avec son nouvel amant, et avec je ne sais quoi de repu dans l'expression du visage qui n'était plus cependant l'expression toute sensuelle du désir satisfait, laquelle met tant de fierté lassée à la face des amoureuses.

Quelquefois un accès inattendu de belle humeur, mais très empreint de nervosité et bien vite disparu, en même temps que le sourire des lèvres. André baissait les yeux quand leurs regards se rencontraient. Il avait maintenant peur de lire dans les siens, dans ces yeux étranges pareils à deux gouttes d'une mer dont l'infini y tiendrait tout entier avec l'image du ciel et le fantôme des naufrages. Une ou deux fois cependant ils échangèrent comme un éclair d'épée, et André sentit une blessure nouvelle s'ouvrir dans son cœur. Le hasard fit que la main de Marcel Gautier se trouva alors tout près de la sienne; il la serra silencieusement.

Depuis que cette crise véritable de la vie passionnelle avait commencé pour lui, — c'est-à-dire depuis près d'un an où il avait plus vécu que dans toute son existence antérieure, — tout avait été douceur relative pour André Maurienne, auprès du supplice qu'il lui fallait endurer maintenant. Certes, il avait été jaloux déjà, quand, le premier éblouissement de bonheur passé, la possession lui était apparue compliquée d'un partage nécessaire. Mais, en conservant à son mari des droits qu'elle n'avait aucun moyen de lui retirer, Mme de Prades obéissait à un devoir et était légalement, pour ainsi parler, infidèle. La chose, en soi, n'en était pas moins douloureuse, mais elle s'imposait avec un caractère incontestable qui la dégageait de tout consentement volontaire.

Quelle différence avec cette rivalité nouvelle! C'était en vertu de son bon plaisir, avec l'unique droit de sa fantaisie que la comtesse s'était donnée à l'amant qui lui était préféré. Il avait été bien sûr qu'elle n'aimait pas son mari. Était-il sûr maintenant qu'elle n'allait pas aimer cet homme à qui le caprice de la vengeance l'avait livrée? Vengeance d'abord. Amour peut-être ensuite! En tous cas, celui-ci avait bien pris sa place, à lui, au lieu qu'il eût pris celle de l'époux.

Et la torture était rendue incessante, pour lui, de

tous les riens qui avaient été autrefois des bonheurs. Rien n'était un secret, en effet, pour lui, des ententes mystérieuses dont il avait autrefois lui-même profité. Quand Mme de Prades prononçait, devant son mari, des phrases autrefois souvent répétées, et dont autrefois seul alors il connaissait le vrai sens, il devinait le rendez-vous caché en elles. Toutes les habitudes d'amour de son ancienne maîtresse lui étaient connues. Il les voyait se développer, en faveur d'un autre, avec la régularité parfaite et la méthode qu'elle avait gardées, comme pour ne lui épargner, à lui-même, aucun supplice. Il savait pourquoi elle descendait, à telle heure, dans le jardin, quand le comte remontait auprès de ses livres. Ses migraines du soir qui la forçaient à monter de bonne heure, il en savait le mensonge et que Robert était là qui suivait, l'espoir au cœur, le fil de ces comédies dont il était le héros.

Ah! quand il la voyait, venant de le quitter à peine, passer sous le perron, son ombrelle rabattue sur le visage; délicieusement nonchalante, avec sa robe légère qui traînait sur le sable; une rose accrochée, par ses épines, à sa belle chevelure noire débordant de son chapeau, lui noyant d'ombre la nuque; avec des langueurs exquises dans toute sa personne; et quand il songeait que celui qui lui avait pris cette femme, l'attendait au bord de l'étang, sans doute, sous le grand saule dont les longues feuilles brûlées s'effilochaient en franges d'or, que leurs lèvres se mêleraient tout à l'heure et que, dans ses bras fermés, cet homme tiendrait ce corps souple et embaumé, cette gorge haletante et ces seins se raidissant, une sueur de colère lui mouillait le front ; il était près de bondir par la fenêtre et il souhaitait la mort, une mort qui les emporterait aussi tous les deux !

Durant une semaine, le comte souffrit de son ancienne blessure à la jambe. André pensa avec amertume que cet accident, qui lui avait valu des tranquillités coupables et des jouissances sans partage, comportait, par son retour, les mêmes avantages pour Robert, et que les deux amants en étaient heureux.

Ainsi se consumait-il en effroyables rêveries et les nuits étaient plus cruelles encore, pour lui, que les jours. Car il se rappelait des heures belles entre toutes, à la clarté des étoiles, dans le murmure des brises, quand la lampe s'était éteinte aux fenêtres de l'appartement du comte et que la comtesse avait pu s'échapper du sien. Et les nuits étaient plus admirables en cette saison d'été que toutes celles qu'il avait connues, plus mélancoliques et plus radieuses, tout ensemble, avec plus de parfums dans leur souffle et plus de musique dans leur silence. La nature se faisait plus douce à cet homme qu'à lui-même. Il avait mieux choisi son temps pour aimer !

Or, un matin qu'il était plus consterné que jamais, après une de ces douloureuses insomnies, il rencontra, dans le parc, Marcel Gautier, qui aimait le beau spectacle de l'aurore emplissant l'horizon de floraisons roses et égratignant les cimes obscures des arbres avec les premiers rayons du soleil. Celui-ci tenait à sa main un petit oiseau tombé des serres d'une buse et essayait de le ranimer :

— Avouez, lui dit-il, monsieur Maurienne, que les bêtes ne valent pas plus que les hommes. C'est ce qui doit nous consoler de faire partie de l'humanité.

Et, comme le petit oiseau, haletant, les ailes convulsives, exhalait son dernier souffle dans un dernier hoquet, laissant son bec grand ouvert, délicatement, il le posa dans la mousse, cueillit des fleurs sauvages tout autour et lui en fit une tombe, tout cela très simplement, avec une piété singulière et presque attendrie.

— Ne vous moquez pas de moi, dit-il encore à André. On fait, tous les jours, de belles funérailles à des saligauds qui ne valaient pas, devant Dieu, ce joli animal-là.

André n'avait aucune envie de rire. Il prit machinalement une cigarette que lui tendait le fossoyeur improvisé :

— Ne trouvez-vous pas, monsieur Maurienne, reprit encore celui-ci le premier, que nous ferions bien de quitter l'un et l'autre le château de Prades ? Car je me demande ce que nous y faisons.

Et comme André demeurait inexorablement silencieux :

— J'ai soif de Paris, continua Marcel, de Paris qui m'a cependant coûté bien cher ! Mais j'y trouve un avantage immense sur la vie de province et sur la vie à la campagne surtout. Les travers des autres ne sont supportables qu'à la condition d'être vus d'un peu loin. Cet effet d'éloignement se produit tout naturellement dans une grande ville où l'on n'est pas les uns sur les autres. On se voit à distance et comme par le gros bout d'une lorgnette, si l'on veut. Mais coudoyée de trop près, l'humanité est vraiment une chose trop laide. Les masses ne valent pas mieux que l'individu; mais elles ont quelque chose de plus majestueux dans le crime et dans la sottise. Leur grouillement continuel laisse dans le vague tous les misérables sentiments qui donnent à cette mer un fond de boue. Dans la vie étroite de la petite ville ou du château, les fanges sont distinctes, grain à grain de poussières mouillées, comme au microscope. Le dégoût s'y multiplie comme dans une chair qui se décompose. Il vaut mieux regarder tout cela de haut, du haut des toits qui, à Paris, sont plus élevés que partout ailleurs. Voulez-vous que nous y retournions ensemble?

— Je ne puis quitter Prades, répondit André sur un ton douloureux qui n'échappa pas à son interlocuteur.

— Eh bien! reprit gaiement celui-ci, j'y resterai quelque temps encore, pour vous mieux prouver que ma sympathie pour vous est aussi vive que sincère.

André lui tendit la main, et reçut le serrement de la sienne, le seul soulagement qui lui fût venu dans son horrible détresse.

XX

Il faisait, au Luxembourg, un temps vraiment adorable, ce jour-là. Quatre heures et une belle après-midi d'août, pas trop brûlante, parce que de petites nuées couraient sur le ciel, mêlées aux cerfs-volants dont les yeux anxieux des enfants suivaient le vol blanc et captif. Il y avait foule, une foule bourgeoise baignée de béatitude, autour du long bassin de la fontaine Médicis, dont l'eau coule sous des couronnes de lierre et fait trembler l'image du faune de bronze surprenant la nymphe de marbre dans la grotte empanachée de liserons. Et les grands arbres qui la bordent demeuraient droits, reflétés dans l'onde, comme les colonnes d'un temple dont les plafonds se perdraient dans l'azur. C'était un grand chuchotement de voix sur les chaises serrées les unes contre les autres, et, sur la terrasse qui domine la cour du jardin, une musique militaire arrivait par bouffées de cuivre, scandant lourdement une valse écrite pour la langueur aérienne de l'archet. Les pigeons passaient au-dessus des avenues avec de lourds battements d'ailes. Claude, qui avait travaillé tout le jour et qui entendait, de sa croisée, un murmure de tout cela, résolut de descendre pour goûter un peu de ce repos sonore dont la rêverie est bercée.

Il avait plus besoin que jamais d'un rassérènement de sa pensée. On avait donné, la veille au soir, la première représentation de la féerie en cours de répétition au moment où il avait présenté, au même théâtre, son *Anneau de Gygès*, et, avec stupeur, il y avait trouvé les plus ingénieuses des idées dont il persistait à se croire l'inventeur et qu'il avait semées dans son manuscrit. Le directeur l'avait bien prévenu de ces similitudes et de ces rencontres. Mais Claude ne commençait pas moins à soupçonner que comme l'avait si bien deviné Bistouille, on l'avait proprement dépouillé de son bien au profit d'un autre. Il en éprouvait une mauvaise humeur considérable, et un véritable levain de misanthropie se soulevait en lui.

Mais il n'était pas fait pour les longues amertumes. Dès le matin même, il avait cherché à remplacer, dans son œuvre, les trucs volés par des inventions nouvelles. Et maintenant le grand air ensoleillé allait achever de dissiper, dans son cerveau, ce mélancolique brouillard. Sous la lumière oblique qui caressait les masses profondes de verdure, creusant çà et là des trouées d'or vibrant où courait une impalpable poussière, il se trouva comme ragaillardi et volontiers se serait-il comparé aux moineaux, qui, le ventre dans le sable chaud, secouaient joyeusement leurs ailes. Et les images les plus riantes passaient devant ses yeux; le lourd palais, que la solennité d'un Sénat fait plus lourd encore, s'effaçait dans cette apothéose de clartés rouges et, à sa place, avec ses tourelles restaurées, fantômes de pierre des jours élégants de la Renaissance, le château de Prades s'élevait, et, sur le perron incendié de rayons, Mlle Claire de Lys, une fleur à la main, rêvait et lui apportait sans doute le prix mérité de sa longue constance. Et la jeune fille descendait les marches lentement, avec une grâce délicieusement alanguie, et un sourire très doux sur les lèvres. Et elle s'avançait encore, en contournant le bassin de granit où des flottes en miniature se balançaient au moindre souffle; elle était tout près de lui.

Il faillit pousser un cri, tant l'illusion prit d'intensité réelle, au moment où il se trouva face à face avec Mlle Clarisse dont il ignorait le départ du château.

L'institutrice, en effet, était venue là pour goûter un peu, elle aussi, de cette sérénité presque animale où nous mettent un air tiède, une musique lointaine, la rumeur des grands arbres dont l'innombrable feuillage fait palpiter des ombres sur le gazon, la caresse vague de ces paysages citadins où s'oublient, un instant, les clameurs insipides de la rue. Mais ne venait-elle absolument que pour cela?

Dieu nous préserve d'un jugement téméraire. Mais, par l'élégance de sa toilette et par la recherche de sa mise, Mlle Clarisse prêtait certainement à un soupçon de coquetterie. Elle était radieuse vraiment sous un chapeau largement ouvert dont la paille noire accentuait sombrement l'or étincelant de ses cheveux massés en dessous, relevés en jets puissants comme ceux d'une eau qui jaillit de terre. Dans ce riche encadrement s'épanouissaient les grâces savoureuses de son visage faites de fermetés roses et blanches qu'éclairait la limpidité bleue de ses regards, qu'éteignaient, en affirmant le ton, les pourpres sanglantes de ses lèvres dont un large sourire découvrait des dents petites et nacrées.

Elle n'avait rien perdu de l'embonpoint aimable sur lequel André avait follement compté pour le consoler de l'idéal. Dans son corsage serré à la taille, ses seins dessinaient d'impérieuses saillies, et ses jupes ne retombaient jusqu'à fleur de ses chevilles finement chaussées, qu'après s'être tendues aux hanches, ramassées sur la croupe en plis serrés.

Il est permis de supposer que dans cette tenue galante, l'institutrice n'était nullement fâchée d'être regardée et que celui-ci n'eût pas été trop mal reçu qui lui serait venu dire courtoisement quelque madrigal à l'oreille sur sa très réelle beauté.

Elle avait d'ailleurs tout le temps d'attendre un soupirant de son choix, André Maurienne payait en effet sa dette avec une conscience chevaleresque. Mlle Clarisse recevait, chaque mois, de lui, une pension dont le montant lui permettait de ne pas se hâter pour remplacer la position qu'elle avait perdue par la faute de cet amant d'un soir. Se placerait-elle encore comme demoiselle de compagnie? Peut-être, mais ce ne serait certainement pas auprès d'une jeune fille trop difficile à surveiller. Un vieux monsieur lui eût convenu davantage... Jeune, elle l'eût encore préféré, mais elle n'avait pas à tenir André au courant de ses intentions, en cette matière, attendu que celui-ci, en dehors de ses envois scrupuleux d'argent, n'avait absolument conservé aucune relation avec elle. Dans cet état de disponibilité appointée, l'institutrice se trouvait relativement heureuse. De là le bel épanouissement de gaieté qui illuminait son visage quand, nez à nez, elle se trouva avec celui dont le départ de Prades l'avait autrefois si intriguée et avait coûté si cher à sa vertu. Elle eut tout de suite l'idée qu'elle allait en connaître le secret.

— Vous ici, mademoiselle Clarisse! lui avait dit Claude stupéfait. Est-ce que Mlle de Lys...?

Il n'acheva pas. Mlle Clarisse, devinant sa pensée qu'il n'osait achever d'exprimer :

— Je suis seule ici, monsieur Claude, lui répondit-elle, et, vraisemblablement comme vous, jamais je ne retournerai à Prades.

— Quelle circonstance a pu vous faire quitter le château où tout le monde vous aimait?...

Elle mit doucement son bras sur celui du jeune homme.

— Je pourrais vous faire la même question, lui dit-elle doucement, et vous dire absolument la même chose. Mon Dieu, c'est bien simple, monsieur Claude, et c'est vraisemblablement pour vous comme pour moi. L'affection de ceux qui, en réalité, sont bien plus nos maîtres que nos amis, n'est pas une chose sur laquelle il faille longtemps compter. On nous choie beaucoup parce qu'on a besoin de nous. Nous avons quelquefois la sottise de nous sentir très dévoués et très reconnaissants pour si peu de chose. C'était mon cas et je n'aurais jamais quitté Mlle de Lys si je n'avais compris qu'elle n'aurait plus besoin de moi. Elle aurait pu, il est vrai, dans sa nouvelle position, me laisser une situation auprès d'elle, je n'aurais pas été exigeante.

— Que voulez-vous dire? interrompit Claude tout pâle.

— Que Mlle Claire se marie.

— Vous ment...

Claude s'arrêta sur le mot terrible qui allait sortir de sa bouche. Hagard, il regardait l'institutrice, comme s'il pensait qu'elle avait voulu l'éprouver par une moquerie et comme s'il lui demandait grâce.

— Je ne savais pas, fit simplement Mlle Clarisse, troublée elle-même du secret qu'elle avait tant cherché et qu'elle venait de découvrir, un peu émue aussi en voyant des larmes, en vain comprimées, jaillir des yeux du pauvre garçon.

— Et elle s'appellera? demanda Claude d'une voix tremblante.

— Mme Maurienne.

— Maurienne!

Il répéta : «Maurienne.» Il avait violemment retiré son bras de sous celui de l'institutrice. Un combat se livrait en lui. Il brûlait de l'interroger et cependant cela lui semblait indigne. Claire, perfide à ce point! Claire dont il avait reçu, la veille encore, une lettre pleine de tendresse! une lettre pleine de projets d'avenir. Non! non! cela était impossible! Il ne s'abaisserait pas à questionner cette domestique chassée peut-être!...

— Adieu, mademoiselle, fit-il avec effort.

Et, avant que Mlle Clarisse fût revenue de son étonnement, il était déjà loin d'elle, courant comme un fou dans l'avenue, bousculant tout le monde, honni par les amateurs de fanfare, aboyé par les chiens, suivi d'une rumeur de malédictions.

— Après tout, pensa l'institutrice, il l'aurait su un jour ou l'autre, et je ne savais pas lui faire si grand'peine.

En effet, était-elle de la meilleure foi du monde, puisque au moment où elle avait quitté le château de Prades, le mariage de Claire avec Robert semblait une chose absolument résolue et dont la jeune fille, alors irritée contre Claude, lui avait parlé elle-même comme d'une chose faite.

Un peu bouleversée par cette rencontre dont l'issue avait été aussi imprévue que le début, elle n'en reprit pas moins sa promenade majestueuse de belle poule étalant ses plumes sous le soleil. Un petit coup par derrière à son chapeau de paille, un menu tapotement des doigts dans ses cheveux d'or par devant, deux ou trois petits « hum! hum!»

comme pour reprendre le ton naturel de sa voix, une légère claque de chaque côté des cuisses pour discipliner les plis de sa robe, un petit mouvement de pied en avant redonnant son rythme à la marche interrompue, tout en découvrant, dans le soulier tout petit, la cambrure insolente du pied et tendant le bas, et la belle fille s'était remise en route, non pas seulement dans cette allée du Luxembourg, mais dans le rêve qui emplissait son oreille de chuchotements flatteurs.

Le fait est qu'elle était très remarquée. De sérieux amateurs se la montraient du regard en passant auprès d'elle. Mais les lycéens surtout, les externes qui regagnaient les lares paternels par le chemin des écoliers, roulaient des yeux concupiscents et ronds comme des pommes d'amour; car les polissons de cet âge ont toujours eu, pour Vénus Callipyge, un culte qui peut être considéré comme faisant partie intégrante des traditions universitaires et des études mythologiques, lesquelles sont au fond des vieux bouquins grecs et latins.

Cependant les dernières notes du concert s'éparpillaient dans les branches, une partie des musiciens en uniforme ayant déjà réintégré leurs instruments dans leurs étuis et leur troupe se formant pour le départ, dans un grand brouhaha de chaises, sous les sifflements des petits pâtissiers qui s'étaient arrêtés, leur panier à gâteaux sur la tête, pour écouter, et qui, en retard pour leur course, prenaient bruyamment leurs jambes à leur cou pour réparer le temps perdu

Claude était rentré chez lui fou de douleur. Il s'était jeté sur sa plume, sa première pensée ayant été d'écrire à Claire pour l'accabler de reproches. Mais bien vite il s'aperçut que ce serait là une bien platonique consolation à une telle peine. Et puis il ne pouvait croire encore à une telle trahison de la part de M``<sup>lle</sup>`` de Lys, qui avait toujours été, avec lui, si franche et si dépourvue de coquetterie. On la forçait peut-être à ce mariage : sa sœur l'avait peut-être menacée d'instruire de ce qui s'était passé son mari, si elle refusait. Mais elle faisait semblant de céder seulement pour gagner du temps. Et il était là, lui! Si elle se sentait défendue, elle se révolterait; elle fuirait avec lui! Qu'avait-il donc à ménager maintenant qu'elle allait être à jamais perdue pour lui? N'était-il pas sûr de sa tendresse et rien prévaut-il contre un amour partagé? Le consentement des âmes n'est-il pas ce qu'il y a de plus sacré au monde et tous les préjugés de la terre ne doivent-ils pas se dissiper devant lui, comme les nuées devant le soleil immortel? Certes, il l'arracherait à cet homme qui n'avait que des droits imaginaires, là où il avait, de par les serments jurés, de par les baisers rendus, de par les caresses savourées à deux, les droits réels! Il n'attendrait pas un instant, il partirait sur l'heure, il découvrirait bien le Maurienne et, s'il n'entendait pas raison, malheur à lui!

C'est dans ces belliqueuses dispositions qu'il prit le premier train menant en Touraine, et la partie de la nuit — d'une belle nuit étoilée dans laquelle fuyaient les nuages sur de fantastiques jambes, — qu'il passa en wagon, s'écoula à former des projets de vengeance, le mouvement même du train semblant fouetter sa colère avec le long panache de fumée qui en balayait le flanc. Ah! s'il eût pu prendre la place du chauffeur, de quel éperon de charbon rouge il eût labouré la machine en dedans! Ce fut, à vrai dire, un grand bonheur pour ses compagnons de voyage, qu'on ne lui ait pas permis de satisfaire ce stupéfiant caprice.

Au petit jour, dont les consolantes sérénités, pareilles à de grandes ailes blanches et roses rafraîchissant tous les fronts, n'amenèrent dans son état aucun apaisement, il était tout près de Prades, devant que personne y fût levé et sans que Claire qui rêvait en ce moment même à lui, insensible au premier frisson de l'aurore qui cependant réveille toute la nature, se doutât que l'ami dont elle évoquait le souvenir était presque à ses pieds.

Vers onze heures seulement il découvrit le garnement qui lui avait constamment servi de petite poste :

— Y a-t-il un M. Maurienne au château? lui demanda-t-il anxieusement.

L'enfant répondit affirmativement et Claude sentit grandir sa fureur. L'institutrice n'avait donc pas menti !

— Et tu pourrais bien me le montrer? fit-il en grinçant des dents.

— Ce n'est pas, au moins, pour lui faire du mal,

hasarda le gamin inquiet. Car c'est un brave homme, et généreux au pauvre monde.

Le petit mendiant connaissait, en effet, à merveille André Maurienne, qui lui avait fait souvent l'aumône sur le grand chemin. En revanche, il ignorait absolument l'existence de Robert, qui ne tirait jamais un traître sou de sa poche pour le jeter aux misérables. Robert n'avait pour ceux-ci que des mois de prison sur lui, mais il en était prodigue. Pour les calamiteux, comme cet enfant, ceux-là seulement existent qui leur ont donné quelquefois du pain. Le petit ne savait donc pas qu'il y eût deux Maurienne au château et il avait répondu sans la moindre hésitation.

— Et où le pourrai-je rencontrer, sans le demander au château? continua Claude.

L'enfant réfléchit un instant.

— C'est aujourd'hui jeudi, fit-il, et M. Maurienne va généralement, le jeudi, chercher des fleurs à la station voisine où un grand horticuteur de Tours en expédie pour les villes environnantes. Mais le voilà justement qui, sur sa petite charrette attelée à un vigoureux poney, s'arrête, au retour, à l'auberge du Soleil d'Or.

Et l'enfant montrait, en effet, André descendant de sa voiture chargée de plantes, et entrant dans un de ces jolis cabarets de campagne dont un houx annonce la porte et dont le toit rouge saigne au soleil.

Plus découragé, plus las, plus désespéré que de coutume, André avait fui le château dès le matin, et il s'attardait volontairement en chemin pour n'y rentrer que le plus tard possible avec l'excuse d'une promenade utile et lointaine.

— Tiens, fit Claude en jettant une piécette dans la main de son confident.

Et, sans s'en occuper davantage, il marcha précipitamment vers l'auberge, effarouchant les poules qui gloussaient devant et les canards boiteux qui fuyaient, les ailes pendantes, sur leurs crosses jaunes au bout largement spatulé. Une tonnelle était derrière la maison tout embaumée de chèvrefeuille, avec des clématites y mêlant leurs longues clochettes et des volubilis aux grands yeux étonnés et humides qui ne daignent s'ouvrir qu'au grand jour. C'est là que, sans rien demander à personne, Claude trouva André, assis sur une mauvaise chaise, devant une table crasseuse sur laquelle lui était servi un verre d'eau-de-vie qu'il ne buvait pas, et s'épongeant le front, où la chaleur de midi voisin et l'angoisse habituelle où il vivait faisaient perler une rosée.

— Vous êtes bien monsieur Maurienne? lui demanda le jeune homme d'une voix vibrante.

Très interloqué par ce ton violent, André se leva vivement.

— Oui, monsieur. Et après?

— Et vous êtes venu à Prades pour épouser Mlle Claire de Lys ?

André le regarda avec une stupéfaction méfiante.

— Vous êtes fou, je crois, monsieur, passez votre chemin et laissez-moi tranquille.

— Je ne partirai pas, fit résolument Claude, sans

que vous m'ayez dit si, oui ou non, c'est dans ce projet que vous êtes ici.

— Je n'ai pas de comptes à vous rendre et je vous le répète, vous êtes fou !

Les deux hommes étaient face à face et se regardaient avec des menaces dans les yeux.

— Donnez-moi votre parole d'honneur, insista Claude, que cela n'est pas vrai !

En le regardant André eut pitié. Celui qui lui parlait ainsi souffrait beaucoup sans doute ; car des larmes de rage lui sillonnaient les joues. Il y avait vingt ans entre eux ! C'était presque un enfant encore. Une querelle avec lui serait ridicule. Et puis pourquoi ne pas le satisfaire puisque la vérité était satisfaisante pour lui ? Sur un ton plus doux et presque compatissant il lui répondit :

— Je ne sais pas, monsieur, en quoi cela vous regarde, mais je vous donne ma parole d'honneur que je ne suis pas le fiancé de Mlle de Lys.

Deux mains tremblantes serraient déjà les siennes et une voix pleine de sanglots lui disait : « Merci ! »

— Mais n'en a-t-elle pas un autre ? reprit Claude, un doute nouveau le rejetant dans son anxiété.

— Décidément, vous êtes amoureux, jeune homme. Eh bien, non ! je vois Mlle de Lys tous les jours et il ne me semble pas qu'elle ait la moindre intention de se marier de si tôt.

Le bonheur était trop violent après une longue torture. Claude étreignit dans ses bras, avec des hoquets de joie, André qui se demandait encore si vraiment il n'avait pas affaire à un insensé.

24.

— J'en serais mort! fit Claude en s'essuyant les yeux. Pardonnez-moi, monsieur. Ai-je besoin de vous dire que j'aime Mlle de Lys et depuis longtemps?

— Je ne veux pas vous demander, mon enfant, si vous avez des raisons de vous en croire aimé. Je suis heureux cependant de vous avoir rassuré. Voulez-vous vous reposer ici un instant en ma compagnie? Mais je vous préviens que je ne répondrai à aucune des questions que vous pourriez me poser sur ce qui se passe au château, à quelque point que cela vous intéresse. J'y suis moi-même un hôte et il ne me conviendrait pas d'en révéler les petits secrets.

Claude s'était assis, palpitant de joie.

— Laissez-moi vous dire cependant, fit-il, vous qui avez eu pitié de moi, à quel point et avec quelle sincérité profonde je l'aime.

Et sans qu'André pût l'arrêter, Claude lui peignit sa tendresse pour Claire avec tant d'éloquence et de chaleur juvénile qu'il s'en trouvait lui-même attendri. On sentait que le cœur de cet enfant, ce beau cœur vierge de tout mensonge, débordait dans cette confidence et y trouvait un immense soulagement. Car, enfin c'était le premier homme qu'il eût rencontré, depuis son exil, qui connût Claire et à qui il pût en parler! Sans doute, comme lui-même, il la trouvait charmante et l'enthousiasme avec lequel il en causait ne devait pas le faire sourire. En parlant d'elle, les mots couraient sur ses lèvres avec des bruits de baisers et ses yeux étaient pleins d'un rayonnement doux et profond comme si, pareille à l'hostie dans le soleil d'or de l'encensoir, l'image de celle qu'il aimait y fût descendue. Il ne tut aucun de ses chagrins ! aucune de ses inquiétudes ! aucune de ses espérances !

Et André écoutait, mélancolique et recueilli, songeant combien cet amour pur, jeune, vaillant, différait de la passion cruelle, despotique, désespérée, dont lui-même était tenaillé en dedans comme par la main d'un impitoyable bourreau. Et c'était une rencontre étrange, en effet, que celle de ces deux amants si diversement traités par l'amour, celui-ci plein de générosité et celui-là plein de rancune, l'un pareil au lutteur debout qui défie les astres du front, et l'autre pareil au vaincu dont les larmes mouillent la poussière après le sang ! L'antithèse était saisissante, vraiment, et montrait bien que l'amour est à la fois, la joie suprême et la suprême torture, la récompense la plus haute et le plus inexorable châtiment.

Quand Claude eut fini, à son tour André l'embrassa par un de ses élans d'affection subite qui sont le fait des désespérés :

—Pauvre enfant, et vous croyez que vous souffrez ! lui dit-il avec une amertume sincère dans la voix.

Claude vit qu'il soupirait, mais sentit bien qu'il n'y avait pas à lui demander le secret de sa douleur. Respectueusement il le contempla, avec de muettes et intelligentes sympathies dans les yeux.

André reprit très doucement :

— J'ai pu être, monsieur, le confident de vos

amours, mais malheureusement je ne saurais en être le complice. Il me serait doux de vous aider à être heureux. Mais vous devez comprendre vous-même quel sentiment m'interdit ce bonheur. Je ne puis que faire des vœux pour le vôtre et vous promettre le secret absolu de ce que vous m'avez confié. Vous avez raison d'aimer une jeune fille pure et de rêver avec elle un honorable avenir à deux. Car là est le vrai chemin de la vie. Je vous souhaite bonne chance et je vous dis adieu !

Ces derniers mots furent prononcés avec une mélancolie si navrante que Claude mit toute son âme dans le serrement de main que lui tendit cet inconnu de tout à l'heure.

Il était donc rassuré et toute sa colère se tournait contre Mlle Clarisse qu'il avait tort cependant d'accuser, celle-ci n'ayant voulu qu'expliquer honnêtement, et par une raison plausible, vraie d'ailleurs, — au moment où elle était partie, — son départ du château de Prades. Son esprit mobile et vivant avait repris sa sérénité presque joyeuse. Mais il se dit qu'il serait absolument absurde de regagner Paris sans avoir vu Claire. Il profita de la méridienne qui, en ce temps très incertain, faisait rentrer tout le monde des champs, pour quitter l'auberge du Soleil d'Or sans être remarqué. Après avoir rôdé tout le jour dans le paysage fait de ses plus chers souvenirs, il rejoignit, une fois le soir venu, son fidèle porteur de lettres et lui en confia une pour Mlle de Lys qu'il instruisait de sa présence dans le pays.

Malheureusement, c'est le samedi seulement que le petit mendiant était sûr de s'acquitter de sa commission. Il fallait attendre encore un grand jour et toute une nuit. Ceux-ci passèrent cependant assez rapides pour Claude que grisait vraiment l'air même qu'il respirait, cet air qu'elle respirait aussi, sous le même soleil, sous les mêmes étoiles, sous le même coin de nuage, sous la même impression, sans doute, d'impatience et de tendresse. Partout où il ne craignait pas de rencontrer quelque importun, il allait buvant les parfums épars sous les arbres, cherchant des traces de pas sur le sable, heureux comme un véritable amoureux de vingt ans.

Dans une de ces mystérieuses promenades, il eut le désagrément de se trouver face à face avec Thomas Loursin qui braconnait sans doute ou attendait quelque fillette pour la mettre à mal. Ah! le parti de Claude fut bientôt pris. Il jeta sa veste qu'il avait sur l'épaule, et relevant ses manches sur ses poings nerveux :

— Tu sais, fit-il, drôle, si tu as le malheur de dire que tu m'as vu ici, foi de Claude Lundi, je te casserai les reins.

Thomas Loursin, très apeuré, lui répondit en grognant et reculant :

— Voilà tout de même une jolie façon de saluer un vieux camarade! Mais il suffit! on ne dira rien, je ne suis pas batailleur.

Comme il se retournait, piteux et regardant obliquement, Claude ne résista pas à la tentation. Il poussa vers lui et lui détacha dans les chausses un formidable coup de pied qui envoya rouler Thomas dans la terre.

— Ça sera toujours un acompte, fit-il.

Thomas se releva et reprit sa route en lui lançant un mauvais regard. Mais comme il était lâche et que, de plus, il connaissait la vigueur herculéenne de Claude, il tint pour la première fois peut-être la parole donnée et ne souffla mot.

Le lendemain enfin, ses lettres étaient remises à Claire et le soir même celle-ci avait, avec son amoureux, un court mais charmant entretien. Claude lui conta, avec une chaleur passionnée, l'angoisse qu'il avait traversée. Elle lui conta, à son tour, comment elle lui était restée fidèle. Ce fut un échange de baisers rapides et de nouveaux serments. Claire expliqua à son ami que depuis le départ de l'institutrice, sa sœur s'occupant sans doute beaucoup plus de la maison, elle était plus libre, elle-même, et infiniment moins surveillée. S'il restait dans les environs, ils pourraient se voir presque tous les soirs. Elle lui donnerait la clef de la vieille poterne et dirait qu'elle s'était perdue. Ces horizons nouveaux emplirent Claude d'une coupable joie et d'une lumière où se dilatait son esprit. Oh! non! il ne retournerait pas à Paris de si tôt! Surtout pour être joué, comme presque tous les auteurs, infiniment plus souvent par les directeurs que par leurs troupes!

Il y avait à deux lieues un petit village très isolé de Prades et sans aucune relation avec ses habitants.

Claude y élut domicile, sous un faux nom d'ailleurs, comme un simple malfaiteur. Quatre lieues à pied par jour, ce n'est pas la mort à vingt ans! Et puis, comme un sourire de Claire, un beau sourire pâle éclairé par la lune, lui faisait vite oublier sa fatigue! Ce fut un temps délicieux qui commença pour ces amoureux de foi et de bonne volonté. Claude s'enfermait pour travailler tout le jour, mais sa plume ne faisait pas grand ramage sur le papier. Il pensait aux bonheurs de la veille et à ceux du jour qui allait finir. Ainsi ne s'éveillait-il de son rêve que pour courir à une réalité plus charmante encore!

Ceux-là sont heureux dont la vie est uniquement faite de ces deux parts.

XXI

Une de ces nuits, faites pour l'amour, fut admirable entre toutes, une de ces nuits de juin où l'atmosphère, tiède et parfumée, a l'étrange limpidité d'une eau bleue et vibrante. Pas de lune crevant d'une glorieuse blessure d'or le manteau bleu du ciel. Rien que l'obscure clarté des étoiles rendant les formes sensibles à peine, sous une façon de buée d'argent, quelque chose comme une poussière de la voie lactée qui serait descendue jusque sur la terre.

Cette lumière d'astre était comme filtrée par la transparence de l'air où passait, seul, le vol lourd des phalènes. Dans les gazons les lucioles semblaient les reflets amortis et tremblants de ces lointains flambeaux, et le lac était traversé d'imperceptibles scintillements comme si un masque mystérieux y eût secoué, en passant, les paillettes de son costume. Une odeur de fenaison où se mêlaient mille fleurs sauvages courait sous les grands arbres recueillis dont les ombres opaques ne rayaient pas les allées mais, uniformes, moutonnaient en taches sombres.

Et tout cela respirait une grande sérénité, un calme presque troublant ; car ce sentiment et cette superstition sont invariablement en nous, que l'homme est fait pour souffrir sous ces tranquillités impassibles de la nature, et que tout est mensonge dans ce repos des choses qui ne descend pas jusqu'aux âmes. Pour qui pense et pour qui se souvient, ce qui est le plus souvent, la même chose, une inquiétude vague, un malaise, presque une angoisse instinctive sont au fond de ces contemplations d'un spectacle qui n'est le plus souvent que l'admirable décor de quelque souffrance humaine. Volontiers demanderait-il à tous ces sphinx vivants de s'émouvoir un instant et de témoigner de quelque pitié pour le misérable destin qui est le nôtre.

Était-ce pour goûter cette impression à la fois amère et douce que Marcel Gautier était descendu dans le parc, vers cinq heures, au lieu de regagner son appartement ?

Non, bien que ce viveur fût, comme un autre, susceptible d'un grain de poésie, — plus qu'un autre peut-être parce qu'il en savait mieux le prix, connaissant mieux le néant de tout le reste. Ce n'était pas cependant pour prendre sa part de la béatitude universelle, ou en sentir en lui l'effroi, que l'ami de Robert Maurienne avait pris, d'un pas presque précipité, le chemin du parc.

Bien des choses sont à dire, qui n'ont pas encore été dévoilées, dans la monotonie apparente et presque banale des amours de Mme de Prades avec l'amant que lui avait donné la colère. Marcel Gautier, qui était un fin observateur de la vie, les avait remarquées et n'était pas sans appréhender quelque catastrophe dans ce tranquille et coupable bonheur, dans cet adultère vulgaire et plat.

Pour qu'André ne perdît aucune des tortures qu'elle avait méditées pour lui, sa confiance dans l'aveugle foi de son mari s'étant encore affirmée en elle, Marthe en était arrivée aux plus simples et aux plus invraisemblables abandons. Sûr de lui-même comme tous les fats, triomphant et heureux de triompher, dans une certaine mesure, pour la galerie, Robert, loin de lui conseiller plus de réserve, jouissait d'une passion si peu dissimulée et l'encourageait, ne voyant, dans tout cela, qu'un excès d'amour absolument flatteur pour lui. Les choses en étaient venues à un point que les rares visiteurs du château de Prades en emportaient des soupçons contre lesquels protestait en vain l'ancienne et pure renommée de la comtesse. Ces deux amants se gênaient si peu, et leurs regards étaient si bavards, que le comte d'Estanges lui-même, qui ne pouvait cependant passer pour un limier remarquable, se croyait sur une piste douloureuse, pour son voisin, et fréquentait beaucoup moins chez M. de Prades.

Il avait même cessé d'y amener la pauvre Antoinette, laquelle en était très marrie, ayant perdu, du même coup, l'occasion de son unique chevauchée dans les environs et la société de Claire qu'elle aimait infiniment. Ainsi, par instinct, le vieux gentilhomme défendait sa fille d'une société qui n'était plus faite pour les candides aspirations d'une vierge destinée, sans doute, à le demeurer longtemps. Car cette héritière, sans grande fortune, d'un grand nom, persistait dans une sveltesse générale de toute sa personne, laquelle n'était pas faite pour inspirer les voluptueux. Une belle âme cependant, dans ce fourreau médiocre, et de véritables trésors d'amour, pour qui les eût été chercher dans cette grotte aride dont un dragon de maigreur gardait l'entrée. Et vous ne plaignez pas ces filles du monde ! Ah ! combien Mlle Clarisse était plus heureuse qui avait déjà trouvé, à Paris, son lot de caresses quotidiennes et de distractions galantes sans lesquelles ce n'est vraiment pas la peine de vivre !

Cette effroyable ganache d'Estanges, ce Nemrod tourangeau que les lièvres et les perdreaux seuls pouvaient prendre au tragique, était d'ailleurs un homme absolument estimable et droit, raide en honneur comme une main de justice, imprégné jusqu'aux moelles des nobles préjugés dont le défaut a mené la société moderne à la boue. Celui-là ne plaisantait avec rien de sacré, manquait absolument de l'esprit qui gouaille, n'avait aucune espèce de conversation, était ignorant comme un saumon, tout ce qu'on voudra. Mais c'était un des rares échantillons de l'espèce contemporaine, dont un serrement de main valait quelque chose et dont la parole d'honneur valait absolument tout.

Il avait d'abord reculé, comme devant une monstruosité, à l'idée que la comtesse de Prades pût tromper son mari. L'inexorable bon sens qui était au fond de sa bêtise l'en avait cependant lentement convaincu. Il en avait éprouvé une douleur vraie, profonde, comme fraternelle. Sa conscience s'était horriblement troublée! Le devoir n'était-il pas de mettre son ami en garde contre un malheur qui n'était peut-être encore qu'une menace? Mais non! il sentait qu'il n'était plus temps; il le sentait avec un instinct de brute, mais avec un instinct sûr. Et toute sa gentilhommerie s'était révoltée à l'horreur d'une délation. Il avait résolu de se taire, de couvrir même, s'il le pouvait, l'honneur de M. de Prades, en protestant contre la moindre insinuation faite devant lui. Mais il avait fait plus rares ses visites devenues pénibles à sa délicatesse; il ne venait même juste au château que pour que le comte de Prades ne se demandât pas pourquoi il avait cessé d'y venir. Et ce lui était une rude privation cependant, au malheureux hobereau, de ne plus chasser dans des terres autrement giboyeuses que son maigre domaine, outre qu'il avait conçu, pour André, une amitié véritable, tout en persistant à se croire meilleur tireur que lui. Car, ainsi qu'on l'a pu voir, André Maurienne avait, en lui, un don de sympathie qui attirait jusqu'aux indifférents et qui est généralement dévolu à ceux dont on devine seulement, sans les comprendre, les silencieuses douleurs.

Marcel Gautier, lui, avait compris à peu près la vérité dans toute cette affaire, et son véritable et subit attachement pour André s'expliquait par la notion plus approfondie et plus exacte qu'il avait du martyre supporté par celui-ci, amoureux de Mᵐᵉ de Prades et trompé par elle.

Or, depuis plusieurs jours déjà, le nouvel ami d'André avait cru remarquer dans l'attitude de M. de Prades quelque chose de changé et de troublant, les apparences demeurant d'ailleurs absolument les mêmes pour les superficiels. Le gentilhomme lui avait paru moins complètement occupé de ses travaux historiques, souvent distrait, et, à plusieurs reprises, l'avait-il surpris glissant un regard oblique sur sa femme et sur Robert causant ensemble sans méfiance et, le plus souvent, presque à voix basse dans quelque coin du salon. Oh! un éclair seulement passant dans les cils du comte et rien de l'allure d'un croquant qui espionne. M. de Prades avait, en toutes choses, un admirable souci du bon ton. Aussi jamais ne s'était-il approché pour tâcher d'entendre. Mais il n'en était pas moins, pour Marcel Gautier, sur un qui-vive et comme en arrêt devant un point d'interrogation. Même affabilité, d'ailleurs, que de coutume, un peu froide et guindée pour tout le monde, excepté pour André qu'il semblait aimer plus vivement que jamais, comme s'il eût deviné que celui-ci souffrait à sa place ce que lui-même eût dû souffrir. Car la situation véritable et vraiment dramatique était là. Un amant éprouvant tous les supplices du mari, avec l'aggravation de ne se pas sentir les mêmes forces dans la conscience. Un mari dont le déshonneur n'était pas seulement un déshonneur, mais encore une honte. Un mari qui ne pouvait ni se révolter, ni maudire, ni frapper ! Car cette femme avait été mille fois plus à lui, et en vertu de droits plus sacrés, qu'à l'homme qui l'avait conduite à l'autel, parce que c'est l'habitude avant de confondre les fortunes. Le véritable époux, celui qui l'avait possédée dans la virginité sublime de ses sens, c'était bien lui, lui seul, lui seul dont elle avait volé le bonheur pour le porter à un autre et cela sans qu'il eût le droit de crier : au voleur ! et de demander justice !

Ah ! l'adultère n'est pas toujours une drôlerie. Il est des tragédies dont le héros est moins cruellement traité par le destin que cet amant misérable qui n'a jamais eu de droits et à qui il ne reste que d'humiliants devoirs ! M. de Prades était le moins bien placé du monde pour analyser et pour consoler une douleur de cette nature. Mais par une logique terrible, dans ses côtés inconséquents et imprévus, il se sentait attiré par une sorte de contagion de sentiments, pour ainsi parler, vers l'homme qui souffrait du même être que lui, lui-même inconsciemment et celui-là en sachant pourquoi.

Or, ce soir-là, M. de Prades avait fait une chose qui eût paru insignifiante, il y a quelque temps encore, parce qu'elle s'était reproduite souvent, mais qui, dans l'ordre de ses préoccupations dominantes et actuelles, avait augmenté l'inquiétude vigilante de Marcel Gautier. Vers neuf heures environ, il avait déclaré que, se sentant fatigué des travaux de la journée, il remontait se coucher. Il avait serré la main de Robert comme à l'habitude, baisé la main de la comtesse, et cependant, dans la façon dont il les avait regardés tous deux, la finesse d'observation de Marcel avait ressenti une imperceptible secousse.

Il était demeuré avec les deux amants au salon. Une heure se passa à de vaines causeries qui lui déplurent d'autant plus que Robert y affirma une fois de plus ses façons de vainqueur, avec un mauvais goût provincial dont les instincts mieux élevés du Parisien étaient révoltés. André n'était cependant pas là pour souffrir de cet insupportable comédie à laquelle Marthe se prêtait avec une sorte d'indifférence majestueuse dans laquelle tout autre qu'un vaniteux en amour comme Robert, eût senti un parfait dédain. Que lui faisaient les mauvaises façons, à elle qui avait dû les subir pour goûter la seule vengeance qu'elle eût rêvée ! Elle était demeurée au fond tout amour dans cette haine pour André. Rien ne lui importait plus de tout ce qui se passait au monde, depuis que sa dignité de femme offensée lui avait fait rompre avec l'unique bonheur qu'elle eût jamais conçu et connu.

Dans cette possession exaltée et réciproque l'un de l'autre, où tous deux avaient vécu, elle avait tout épuisé de ce qu'elle avait de cœur et de ce qu'elle avait de sens en elle. Tout y était mort maintenant, ce qui y souffre, comme ce qui y jouit. Elle était bien le tombeau vivant dont ont parlé les poètes, et sa beauté, demeurée impeccable, n'était plus que celle d'une statue debout sur un mausolée.

Rien! Rien! Rien! Elle ne sentait plus rien en elle sous les caresses de ce mâle inconnu qui lui était un outil à faire souffrir son véritable, son unique, son immortel amant. Elle se donnait comme d'autres femmes se vendent, sans rien livrer de soi-même, en mentant de tout son corps, en trichant au jeu sublime de l'amour. Et ce bélître ne s'en apercevait pas! Il ne sentait pas tout le mépris qui était au fond même de cette miséricorde sans fin à ses désirs. Il faut avoir été vraiment aimé pour connaître ces différences. Robert Maurienne avait eu des succès et rien de plus, et d'ailleurs ne méritait-il pas davantage. L'amour, au reste, nous traite généralement dans la vie pour ce que nous valons.

Il fallait bien donner la raison du peu de protestation qu'apportait la nature, cependant essentiellement distinguée et presque dédaigneuse, de Mme de Prades aux manières compromettantes de l'indigne amoureux qu'elle avait pris. Tout lui était égal vraiment, tant tout avait été brisé en elle. Allez donc parler de l'opinion du monde à ceux qui ont un abîme comme celui-là dans le cœur, un abîme que la considération de tous les rois de la terre ne suffirait pas à combler! La vérité est qu'elle souffrait autant qu'André, plus peut-être, du supplice qu'elle lui avait dévolu, mais qu'elle y persistait dans son obstination de femme passionnée en toute chose et incapable de pardon. Et ce lui était une douceur, une douceur effroyable et amère de souffrir à cause de lui et de sentir leur sang, à tous deux, couler, jusqu'à la mort, par la même blessure. Elle savourait, insatiable, cette communauté de tourments et se noyait délicieusement, avec rage, dans cette promiscuité de larmes contenues et débordant l'âme comme une mer.

Un peu plus tard dans la soirée, et ce spectacle de mauvaise compagnie étant au bout, la comtesse et Robert se levèrent, las eux-mêmes d'un insipide marivaudage. Ils s'en allèrent vers la grande croisée ouverte, regardèrent le firmament constellé, respirèrent l'un près de l'autre le parfum de verveine qui montait des dernières marches du perron et déclarèrent que le temps était trop beau pour ne pas descendre, un instant, respirer la fraîcheur dans le parc. Ils prirent donc congé de Marcel, en gens qui n'ont à se gêner avec personne pour chercher une double solitude et descendirent, en lui disant un bonsoir coupant court à tout entretien ultérieur. C'était une chose qu'ils avaient faite d'ailleurs plusieurs fois depuis quelque temps et il n'en était plus à s'étonner de ce sans-façon dont la vieille amitié de Robert pour lui faisait d'ailleurs bruyamment les frais.

Ils étaient partis depuis quelques instants seulement, quand une obsession singulière lui vint et ne le quitta plus. Le comte de Prades était-il remonté vraiment dans son appartement, à neuf heures? Il se trouva d'abord stupide de se poser même cette question. Mais le pressentiment était trop fort. Le doute n'était plus tolérable. Après un moment de lutte contre ses sentiments de discrétion naturelle, Marcel n'y tint plus et quitta le salon à son tour, résolu à tâcher de vérifier le fait. Du dehors, il constata que la fenêtre du comte n'était plus éclairée. Mais il avait pu éteindre toute lumière avant de s'endormir, bien qu'il gardât ordinairement auprès de lui une lampe allumée.

Une réelle inquiétude et toute à l'honneur d'un homme de bien, dans le vrai sens du mot, pressentant un malheur, peut seule excuser ce qu'il fit ensuite, le doute prenant chez lui les proportions d'une douleur. Comme un larron, clandestinement, sans bruit, il monta jusqu'à la porte du comte et y colla son oreille pour s'assurer que quelqu'un respirait là, comme respirent volontiers ceux qui dorment. Pas le moindre bruit, pas le moindre mouvement, aucun craquement indiquant le lit où l'on se retourne quelquefois, même pendant le sommeil. Et il attendit longtemps. Et le silence lui parut horrible, comme s'il s'était agi de lui-même et qu'il craignît d'être mort. Ah! ma foi, il en aurait le cœur net. Il frapperait à la porte, au mépris de toutes convenances, en hôte qui a perdu la tête et les respects de l'hospitalité. Il s'excuserait de n'importe quelle façon, une chose du plus grand intérêt et qu'il avait oublié de dire dans la journée! Et il frappa; doucement d'abord, puis plus fort. On ne pouvait plus ne pas l'entendre. Et cependant on ne l'entendait pas. Voilà qui devenait certain. M. de Prades n'était pas remonté dans son appartement et avait eu une raison pour mentir, une raison grave, lui qui ne mentait jamais!

Allons! un malheur était certainement à prévenir. N'écoutant que la générosité de cœur que l'abus de toutes les joies n'avait pas usée en lui, Marcel Gautier redescendit précipitamment, résolu à chercher dans le parc la retraite que les amants avaient choisie, pour les prévenir, pour les sauver, s'il en était temps encore.

Un peu de calme lui vint, malgré lui, de la grande sérénité des choses qui soudain l'entourèrent, tant certaines impressions nous sont rigoureusement et despotiquement imposées par la nature extérieure. C'est délicieusement que la fraîcheur de l'air nocturne lui caressa le visage. Tout cela n'était qu'un cauchemar peut-être; il hésita. Le comte ne s'était pas réveillé. Voilà tout! Les choses s'étaient ainsi passées souvent sans qu'il éprouvât la moindre angoisse à leur sujet. Il avait eu tort de croire à un péril imaginaire! En ce moment une étoile filante, une vraie perle de feu traversa le ciel. Assurément Marcel Gautier n'était pas superstitieux; mais qui se peut flatter de ne pas sentir le contre-coup mystérieux de certains spectacles? Certes, elles sont innombrables, ces étoiles vagabondes qui rayent le ciel. Mais ne sont-ils pas innombrables aussi ceux dont les destinées peuvent être suspendues à la chute du feu, vers un invisible abîme? Une antique croyance s'y est toujours attachée qui a pensé voir, en elle, le vol des âmes sous le fouet lumineux et impitoyable du destin, et que des fatalités, seules, leur donnaient des ailes. Toujours est-il que cette vision, indifférente tout d'abord, amena dans l'esprit troublé de Marcel Gautier un revirement d'impressions.

Et, quand même il se serait trompé ce soir-là, il n'y avait pas un instant à perdre. Il fallait, une fois pour toutes, prévenir du péril ces imprudents, d'un péril qui allait s'accroître par le départ du seul être qui eût intérêt à le conjurer. En effet, Marcel devait quitter le château de Prades le lendemain et en compagnie d'André à qui était venu fort à point un excellent prétexte pour partir, sans éveiller chez son hôte aucun soupçon et aucune susceptibilité.

Le matin même André avait reçu, en effet, une lettre de Paris l'informant que le vieil oncle Hilaire, le richissime usurier, était bien près de rendre son âme à Dieu, en admettant que celui-ci tînt à la restitution d'un objet aussi malpropre. Ce qui était sûr, c'est que le calamiteux antiquaire n'en avait pas pour longtemps. Or, comme on l'a dit, c'est de lui que les deux Maurienne, les deux cousins, André et Robert, attendaient depuis longtemps une fortune, mal acquise peut-être, mais tentante cependant. M. de Prades avait été le premier à conseiller à André de partir immédiatement pour Paris et d'y surveiller ses intérêts. Celui-ci espérait bien emmener avec lui Robert dont les intérêts étaient absolument les mêmes. Mais Marthe avait trouvé, là, un nouveau raffinement de vengeance. Elle ne laisserait pas partir son amant, pour qu'André eût le supplice, durant le voyage, de le savoir près d'elle. Robert n'avait fait d'ailleurs aucune difficulté. Il avait une confiance absolue et parfaitement justifiée dans la loyauté de son cousin en affaires. Et puis Marthe eut une seconde idée également aimable pour André. M. Marcel Gautier, — ce Gautier commençait à la gêner terriblement et lui était suspect par son amitié pour André, — n'était-il pas là qui accompagnerait le voyageur et surveillerait là-bas les choses pour son ami Robert? Marcel avait accepté très volontiers. Il était, au fond, dégoûté de tout ce qu'il voyait, et puis Paris, ce Paris où il avait si consciencieusement mangé son bien avec des drôlesses, Paris l'attirait vers le charme mystérieux du gouffre où beaucoup de nous-mêmes est déjà descendu. Donc, il quitterait Prades le lendemain même. Parbleu! l'oncle Hilaire allait mourir à temps. Robert, qui lui devait de l'argent depuis longtemps, le lui rendrait sans doute. Il y avait certainement encore de belles filles promenées en attelage au Bois de Boulogne, facilement aimantes et pas gênantes après; les vraies femmes, au demeurant, qui ne font jamais de mal qu'aux imbéciles, tandis que les autres font du mal à tous les gens de cœur et quelquefois même à des gens d'esprit!

Une aimable vision des noces d'antan ressuscitées et d'un nouveau Pactole soigneusement tamisé et privé de ses parcelles d'or avait passé devant les yeux de Marcel. André, son compagnon, plus que lui encore, allait se trouver riche! Il l'entraînerait vers l'abîme délicieux où il comptait bien lui-même

26

s'engloutir. L'ennui de l'un et le chagrin de l'autre y seraient noyés, du même coup, dans le flot où se rencontrent les bons vins et les baisers. André oublierait sa peine mystérieuse et ils trouveraient bien moyen de ne revenir jamais dans ce domaine maudit, où celui-ci avait perdu sa foi robuste dans la vie et celui-là la gaieté de son scepticisme confiant. M. de Prades avait, par hasard, parlé de Mlle Clarisse. Marcel, qui ne savait rien de l'aventure de l'institutrice avec André, se promettait de rechercher cette plantureuse personne... Des rêves quoi! des rêves de philosophie douce et de volupté sereine qu'il avait faits en trouvant cette raison excellente de retourner à Paris où il s'était promis de ne revenir jamais. Serment de joueur, n'est-ce pas, et qu'il est toujours permis d'enfreindre. Est-ce que Adam eût refusé de rentrer au Paradis!

Mais il était loin de ces pensées riantes au moment où nous le retrouvons, errant, dans les allées du parc, à une heure où les yeux seuls des étoiles semblaient regarder dans l'espace, sous le scintillement des diamants pâles qui semblaient retenir aux voûtes du ciel le voile obscur de la nuit. Où étaient Robert et Marthe dans cette immensité recueillie, dans ce chaos de grandes ombres, dans cette solitude silencieuse si bien faite pour la joie jalouse des amants?

Il s'en fut d'abord le long de l'étang, près du banc que surmontait le grand saule. Puis, après un tour rapide au bosquet qui enveloppait, de son mystère, la statue de Diane, il descendit précipitamment vers le coin le plus éloigné et aussi le plus discret du parc, celui qui s'ouvrait sur une poterne dont Claude avait la clef.

Un autre taillis bien plus touffu était là, abritant, de ses feuillages enchevêtrés, un grand tronc d'arbre qui y faisait comme un siège naturel. Il crut, en approchant, entendre des voix qui causaient tout bas à côté. En écartant les branches, sans faire aucun bruit, à tout petits pas, il arriva près de la place d'où elles lui avaient semblé partir. Il ne s'était pas trompé ! ils étaient là. Dans l'obscurité diffuse, les deux silhouettes étaient bien nettes. Un écart de branches et un pas encore, il était près d'eux. Eux, ne l'entendaient pas. Ils étaient doucement enlacés par les bras l'un à l'autre, mais sans caresse violente, la tête près de la tête seulement et leurs cheveux presque mêlés. Le dernier bouquet de feuillage qu'il écarta les lui découvrit au moment où leurs visages s'inclinaient de trois quarts l'un vers l'autre, comme tendus vers un baiser. Il s'arrêta net et tout surpris. Il ne connaissait pas la figure de l'amoureux, mais l'amoureuse était Claire. Mlle de Lys avait, comme sa sœur, un amant !

Il eût vraiment voulu se retirer. Mais la crainte de faire du bruit, celle surtout d'être surpris dans ce détestable rôle d'espion, le cloua au sol. Il demeura, écoutant, comme malgré lui, ce que se disaient la jeune fille et son galant.

XXII

Et la surprise ne fut que plus grande quand il les eut écoutés un instant. Il s'attendait si peu à respirer les fraîcheurs d'une véritable idylle! Car c'était vraiment une idylle que soupiraient Claude et son amie dans ce décor digne des antiques oaristis, dans ce paysage ému où la chanson lointaine du rossignol semblait un écho de la flûte des bergers virgiliens. Et les mots d'amour que disaient leurs voix fraîches et vibrantes de jeunesse s'égrenaient légèrement comme des gouttes d'eau dans la limpidité sonore d'un bassin, avec un tintement de cristal, dans le silence voluptueux qui semblait se recueillir pour attendre la musique divine des baisers.

Ce qu'ils disaient? Le poème immortel des tendresses aurorales que fleurit l'espérance, — cette rose mystérieuse qui monte dans l'azur, à mesure que vers elle se tendent nos mains. Pour la centième fois, peut-être, il lui répétait la ferveur de ses désirs, la tristesse de ses solitudes, la douceur infinie de ses rêves, et tout cela dans un vague éperdu des pensées où se sentait l'oubli des réalités. Et, pour la centième fois aussi, elle l'écoutait sans se lasser, comme si toutes ces choses étaient nouvelles et qu'elle ne les eût entendues jamais. Ainsi leurs âmes se fondaient, en de communes et innocentes délices, à attendre et à se souvenir.

Et Marcel Gautier, lui, écoutait et une émotion véritable lui venait de ce dialogue si bien imprégné de vraie tendresse, de ces amours si peu pareilles à celles dont il suivait le tragique destin. Et s'isolant même, dans sa pensée, du spectacle si différent que lui donnaient Marthe et Robert, il fit un retour vers ses propres folies d'autrefois, humilié de ne rien rencontrer, dans sa propre vie, d'aussi noble et d'aussi touchant. L'horreur le prit de ces jeunesses sans illusions et sans ferveurs que la vie de Paris empoisonne à leur source. Devant cette virginale image de jeune fille parlant à cœur ouvert, la main dans la main, presque la bouche sur la bouche, au bien-aimé, ce fut dans son esprit comme un effarouchement d'ombres mauvaises, d'oiseaux maudits, l'ironique envolée de toutes ces visions de courtisanes qui ne lui avaient rien appris de la vie que les dégoûts. Il comprit qu'il n'avait pas vécu pour avoir tenté de trop vivre!

Et la chanson des amoureux continuait sous le frémissement léger des branches, dans l'odeur vivace des herbes que rafraîchissait, en brûlant le sol, l'aile immense de la nuit.

Tout à coup les soupirs se changeaient en éclats de rire.

Claude contait à Claire, naïvement, sans colère, ses amertumes d'auteur dramatique à ses débuts, mais en se promettant, dans l'avenir, de formidables revanches. Lui aussi, serait impitoyable quand il serait arrivé, et les directeurs trembleraient devant lui, au lieu de lui voler les sujets de ses pièces ! Et très sérieusement Claire le conjurait de ne pas devenir méchant, de ne pas abuser des succès et d'être conciliant aux jeunes qui viendraient un jour à lui.

Et puis c'étaient des confidences tout à fait inattendues et touchantes par leur caractère désintéressé. En attendant qu'il devînt millionnaire, Claude avait épuisé son stock de gravures et, chose plus grave, emprunté de l'argent, sur un ouvrage présumé reçu, au vieil usurier, son bienfaiteur ordinaire, qui lui avait fait faire un billet du quadruple de la somme. Claire ne comprenait pas grand'chose à cela, mais elle le plaignait énormément. Oh ! elle était bien sûre que le vieux grippe-sous le laisserait tranquille et ne lui ferait aucune peine. Elle interviendrait plutôt et lui écrirait, en lui promettant une partie de sa dot !

Et Marcel Gautier souriait aussi, malgré lui, de ces enfantillages, ne se doutant guère que c'était l'oncle des Maurienne dont on prononçait ainsi l'oraison funèbre anticipée.

Soudain les mots se turent, les paroles cessèrent de chanter; mais les lèvres n'en demeurèrent pas pour cela inactives. Les baisers chantèrent à leur tour et les bras s'étaient enlacés de si près que Marcel craignit de voir s'évanouir cette vision d'innocence dont le charme nouveau l'avait si délicieusement ému. Mais il put aussitôt se rassurer, tout demeurant pur dans la violence, passionnée pourtant, de ces étreintes.

Il comprit cependant que Claude demandait, priait, suppliait. Mais Claire à son tour lui commandait la patience avec des abandons exempts de coquetterie, et une franchise d'accent qui le rassurait si bien sur l'avenir! Des serments s'étouffèrent dans un baiser, des promesses de délices qui se scellaient sur la bouche. Et levant les yeux au ciel qu'un souffle plus frais avait traversé, Marcel crut voir distinctement le frisson d'un sourire dans l'or tremblant des étoiles qui, elles aussi, entendaient tout cela depuis l'origine du monde et ne s'en étaient lassées jamais.

Claude eût voulu la retenir plus longtemps, celle qu'il pressait ainsi sur sa poitrine. Mais Claire lui échappa tout à coup, se levant brusquement dans un geste où se dénoua sa magnifique chevelure qui mit un parfum rapide dans le vent du soir. Alors Claude se mit à genoux devant elle et lui baisa longuement les mains, se traînant sur les genoux pour la suivre, à mesure qu'elle faisait un pas en arrière, s'accrochant ensuite à sa robe quand elle eut retiré ses mains, et se précipitant tout à coup le front à terre pour baiser le petit bout de ses bottines mouillées qu'elle tentait seulement de retirer complètement sous son jupon, en le grondant avec une tendresse infinie et une colère reconnaissante. Tout ce qu'il y a vraiment de religieux dans l'amour était dans cette humiliation de l'être devant la beauté dont il est l'esclave, ne sentant même plus en soi les forces insolentes du désir.

Elle ne put s'enfuir avant qu'il se fût relevé vivement pour la prendre une fois de plus, la dernière, entre ses bras, collant encore ses lèvres à ses lèvres, ses lèvres à lui, où de petits grains de sable étaient restés et qu'elle repoussait en lui demandant à quoi il pensait.

Ils s'éloignèrent ainsi, sans se séparer encore et sans s'être aperçus, un seul instant, qu'un étranger était là, dans cette oasis où ils se croyaient si bien seuls. Marcel les vit enfin se quitter, après une dernière caresse ; distinctement il entendit Claire qui disait à Claude :

« Tu sais, plus le soir, maintenant ; c'est trop dangereux !

— Alors, le matin, au petit jour?

— Oui, au petit jour, je descendrai avant que personne soit levé. »

Ce qu'il n'entendit pas, ce fut le lieu du rendez-vous ; mais que lui importait ! Pour rien au monde il n'eût voulu déranger ces belles et glorieuses amours d'enfant, entrant par une porte d'or dans la vie.

Il demeura un instant immobile, et tout à l'impression qu'il avait si vivement ressentie. A l'étonnement qui lui était venu de surprendre un amoureux à Mme de Lys, avait succédé un rapide parallèle entre les deux sœurs et qui traversa seulement son esprit. Deux natures pouvaient-elles vraiment différer davantage ? Toute sa sympathie fut d'abord pour la jeune fille qui, si franchement, promettait de se donner à celui qu'elle avait choisi. Mais son intérêt s'attacha ensuite plus vivement au côté mystérieux du caractère de Marthe, dont il ne s'expliquait qu'à demi la conduite abandonnée avec Robert, se disant qu'il y avait certainement dans cette femme des abîmes de passions qui ne se devaient pas combler avec d'aussi banales amours.

Et comme se réveillant d'un rêve, le rêve exquis où des personnages d'églogue s'étaient rencontrés pour lui, sous les ombrages frémissants et au murmure lointain de l'eau que ridait la brise, il rentra brusquement dans la vie réelle. Se rappelant pourquoi il était venu dans le parc, par cette nuit étoilée, et quel devoir il s'était donné que le hasard l'avait forcé de trahir.

Retrouver Marthe et Robert maintenant ! Leur dire ses propres craintes et les prévenir du danger ! En était-il temps encore ? Il se fit un reproche de la lâcheté curieuse qui l'avait cloué là pour entendre des romances, pendant que deux existences peut-être se jouaient si près de là ! D'un pas rapide, il arpenta, en avançant à nouveau, plongeant un regard qui s'y perdait vite, dans l'obscurité des masses d'ombres faites par les taillis. Partout où il lui semblait que l'intention dût venir à des amants de se reposer du divin repos qui lasse, il interrogea à demi-voix le silence. Mais le silence ne lui répondit pas.

Ne voulant pas se croire coupable, il tenta de se rassurer encore, se disant que ses appréhensions n'étaient, sans doute, après tout, que des billevesées. Mais elles s'affermirent terriblement, subitement, devenant de véritables angoisses, quand en rentrant au château, il entendit un bruit léger auprès de lui et eut l'impression d'un homme qui guettait et rentrait vivement dans l'ombre. Cet homme, il n'avait pu le reconnaître; mais il avait vu sa taille, une taille élevée, celle du comte et, malgré lui, il avait la silhouette menaçante de M. de Prades dans les yeux.

Mais il avait passé déjà lui-même. Impossible de revenir sur ses pas sans que l'inconnu lui vît faire ce mouvement. Et puis quoi, maintenant? Quand ils seraient prévenus, en pourraient-ils moins éviter la terrible sentinelle? S'il ne se trompait pas sur celui qu'il venait d'entrevoir, le malheur était irréparable maintenant. Et c'est avec un frisson aux moelles qu'il remonta dans son appartement, à tâtons, pour ne donner aucun éveil aux domestiques. C'est avec une joie bête et puérile qu'il revit la lumière, une fois rentré dans sa chambre et une bougie rapidement allumée. Les ténèbres commençaient à lui faire peur! Il y avait une heure qu'il rôdait dans cette nuit constellée, où des visions diverses l'avaient fait passer par des ordres si différents de sentiments. Mais en vain tenta-t-il de s'endormir. Ses yeux refusèrent de se fermer. Il se leva et, par la fenêtre ouverte, regarda dans cette obscurité flottante qui était le parc avec une ligne indécise au bout, comme une bande de poussière grise, qui était la Loire, où les astres mettaient d'imperceptibles scintillements. Et ce lui fut une source douloureuse de pensées que ce séjour si calme et si bien fait pour les puretés tranquilles de la vie, cachât peut-être, certainement, les ferments de quelque drame horrible où le sang se mêlerait avec les larmes. Alors pourquoi ce mensonge des choses qui recèlent de telles embûches dans leur apparente sérénité !

Et le moindre bruit lui mettait un tressaillement dans l'âme. Rien que le frémissement des feuilles, le roulement d'une voiture attardée sur la route qui bordait le parc, l'envolée de quelque oiseau chasseur s'abattant lourdement sur sa proie assoupie. Un coup de feu retentit : il faillit se trouver mal. Mais le coup ne venait pas du parc; il venait de plus loin, comme il s'en rendit compte ensuite. C'était M. d'Estanges, dont l'humeur cynégétique ne se reposait jamais, même la nuit, et qui, dans la propriété voisine, venait de tuer une chouette. Il n'en eut pas moins, lui, Marcel, un tremblement qui faisait claquer ses coudes sur l'appui de la fenêtre et qu'il ne put vaincre de quelque temps. A minuit seulement, — minuit qui lui parut sonner lugubrement au clocher de la petite église voisine, — il pensa que tout devait être fini, soit que le danger eût été conjuré, soit que le drame se fût passé dans le silence. Il tira donc les rideaux et fit de nouveaux efforts pour trouver le sommeil. Mais une inquiétude invincible veillait en lui.

A peu de distance, sous le même toit hospitalier, un homme aussi ne pouvait dormir et, comme lui, était demeuré longtemps en contemplation devant le paysage. C'était André Maurienne, qu'un essaim de pensées diverses retenait éveillé. D'abord, une joie, amère mais réelle, de pouvoir enfin quitter le château le lendemain et échapper à la double torture qui lui venait du mari qu'il avait trompé et de la femme qui le trompait à son tour. Un bonheur farouche à penser qu'ailleurs, dans le grand vacarme de Paris, il oublierait peut-être et guérirait la blessure par laquelle il sentait fuir tout son sang. La ferme résolution de ne jamais revenir à Prades, quoi qu'il dût faire ou dire pour cela. Un fond de résolutions viriles auxquelles il confiait la dignité de sa vie à venir. Puis de subites lâchetés où s'effondrait tout ce beau courage. L'épouvantable douleur de quitter à jamais cette femme, la seule aimée, son inexorable tendresse, en la laissant aux mains d'un autre! Des larmes lui montaient en paquets d'eau, qui lui crevaient sur les joues, des larmes dont il ne se sentait pas soulagé. Ne plus la revoir et partir sous sa colère, sous son mépris, sans même la dernière pitié du pardon!

Et le remords lui venait d'avoir méconnu la puissance invincible de l'amour en se voulant soustraire à ses tortures. A quelle folie d'honneur il avait immolé cette sublime tendresse, brisant un tel cœur pour donner un peu de sérénité à son propre esprit! Ah! comme il maudissait sa conscience qui avait osé se mettre entre le bonheur infini et lui, brisant sur son visage et sur son cœur la porte d'un paradis à jamais fermé! Eh, quoi! c'était à la stupide honte de tromper un homme, envers qui il était simplement quitte, qu'il avait sacrifié cette femme qui lui avait donné, elle, cent fois plus que la vie en lui donnant l'amour! Qu'il avait été cruellement et monstrueusement pusillanime! Est-ce que vraiment il avait espéré qu'une autre maîtresse lui ferait oublier, même un seul instant, celle-là dont la chair était rivée à la sienne par les mêmes aiguillons, dont les lèvres avaient été clouées aux siennes par le baiser qui mord plus qu'il ne caresse et qui fait jaillir le sang sous les dents. Dans quel avilissement était-il donc tombé d'avoir méconnu que tout était grand, sacré, glorieusement innocent dans une passion où le même torrent de chaleur vivante fait battre dans un même rythme, deux cœurs!

Et tout bas, avec des sanglots, il demandait pardon à Marthe et trouvait qu'il avait justement souffert pour elle tout ce qu'il avait mérité de souffrir...

Et, à ces grandes colères contre lui-même, succédaient des attendrissements où son être tout entier lui semblait se fondre. C'est quand il regardait surtout ce paysage auquel il lui fallait dire un éternel adieu. Ce grand repos de la nuit baignant la campagne pleine de scintillements obscurs, — ceux qu'y mettaient ses propres larmes, — pesait sur lui de tout le poids des souvenirs. C'est là, dans ce paysage silencieux noyé d'ombre où sa pensée faisait revivre les heures depuis longtemps envolées, là qu'il avait aimé comme il n'aimerait plus jamais!

Et ses yeux, suivant les directions que leur inspirait sa mémoire, dans ce vide peuplé, pour lui seul, de tout ce qui avait été son âme, plongeaient, tandis que sur ses lèvres tremblantes murmuraient des : « C'est ici! C'est là! » — C'est ici qu'il l'avait revue quand leurs âmes, à peine se reconnaissant, s'étaient si violemment jetées l'une dans l'autre que la même joie et la même douleur les devaient à jamais pétrir. C'était là que, sous la caresse parfumée d'une nuit pareille, ils avaient retrouvé cette folie de passion, dans la nature, qui les avait livrés l'un à l'autre, là-bas sous un ciel plus brûlant qu'avait rafraîchi l'orage. Et son regard fouillait, fouillait encore, comme s'il eût espéré revoir la trace de ses pas sur le sable, partout où elle avait passé dans la gloire de sa beauté et de son amour!

Et, des profondeurs de sa chute, mesurant le bonheur d'où il était tombé, il éprouvait des amertumes infinies, se disant qu'il était seul coupable, sinon seul malheureux dans tout cela.

Il avait passé toute la nuit dans ces méditations douloureuses quand le jour vint, un jour tout blanc qui se revêtit bientôt, à l'horizon, d'une gaze rose. Comme tous les êtres à qui l'ombre avait été douloureuse, il eut l'apaisement, une façon de bien-être vague, d'inconsciente volupté, comme si les ténèbres qui se retiraient du ciel s'enfonçaient dans sa propre pensée, y brouillant tout et ne lui permettant plus d'en lire aussi distinctement l'horreur. Cet assoupissement lui venait non pas aux yeux mais à l'esprit, endormant le remords qui l'avait si rudement aiguillonné. Puis, ce fut un grand éclaboussement de lumière rouge à l'orient, comme une fusée de sang vermeil sur une cuirasse d'or, et la tranquillité plus grande de son esprit s'affirma dans un sentiment de victoire et de triomphe intérieur. Lui, aussi, il avait vaincu les ombres! Il s'allait arracher du suaire où il avait été couché vivant pour s'élancer en pleine lumière dans la délivrance et dans la liberté. Il allait échapper au mauvais génie pour qui chacune de ses douleurs, à lui, était une joie farouche. Serait-il donc le seul amant inexorablement condamné à se souvenir? Et, impatient de quitter le séjour maudit, il regardait, anxieux, l'heure dont il eût voulu hâter le vol, comme on poursuit un oiseau avec une flèche. Enfin il devait partir le matin, ce matin même. On avait commandé les chevaux pour huit heures. Ah! il ne regarderait pas derrière quand la route fuirait sous leurs pas, dans la poussière! Huit heures! Deux heures mortelles encore à attendre.

Car il en était six à peu près quand deux coups furent très nettement frappés à la porte d'André qui, interdit, inquiet, pensant, un moment, que c'était elle qui le voulait voir et lui pardonner, fut ouvrir tout tremblant et avec de grands battements de cœur.

C'était M. de Prades qui était devant lui.

XXIII

Le visage du comte était, à l'accoutumée, d'une pâleur native très en harmonie avec l'ensemble suprêmement distingué de sa personne. Mais, ce matin-là, il était absolument livide, avec de grands cercles de bistre et d'azur sombre autour des yeux. André en fut épouvanté. Au premier regard, il lui sembla que cet homme avait vieilli de vingt ans. Un rictus amer était à ses lèvres d'ordinaire souriantes et ses tempes se gonflaient d'une ride à chacun des sursauts de son sang.

Une pensée terrible traversa l'esprit d'André et lui mit, à lui-même, une angoisse effroyable au cœur, si bien que ces deux hommes semblaient trembler l'un devant l'autre de ce qu'ils s'allaient dire. Le comte aurait-il appris que lui !... il se rappelait la menace de Mme de Prades, si jamais il tentait de fuir. Ses jambes ployaient sous lui et il avait une sueur de honte au front.

Mais le ton dont lui parla, le premier, M. de

Prades, lui fit comprendre qu'il s'était trompé. Il n'y avait, en effet, que de l'affection et de la douceur dans cet accent. Et puis il le tutoyait pour la première fois.

— André, lui dit-il, nous nous sommes sauvés l'un à l'autre la vie, et tu es, n'est-ce pas, le plus grand ami que j'aie ici-bas?

André s'inclina, sans oser lui prendre la main que le comte lui tendait presque cependant.

— Il est donc juste, continua celui-ci, que ce soit à toi que je confie le plus grand malheur qui ait pu me frapper.

Et comme André, le contemplait avec une anxiété terrible :

— Mme de Prades, Marthe...

Le malheureux homme éclata en sanglots, mais il refoula ses larmes avec ses poings, comme pour se tendre sous l'effort d'un suprême courage, et il acheva :

— Mme de Prades a un amant.

André bondit. Le comte prit ce mouvement pour la marque d'une surprise qui lui semblait bien naturelle :

— J'en suis sûr, répéta-t-il, et il faut que cet homme meure. Lui ou moi! il faut qu'un de nous deux meure! Au reste, je le quitte à l'instant et je lui ai dit ma volonté devant laquelle il a dû fléchir, puisqu'il s'agissait de l'honneur d'une femme. Nous nous battrons demain matin et tu seras mon témoin. C'est ce que je venais te dire. »

André eut un frémissement par tout le corps :

27.

— Votre témoin? murmura-t-il, comme s'il ne comprenait pas les mots.

— Eh! sans doute, qui le pourrait être sinon toi? Je sais que cet homme est ton parent, ton ami, que c'est toi qui l'as amené ici. Tu n'en dois que davantage m'aider à le châtier et à en obtenir justice de Dieu.

— Mais un duel?... le bruit...

— Tout est prévu, et j'ai eu la nuit tout entière pour y réfléchir. Mon autre témoin sera Anselme, ce vieux domestique qui a servi les de Prades depuis cinquante ans, et qui a été autrefois soldat. Lui, non plus, ne dira rien s'il devine.

— Par pitié...

— Mais on ne devinera pas. J'ai dicté à mon adversaire sa conduite et je le crois assez homme d'honneur pour qu'il n'y change rien. Au besoin je te chargerai de lui rappeler son devoir. Une querelle d'autre nature, un propos malséant échangé à la chasse. C'est au moins le motif que nous donnerons à ses deux témoins, à lui. Comme il ne connaît que peu de personnes ici, je prierai le comte d'Estanges de lui prêter son office. L'autre sera tout naturellement son ami Marcel Gautier, qui m'a paru un homme au cœur de qui l'on peut se fier.

— Mais madame...

— Mme la comtesse ne saura rien. Elle ne sait rien. Son amant m'a juré de ne rien lui dire. Il ne m'a pas convenu de lui en parler encore et de lui dire ce que je savais, ce que j'avais vu; je saurai après ce que j'ai à faire avec elle. Dieu aura pitié de moi. Ah ! André ! mon pauvre André !...

Et le gentilhomme, vaincu par la douleur, se jeta dans les bras d'André, qui sentit la tiédeur de ses larmes lui baigner le cou et qui mourait de honte de ce qu'il allait être forcé de subir.

Se remettant après ce rapide moment de faiblesse et se relevant de toute la hauteur de sa noble taille, M. de Prades passa nerveusement sa main dans sa belle barbe blonde toute mouillée et poursuivit d'une voix effroyablement calme :

— L'injure sera de nature à nécessiter une réparation sans merci. Votre parent Robert aura insulté quelque mémoire qui me soit plus chère que la vie. Il a fait pis encore ! Mais cela suffira. Donc à trois pas au pistolet, avec une seule arme chargée.

— Jamais ! jamais ! s'écria André tout frémissant d'horreur.

— Il faut que ce soit comme cela, André. Celui qui arrache à son époux une femme jusque-là pure, la gloire de la maison, ne mérite que la mort. L'homme qui a subi cet affront sans l'avoir vengé, ne peut plus supporter la vie. Un de nous deux est donc de trop. Je souffre tant que je voudrais que ce fût moi. Mais je laisse Dieu juge!

Et M. de Prades, qui était un croyant sincère, dit le dernier mot avec un accent d'une résignation si vraiment sublime, qu'André faillit tomber à ses pieds, lui tout avouer et lui demander grâce.

Il y avait en effet, vraiment, dans ce martyr appelant la mort, quelque chose de surhumain qui commandait l'admiration et le respect. On y sentait la foi profonde, inexorablement chrétienne qui ne veut que la prière entre elle et Dieu.

— Encore une fois cela est impossible! s'écria André. L'honneur demande du sang, mais il n'en demande pas la dernière goutte...

— L'honneur commande que deux hommes entre qui s'est élevée une telle offense ne puissent plus se rencontrer jamais.

— Mais jamais les autres témoins n'accepteront des conditions aussi terribles.

— Anselme m'obéira. C'est pour cela que je l'ai choisi. Le comte d'Estanges est un gentilhomme vrai qui a le mépris de la vie quand il s'agit de l'honneur. Quant à M. Gautier, c'est toi, toi pour qui il semble avoir une grande amitié et une grande estime, que je charge de le convaincre qu'il en doit être ainsi.

— Maurice, mon cher Maurice, supplia André, au nom du ciel, ah! ne me demandez pas un tel service. Non! non! Je ne puis être votre témoin.

— Et pourquoi? fit le comte avec un changement brusque dans l'accent.

André balbutia. Il eut une peur terrible d'en avoir trop dit, d'avoir soulevé un soupçon.

— Ma cause n'est-elle donc pas juste et suivant la loi des gens de cœur? reprit le comte sur un ton plus calme mais étrangement solennel.

— Certes...

— Et Mme la comtesse de Prades ne vaut-elle donc pas la peine que deux hommes risquent leur vie quand il s'agit d'elle?

L'amertume terrible de ces derniers mots fit passer encore une angoisse au cœur d'André. Pourquoi parlait-il de Mᵐᵉ de Prades, à lui? Ah! c'est en vain qu'il se débattait contre l'ignominie d'un pareil rôle, lui, l'ancien amant de cette femme; lui qui allait peut-être faire tuer son mari par son autre amant! La fatalité inexorable était là. Pour l'honneur même de cette femme à qui son époux ne croyait encore que cette seule faiblesse, il fallait qu'il acceptât d'être le témoin de ce duel terrible! Il le fallait!

Et ses mains se crispaient à lui entrer les ongles dans la chair. Et il haletait comme une bête qui voit se lever sur elle le couteau de l'abattoir.

— Tu souffres à l'idée que je serai peut-être le mort de demain, mon pauvre André? lui dit le comte, avec une véritable expression de tendresse. Mais, si cela arrive, ne me plains pas. Si tu savais ce que j'endure! Oh! le misérable qui m'a mis le couteau dans le cœur, qui a entraîné dans l'abîme cette âme faite pour toutes les puretés et pour toutes les vertus!... Elle, une femme! à peine. Un ange! Tout était chaste en elle! Marthe! Marthe!

Et les deux mains entrelacées sur les genoux, dans une pose d'abattement qui ne se saurait dire, Maurice de Prades se trouvait des larmes, après cette nuit tout entière qu'il avait passée à pleurer.

— Nous partons pour la chasse à dix heures, reprit-il, en faisant un véritable effort pour rentrer dans les réalités pratiques d'où l'exilait l'excès même de sa douleur. Je te demande pardon, mon cher André, de te forcer de retarder jusqu'à demain ton voyage à Paris. Oh! nous nous battrons de bonne heure. J'ai fait prévenir M. d'Estanges que nous entrerions au bois tout à l'heure et que nous l'y attendons. Dès qu'il s'agit de manier le fusil, il ne sera pas en retard. Toi, veuille inviter de ma part M. Marcel Gautier à cette partie. Je sais qu'il n'aime pas la chasse, mais tu lui feras comprendre qu'il me désobligerait en ne venant pas à celle-ci.

— Encore une fois, gémit André, il m'est plus pénible qu'à tout autre...

— Quel mérite aurais-tu à me témoigner ta tendresse autrement que par un sacrifice? Allons! embrasse-moi, et à dix heures devant le perron. Je tâcherai que rien ne se voie de ma peine.

André se laissa faire, mais l'étreinte du comte, cette étreinte que secouaient des sanglots, lui fut plus douloureuse qu'une robe de Nessus attachée à sa propre chair, ou qu'une de ces armures mortelles, aux pointes intérieures de fer, dont on suppliciait les hérétiques, au temps si regretté du comte de Prades.

Puis, il demeura comme écrasé sous le double poids de la confidence inattendue qu'il venait de recevoir et du devoir odieux qu'il n'avait pu éviter de subir. Lui, choisi pour témoin de l'honneur de l'homme qu'il avait le premier déshonoré, et cela publiquement, avec la terreur horrible que la vérité fût un jour découverte! Car n'avait-il rien à craindre de Marthe, quand a cause du duel lui serait connue et qu'elle apprendrait qu'il avait osé y jouer un rôle? Ainsi, aux révoltes de sa conscience contre l'hypocrisie nécessaire de sa conduite, s'ajoutaient les lâchetés que la peur des jugements humains comporte. Vrai! il aurait mille fois mieux aimé se trouver, lui-même, devant la gueule du pistolet de Maurice, à la condition que ce fût celui-ci qui fût chargé. Et l'eût-il tué, il lui restait au moins la ressource toujours honorable de se faire justice à lui-même.

Il eut un moment la pensée de s'enfuir comme un voleur, sans même regarder derrière lui. Mais toujours la même impossibilité morale de rien faire qui ressemblât à l'aveu du crime où une autre était compromise avec lui, ou qui le fit seulement soupçonner.

Faisant donc appel à tout le courage que demande, à certaines âmes, une infamie, il résolut de faire aveuglément tout ce qu'il avait promis. Il se rendit donc auprès de Marcel Gautier pour lui transmettre l'invitation du comte, et le trouva debout déjà, malgré l'heure matinale. L'air contraint dont il lui parla, cette démarche elle-même, tout cela s'ajoutant à ses préoccupations personnelles de la dernière nuit, ne laissèrent aucun doute à Marcel sur ce point, qu'il se passait quelque chose d'extraordinaire. Deviner une vérité aussi complexe était relativement impossible, même au plus habile; mais un pressentiment terrible l'avait disposé à en soupçonner tout au moins une partie. On sait quelle était sa sympathie pour André Maurienne, qu'il savait malheureux. C'est donc sur le ton d'une affabilité confinant à l'affection, qu'il lui répondit :

— Il faut bien que ce soit vous qui veniez de la part de M. de Prades, mon cher Maurienne. Car vous savez que je ne chasse plus depuis longtemps. Je me suis mis à aimer les bêtes depuis que je me suis mieux connu. Mais, puisque vous serez vous-même de cette partie, je veux vous témoigner le plaisir que j'ai à me trouver avec vous.

Tout en se chiffonnant une cravate autour du cou, il ajouta sur un ton presque ému :

— Vous savez, Maurienne, quel faible j'ai pour vous et que vous pouvez compter sur moi en toutes choses.

Il insista sur les derniers mots, les soulignant par la vivacité de l'accent qu'il y mit. Leurs mains se rencontrèrent, se pressèrent violemment, et André sortit pour se mettre lui-même en tenue cynégétique.

— Le diable m'emporte, pensa le philosophe en boutonnant son gilet de velours, si ce n'est pas celui-là qui paiera les frais de la guerre où il n'a probablement rien à gagner! C'est un trop honnête homme pour qu'il ne lui arrive pas tous les malheurs.

Et tout en se remémorant avec une inquiétude accrue tout ce qu'il avait vu la veille au soir, il fit jouer les chiens de son fusil pour s'assurer qu'ils étaient en état encore, depuis le long temps qu'il ne leur avait demandé le moindre service.

— Il faudra bien toujours, se dit-il encore à lui-même, que je fasse semblant de tirer!

A l'heure précise, la voiture qui devait emporter

les chasseurs était devant le perron du château.
M. de Prades, toujours très pâle, avait cependant
repris ses allures ordinaires, courtoises et un peu
hautaines à la fois. Robert Maurienne faisait assez
bonne contenance, bien que manquant absolument
de l'enjouement facile qui lui était habituel. En
haut de l'escalier de pierre, la comtesse était debout
et M. de Prades lui baisa la main comme à l'accoutumée ; puis une longue cinglée de fouet fit sursauter l'attelage qui bondit et, dans une légère
poussière, tout disparut pour ne reparaître, plus
petit, qu'au tournant de la route qui menait vers la
forêt.

Marthe ne savait donc rien? Non! Rien. Elle n'avait
pu échanger un mot seul avec Robert, qui, lui,
savait tout, mais à qui le comte avait fait donner sa
parole de garder le terrible secret. Une inquiétude
vague était cependant en elle. Le comte n'avait
d'ordinaire aucun goût pour les parties improvisées. Pourquoi ne travaillait-il pas à sa restauration
archéologique comme les autres jours? Et puis elle
se disait qu'elle était folle d'avoir de pareilles idées !
Elle demeurait cependant sur le perron, comme si
elle hésitait à rentrer chez elle et, dans les choses
vagues de l'horizon, où le jour vermeil mettait
une buée d'or matinale, elle interrogeait l'espace
qui ne lui répondait que par des chansons des
oiseaux dans les branches, et le mouvement des
feuilles qu'une brise légère faisait trembler. Dans
un long peignoir blanc auquel ses formes donnaient des reliefs sculpturaux, immobile et le

front voilé par l'ombre épaisse de sa chevelure ramassée au-dessus de la tête, avant la coiffure qui en devait discipliner les flots, les yeux fixes et sans sourire sur la bouche, pour qui savait que ceux qui venaient de partir étaient condamnés à mourir pour elle, elle eût paru une admirable statue de la Fatalité regardant passer les inconnus que le trépas appelle.

Un frisson, qui lui vint, sans doute, d'un souffle plus frais passant sous les grands arbres, la fit rentrer enfin. Ce qui lui arrivait rarement, elle se mit au piano et les notes s'égrenèrent sous ses doigts sans mélodie bien nette, comme enchaînées seulement par les caprices du souvenir. Une chanson créole lui monta aux lèvres et elle se mit à la murmurer à demi-voix, une chanson d'amour qu'elle avait entendue tout enfant. Claire, qui descendait seulement de sa chambre, s'avança tout doucement par derrière elle, et l'embrassa vivement.

— Comme tu es gaie, ce matin! fit-elle.

Ces mots si simples firent bondir Marthe toute à sa rêverie.

— Tu m'as fait peur! dit-elle à sa sœur en lui rendant son baiser, mais sans grande tendresse.

Claire lui demanda pardon, et alors, toutes deux, elles commencèrent, assises à côté l'une de l'autre, à parler un peu de tout, excepté de ce qui intéressait uniquement chacune d'elles. Car chacune avait son secret, coupable chez celle-ci, innocent chez celle-là, ayant besoin des mêmes mystères chez toutes deux.

Et, durant les banalités de cette conversation, elles étaient charmantes à voir dans leur indolence matinale de filles du soleil, Marthe ayant tendu la main vers une broderie commencée et Claire piquant, à son corsage légèrement ouvert, un volubilis cueilli à la haute croisée et qui refermait déjà sa corolle toute trempée de rosée.

La chasse avait commencé pendant ce temps. Les choses convenues avaient été bon train. Le pauvre Robert, qui n'était pas de tempérament belliqueux, avait passé quelques heures épouvantables, depuis la visite matinale de M. de Prades, méditant douloureusement sur le danger, pour un homme à succès, de s'attaquer à des femmes mariées. Jamais l'adultère ne lui avait paru une chose plus blâmable, et, s'il en réchappait, il serait le plus impitoyable des défenseurs de la morale conjugale. Être venu à ce château de Prades, pour se marier en principe, puis pour y avoir la plus flatteuse des bonnes fortunes, et en sortir peut-être avec une balle dans la tête ou dans le cœur ! Le pauvre garçon se demandait s'il n'était pas le jouet d'un cauchemar et si vraiment ses destinées étaient ironiques à ce point. Mais la voix tremblante d'émotion et de colère du comte tintait encore dans ses oreilles. Un glas peut-être pour lui ! Et le malheureux se sentait décidément sous le faix de l'inexorable réalité.

Ce jeune magistrat tenait à la vie personnellement, ayant eu, pour celle des autres, quelque indifférence dans l'exercice de son état. Mais elle lui semblait, à lui, bien plus précieuse qu'aux chenapans qui en étaient réduits à tuer pour vivre. Un rapide et rétrospectif coup d'œil sur l'admirable carrière qui allait peut-être être si cruellement interrompue, sur tous les bonheurs rêvés, sur l'existence honorée et calme dont il avait fait son but, le remplissait d'une mélancolie tout à fait véhémente. Lui aussi avait pensé un instant à fuir. Mais il pressentait que son juge inexorable avait pris toutes les précautions pour l'en empêcher. Il était bien pris jusqu'à mi-corps par le piège sanglant, et n'en pouvait sortir vivant que si celui-ci s'ouvrait de lui-même, par une véritable porte du hasard où deux existences allaient se jouer.

Pour être essentiellement épicurien de la très petite école, Robert Maurienne n'était cependant pas un lâche. D'ailleurs, il fallait maintenant que les choses allassent jusqu'au bout. Il eut cependant une véritable angoisse quand le moment vint où le rideau se lèverait sur une comédie, pour ne se plus abaisser que sur une tragédie le lendemain. La présence d'André qui le regardait et qu'il savait instruit de tout, la façon impérative et pleine d'autorité dont celui-ci le regardait, avec un pli de moquerie à la bouche et de défi, — car une haine terrible contre lui était venue au cœur blessé d'André, — lui donnèrent la résolution nécessaire pour bien jouer son rôle. L'insulte, préconçue et résolue, fut sifflante comme une balle et rapidement châtiée par un geste furieux de la main. Ce fut l'affaire d'une seconde et irréparable tout à coup.

M. d'Estanges n'était pas un homme à tenter

d'arranger une telle affaire. Marcel Gautier n'avait pas été dupe, un seul instant, de cette mise en scène. Le vieil Anselme, qui avait accompagné son maître, était trop respectueux pour dire un mot. Immédiatement les témoins, choisis par Robert et par le comte, comme il avait été décidé entre eux, se retirèrent sous un grand bouquet d'arbres voisin. M. de Prades était l'offensé et avait le choix des armes. André avait reçu des instructions. Les conditions du combat furent donc réglées en un clin d'œil et telles que Maurice les avait prescrites à André : une seule arme chargée et à trois pas.

Robert, dont le courage était devenu du désespoir, aurait voulu se battre tout de suite. M. de Prades demanda que le rendez-vous fût pris seulement pour le lendemain matin et M. d'Estanges fit remarquer que, bien qu'aucun espoir de conciliation ne fût possible, les choses seraient ainsi plus conformes à l'usage et à la tradition.

Donc à dix heures le lendemain, au grand jour déjà en juin, on se retrouverait au bois des Iris, un coin de paysage voisin, assez désert d'ordinaire, très bien dissimulé derrière un rideau d'arbres bordant un large ruisseau dont une floraison de plantes sauvages violettes et bleues, penchant leurs têtes jusque sous l'eau courante, couvrait les rives en pentes rapides, sous le vol léger des libellules et le bourdonnement des grosses mouches d'or au corset de velours.

M. de Prades et André remontèrent en voiture, suivis d'Anselme, et M. d'Estanges emmena chez lui

Robert Maurienne, son client, et Marcel Gautier, son co-témoin. Il fut entendu que leur absence serait expliquée au château par l'invitation à une chasse nouvelle, devant avoir lieu, le lendemain matin de très bonne heure, sur les terres de M. d'Estanges et où M. de Prades et André viendraient les rejoindre seulement.

XXIV

Le retour fut silencieux. Le comte, n'ayant rien à ajouter à ce qu'il avait dit le matin même à André, demeurait dans une méditation douloureuse. Il s'était contenté seulement de donner à son ami une poignée de main qui avait fait mal à celui-ci, en lui disant un : merci ! qui était entré comme un couteau dans le cœur d'André. Une perplexité nouvelle et plus terrible agitait, d'ailleurs, celui-ci et ne lui permettait aucune échappée vers quelque idée indifférente. Un nouveau problème se posait à sa conscience depuis si longtemps torturée. Une fois de plus le devoir lui paraissait, non pas seulement douloureux, mais obscur.

Car enfin, il allait, en rentrant au château, se retrouver devant Mme de Prades. Que lui restait-il à faire ? Lui laisser ignorer le péril qui planait sur elle et les intentions menaçantes d'un mari qui avait gardé le secret de sa colère ? Qui sait si sa vie, à elle, n'était pas en danger? Prévenue, elle pouvait fuir et échapper, du moins, à la vengeance de l'époux outragé. Mais trahir une fois de plus, dans des conditions plus honteuses encore, l'homme qui lui avait livré tout ce qu'il avait dans l'âme, qui l'avait choisi pour confident de sa douleur immense, qui avait bien le droit de vouloir qu'elle ne sût la vérité qu'à son heure, à lui ! Un grand dégoût lui venait à cette pensée et il lui semblait qu'il comblait ainsi la mesure des infamies et des lâchetés permises à l'amour.

C'est dans ce doute poignant, dans cette misérable incertitude qu'il rentra au château et se réfugia d'abord dans son appartement pour se trouver tout à fait seul vis-à-vis de lui-même et se mieux interroger sur ce que la notion du juste dirait en lui. Mais il eut beau s'enfermer dans une demi-obscurité où la transparence des rideaux, seule, lui tamisait la lumière; il eut beau enfouir désespérément sa tête entre ses mains qui brûlaient. Parler et se taire lui semblait également odieux et c'était dans une nuit plus profonde encore qu'il s'enfonçait, sans y trouver cette clarté soudaine qui illumine l'âme et la console, même par la perspective du sacrifice.

Toujours la même question au fond : d'un côté toutes les traditions de l'honneur, une amitié outragée à laquelle il devait toutes les réparations. De l'autre, toutes les tendresses lâches que l'amour désespéré comporte. Et c'est de ce côté-là qu'il se sentait aller, comme entraîné par un courant où toutes les hontes de la passion lui devenaient des délices. Qui sait si devant cette preuve suprême d'amour, sublime après de telles tortures, Marthe ne lui pardonnerait pas enfin ? Marthe souillée, mais toujours Marthe enfin, ne reviendrait pas à lui ? Ils fuiraient ensemble sous la malédiction et sous le mépris... Mais que leur importait le monde ! Ils fuiraient ensemble et boiraient l'amour à la même coupe d'opprobre, un amour pareil aux vins qui brûlent et qui tuent, mais en grisant et en emportant aux cieux l'âme affolée. Qu'y avait-il, en somme, dans leur vie, à tous deux, autre chose que cet amour, et ne lui devaient-ils pas sacrifier tout le reste ! Car il se sentait encore aimé par cette femme et de toute la ferveur de la haine dont elle avait semblé le poursuivre depuis sa propre trahison.

Et, des fièvres sensuelles s'ajoutant aux troubles de son esprit, il la revoyait dans le charme de sa beauté inexorablement désirable. Il la revoyait dans l'abandon des anciennes caresses ressuscitées, sous la chaleur des baisers refleuris sur leurs deux bouches. Il la revoyait là-bas, dans l'île lointaine, où comme un mâle furieux il l'avait possédée sans qu'elle lui eût dit oui ; puis plus près, dans le château où, du premier coup d'œil, il s'était senti repris par elle. Il la revoyait comme tout à l'heure encore, sur le perron, au moment du départ, immobile et sous les traits impassibles de sa propre destinée, à lui, laquelle était certainement de souffrir et de mourir pour elle !

Oh ! ravoir, au prix d'une infamie nouvelle, ce

corps admirable dans ses bras ! Revivre les extases vécues, s'abîmer dans un renouveau des fureurs délicieuses où la terre elle-même semblait s'effondrer sous leurs embrassements ! Sentir encore la fraîcheur mordante de ces lèvres, rose dont la corolle avait des épines savoureuses aux lèvres !

Respirer encore l'arome mystérieux et vivant de ce beau corps d'où la lumière semblait faire monter des parfums ! Ressusciter Lazare dans un linceul de délices ! Il haletait à ces pensées tumultueuses ; des baisers lui montaient à la gorge et l'étouffaient, des baisers qui venaient du plus profond de son être. Et il se roulait comme un fou sur son lit, se disant que, pour de telles ivresses, il était prêt à tout livrer, à tout violer, à tout trahir.

On sonna pour le repas. Ce fut un brusque et comme douloureux réveil des réalités dans son oreille.

Ses jambes tremblaient sous lui quand il entra dans la salle à manger. Le comte et la comtesse étaient vis-à-vis l'un de l'autre, comme à l'ordinaire, avec deux places vides à table, celles de Robert Maurienne et de Marcel Gautier. Claire lui faisait, par conséquent, face à lui, Claire qui paraissait plus rayonnante que jamais. Ne devait-elle pas revoir Claude le lendemain matin, l'heure de leur rendez-vous ayant changé, et Claire ayant choisi le matin, de préférence au soir, peut-être pour rendre Claude moins entreprenant, peut-être aussi parce que, avec l'instinct merveilleux de divination qu'ont les femmes, elle avait eu l'appréhension de quelqu'un les ayant écoutés, quand Marcel s'était trouvé si près d'eux. Ainsi, sans avoir vu l'épervier qui vole, les petits oiseaux ont un craintif frémissement d'ailes quand il passe au-dessus de leurs têtes. Demain ! Demain vers sept heures, elle sortirait, son ombrelle sur l'épaule, comme pour aller jusqu'au village soulager quelque malheureux — car elle en était arrivée, par amour, aux hypocrisies mêmes de la bienfaisance — et elle rencontrerait Claude au bois des Iris, le long de la jolie petite rivière où les fleurs inclinaient leurs têtes vers leur propre image, comme deux lèvres qui se rapprochent pour un baiser. Et tous deux, ils promèneraient une grande heure, au bord de l'eau chantant sous le frémissement des hauts peupliers semblables à une haie de sentinelles armées autour de leur bonheur. Elle mettrait sa robe de mousseline à petits pois roses que son ami aimait tant à lui voir porter, la trouvant plus belle encore dans ce frisson léger d'étoffe étoilé comme par des larmes d'aurore.

Et il lui apprendrait certainement qu'il avait désarmé le méchant monsieur qui lui avait fait écrire des choses inconvenantes. Peut-être lui apprendrait-il encore que le fameux Cascarini allait enfin monter son grand ouvrage. Et puis, que faisait tout cela? Elle serait près de lui, lui dirait des choses bien douces; il lui baiserait les mains d'abord, puis les joues, puis entre les joues, un peu plus bas; et puis, redescendant tout à coup, le bas de sa robe, son pied qu'elle défendrait de son mieux; il ferait de ces mille folies qui sont le chemin fleuri de l'amour dont elle le raillait, mais dont, au fond, au jour, elle se sentait tout à fait heureuse.

Ainsi sa pensée se perdait en mille projets gracieux, en mille visions aimables, tandis que la mort était autour d'elle, dans le cœur des deux hommes qui lui tenaient compagnie, et qu'une inquiétude subite était aussi dans l'âme de sa sœur, silencieuse comme son mari et comme son premier amant. Mais le bavardage de Claire, auquel on répondait cependant à peine, suffisait bien à occuper les échos de la grande salle, cachés aux murailles sur lesquelles des portraits d'ancêtres regardaient mélancoliquement, et comme anxieux du destin de leur race.

Quand on quitta la salle à manger, André était plus résolu que jamais à trahir le secret de M. de Prades et à prévenir Marthe du danger qui planait sur elle. Mais il fallait, pour cela, qu'il pût lui parler seul un instant, se trouver, seul, une minute avec elle.

Or Marthe semblait décidée à ne lui pas accorder cette faveur. Bien que tourmentée des choses vagues qu'elle voyait, elle était bien loin d'en comprendre la portée. Ce qu'elle pensait le plus clairement, c'est que c'était André qui avait réussi à éloigner Robert, ce jour-là, pour pouvoir sans doute renouveler auprès d'elle ses tentatives de réconciliation. Et, sa pensée étant toujours anxieuse, quand il s'agissait de celui qu'elle avait tant aimé et qu'elle aimait encore, elle n'était pas loin de penser qu'André, sans la dénoncer certainement, avait mis le comte en éveil sur les assiduités de Robert, et avait jeté sournoisement, dans son esprit, quelque ferment de jalousie... Ainsi s'expliquait fort bien l'attitude nerveuse de son mari qu'elle n'avait pas été sans remarquer.

Or, et tout naturellement, elle en voulait affreusement à André de cette manœuvre où son repos, à elle, — la seule chose à laquelle elle tint maintenant — pouvait être compromis. Elle était donc absolument résolue à lui refuser le tête-à-tête qu'il avait, sans aucun doute, voulu se ménager. André, qui la connaissait bien dans son obstination de femme, s'exaspérait en vain contre la force d'inaction dont elle combattait son désir. Il fit tout ce qui était humainement possible pour lui faire comprendre qu'il avait quelque chose d'infiniment sérieux à lui dire. Il le lui dit même, à l'oreille, très imprudemment, en passant derrière elle et le comte étant là. Elle lui répondit par un imperceptible haussement de ses épaules blanches, qu'une guimpe légère recouvrait à peine. Et toute la soirée se passa sans qu'il pût obtenir une seconde de l'entretien qu'il souhaitait. Alors comme autrefois, il alla écrire un petit mot dans sa chambre, le ploya en cent et vou t, au retour, le lui glisser dans la main. Il eut un moment de joie immense. Elle le prit, en effet, entre deux plis de sa jupe; mais un instant après, et pendant que M. de Prades ne regardait pas, elle le déchira en morceaux plus petits encore qu'elle jeta ostensiblement par la croisée. Décidément elle ne voulait pas l'entendre et tout était perdu!

Il remonta dans son appartement, désespéré, presque indigné contre cette rancune aveugle, tout aux angoisses de l'événement terrible qui se préparait et dans lequel il ne pouvait plus décliner sa part de responsabilité, ni devant les hommes ni devant sa propre conscience. Ce fut donc une nuit affreuse encore qui commença pour lui, une nuit sans repos et sans rêve, moins affreuse cependant que s'il eût eu connaissance des choses qui se passaient à quelques pas de lui dans cette maison, où tout était devenu, par lui, obscurité et embûches.

En quittant le salon, Marthe n'était pas rentrée immédiatement chez elle. Après avoir dit au comte, qui la précédait au premier, le bonsoir ordinaire, un bonsoir plus froid encore que de coutume, elle était demeurée un instant sur le seuil du château, accoudée sur le perron, regardant en haut, comme il lui arrivait souvent, avec une méditation grave dans l'esprit. Ce soir-là cependant sa pensée était plus précise et plus douloureuse. Une grande angoisse était en elle et elle s'en demandait la raison. Les choses ne lui apparaissaient plus que comme des images flottantes dans ce vide silencieux, les images de sa jeunesse fuyante et de ses amours perdues. Le souffle froid d'une réalité menaçante lui passait au front, en même temps que la brise qui lui mettait un frisson parfumé dans les cheveux. Une idée lui vint qu'elle n'avait jamais eue : c'est que le comte avait peut-être sérieusement des soupçons. André aurait-il été plus loin dans ses confidences qu'il n'était nécessaire pour éloigner momentanément un rival? Elle hésitait à le croire capable d'une imprudence confinant à l'infamie.

Et cependant elle tremblait. N'avait-elle pas été sans merci pour lui et n'en pouvait-elle redouter des représailles sans pitié? C'était une guerre à mort qu'elle lui avait faite, lui mettant, à tout instant, des couteaux dans le cœur. Une révolte lui était-elle venue, à lui, qui lui avait fait perdre la notion de tout devoir? Un moment de folie! Que sait-on! A force de souffrir! Car elle savait tout ce qu'il avait enduré de cette savante torture.

Puis elle se rassurait. Non, André était au-dessus d'un tel doute. D'où lui venaient, à elle, ces terreurs que rien ne justifiait, qu'un événement indifférent, en apparence, le départ de Robert pour une partie de chasse dont il reviendrait le lendemain?

Puis, elle passait par de nouvelles et instinctives inquiétudes, la sérénité constellée du ciel ne descendant pas en elle comme elle l'avait fait si souvent, la berçant au souvenir de sa patrie de lumière. Il faudrait se défier dorénavant, être infiniment prudente. Au fait, pourquoi tant de soins? Pour défendre un amour qui lui était à charge, un amour où elle n'avait jamais aimé! Ah! comme il était plus simple de ne pas renouer cette chaîne distendue, un soir, par une absence inattendue. André avait fait sa peine. Il ne lui restait peut-être seulement plus au cœur de quoi souffrir. Alors pourquoi continuer un supplice dont elle était, aussi bien que lui, la victime? Non seulement, ce Robert, elle ne l'aimait pas, mais elle se sentait bien près de le haïr.

Certes, par une logique passionnelle plus étroite, plus haute et plus consciente, elle n'avait jamais eu, comme André à propos de Clarisse, la sacrilège pensée qu'une tendresse nouvelle la pût guérir de son ancien et définitif amour. Mais l'habitude même, la résignation, la tolérance des caresses de cet étranger, ne lui était pas venue, et il lui fallait mentir comme une courtisane, pour qu'il ne s'aperçût pas du néant de ses propres baisers. Elle en avait assez de cette humiliation de son rêve, de cette prostitution de sa beauté, de cette vengeance où elle s'avilissait! Un grand ferment de fierté révoltée contre cette indigne liaison la soulevait tout entière. Eh bien, c'était un bonheur que cet homme fût parti un jour par hasard. Elle ne le reverrait que pour lui dire un éternel adieu.

Pardonnerait-elle à André? Lui reviendrait-elle encore? Elle se disait que non, que son rôle était plus noble dans l'éternel souvenir d'une telle offense. Mais une émotion poignante la prenait cependant, à cette idée qu'elle pourrait être encore à lui, ne fût-ce que durant une seconde qui vaudrait une éternité, dans cette mystérieuse extase des retours qui fond les âmes, dans l'élan des miséricordes infinies, dans la ferveur des réconciliations qui sont comme un renouveau des tendresses blessées. Lui, dans ses bras! La mort après n'était rien et elle voulait bien mourir!

Elle se reprochait vite ces lâchetés d'un amour inguéri et, des sphères lyriques où sa pensée suivait le vol des étoiles, elle redescendait aux préoccupations vulgaires qui faisaient comme un fond de vase grouillant au lit où le cours de ses pensées, comme un noble fleuve, venait de refléter le ciel. Elle romprait avec Robert, c'était sûr. Elle recouvrerait la liberté d'elle-même. Elle ne subirait plus, au moins, et pour des joies méprisées, ces tourments d'épouse coupable qui tremble quand le mari n'a pas, par hasard, le même air qu'à l'habitude. S'il découvrait la moindre trace de la faute passée, elle l'anéantirait tout à l'heure et pourrait regarder son époux en face après. Car le remords ne lui était jamais venu de l'avoir trompé pour André, tant la chose lui semblait fatale, nécessaire, et au-dessus des volontés humaines. Elle ne croyait même pas l'avoir trompé avec Robert, tant elle avait peu donné d'elle-même à celui-ci, et tant, dans sa compréhension passionnée de la passion, cette seconde intrigue avait été quelque chose d'indifférent pour elle, quelque chose qui n'existe pas. Mais il fallait penser à l'honneur du nom qu'elle devait, au moins, garder intact, et faire disparaître tout ce qui le pourrait effleurer d'un soupçon.

Sur cette résolution infiniment sage elle monta dans sa chambre, y fit de la lumière et se dirigea vers un petit secrétaire en bois de rose avec de jolis cuivres Louis XV dont la clef ne la quittait jamais. Elle l'ouvrit, en développa le tablier de maroquin noir, fouilla dans un tiroir à gauche s'ouvrant lui-même avec un secret et en tira un paquet informe de papiers et de fleurs fanées devant lequel elle s'assit en y promenant fiévreusement les doigts.

Toutes les recherches du monde ne lui firent rien découvrir provenant de Robert. C'était bien simple. N'attachant aucun prix à tout ce qui venait de lui, elle n'en avait gardé aucun de ces riens qui sont cependant si chers aux vrais amoureux. Rien, pas un mot, pas un pétale de rose rappelant une promenade le soir. Elle fut comme soulagée de cette découverte.

C'est alors avec des mains qui tremblaient qu'elle prit, une à une, les reliques qui lui venaient de l'autre. Toutes étaient restées à leur place dans ce suaire hanté d'aromes vagues et défunts. André ne l'ayant jamais quittée d'un jour durant leur liaison, elle n'avait pas de lui de lettres proprement dites, mais bien des pages cependant, toutes brûlantes d'amour où, venant de la quitter à peine, il laissait déborder tout ce qu'il n'avait pu lui dire de son ineffable tendresse; testament de chaque jour, parce que l'heure qui les séparait était pour eux quelque chose comme la mort; mémoire d'un cœur dont chaque battement était pour elle; poème exquis et profond dont chaque vers était un vers d'amour. Et puis, un tas d'enfantillages avec cela, les moindres objets où leurs yeux se fussent arrêtés ensemble sur une même pensée ; des brins d'herbe cueillis aux lits de verdure où ils s'étaient étendus ; des cailloux qu'ils avaient creusés avec la pointe d'un canif, de plus puérils souvenirs encore mais qui rappelaient quelque bonheur infini.

Et, recueillie, avec une mélancolie suprême dans la pensée, à la lueur vacillante des bougies que venait frôler l'air de la fenêtre laissée ouverte aux divines fraîcheurs de la nuit, elle se mit à relire le livre de son cœur, dont tous les feuillets avaient été déchirés. Ces paroles d'amour que ses yeux parcouraient, scandaient leur musique jusque dans son oreille ; elle suivait les heures vécues en les écoutant. Il allait bien falloir cependant qu'elle les livrât une à une à la flamme, ces pages où sa faute était écrite, et c'est pour cela, qu'une dernière fois, elle en emplissait sa mémoire avec la ferveur d'un écolier, avec le désespoir d'une amante. Ah ! quelle tendresse elles respiraient, plus pénétrante que le parfum mort de ces fleurs séchées ! On eût dit que chaque mot, chaque lettre, avait été tracé par un baiser.

C'était toute sa vie que ce feu stupide allait consumer et dont elle ne pourrait pas même garder les cendres ! Et d'un regard avide, elle buvait, ligne à ligne, comme un ivrogne verre à verre, le poison qui lui ôtait tout courage, l'ivresse de se souvenir, comme l'ivrogne celle d'oublier.

Et les légères haleines montant du dehors faisaient frémir doucement le papier entre ses doigts et il lui semblait que ces reliques s'animaient et que, comme un Lazare à la parole d'un Dieu, tout ce bonheur allait ressusciter!

Des larmes lui coulaient des yeux, qui tombaient, perle à perle, sur les feuilles dont elles élargissaient l'écriture d'un large rond gris d'encre mêlée d'eau. Et, en même temps, des miséricordes immenses s'ouvraient comme de hautes écluses qui s'abaissent, devant le courant débordant de sa pensée douloureuse. Ah! s'il était là, comme elle pardonnerait! Mais, heureusement, il n'était pas là. Elle chercherait le repos et la fierté de sa vie plus haut que ce retour à une tendresse profanée. Elle demeurerait, dans le devoir, la veuve silencieuse de son unique amour. Elle renfermerait le passé, comme des choses saintes, dans son cœur pareil à un sanctuaire, et ne se souviendrait que d'avoir aimé pour ne plus aimer jamais!

Et, avec un effort qui lui crispait les lèvres, d'une main qui tremblait, en détournant les yeux, elle rapprocha de la flamme le paquet de feuilles rapidement repliées l'une sur l'autre et renouées par un ruban. Mais à ce moment même une main vigoureuse et chaude, une main d'homme s'abattit sur son poignet. Une autre lui arracha les lettres, et, épouvantée, stupide, se retournant subitement sous cette insultante violence, elle se trouva en face du comte.

M. de Prades était entré dans la chambre de sa femme avant elle et l'y avait attendue. Il ne s'était montré que quand il l'avait jugé bon.

De la main qui lui tenait encore le bras il l'entraîna vers une causeuse qui faisait face au secrétaire et l'y jeta d'un geste plein de mépris et de colère.

Alors elle bondit et, les ongles tendus en avant, comme un fauve qui se rue à sa proie, elle voulut ressaisir les lettres. Quelques gouttes de sang perlèrent sur les doigts du comte, mais il garda ce qu'il avait pris. Alors, elle resta immobile devant lui, comme une statue, subissant inexorablement l'ascendant de celui qui se dressait ainsi en juge, pareille à un coupable qui attend son arrêt.

Les paroles sortirent de la gorge du comte comme si elle se déchirait, rauques, mais avec un accent effroyable d'énergie.

— Madame, lui dit-il, les paupières crispées sous la buée des larmes qu'il voulait contenir, vous vous rappellerez que vous êtes comtesse de Prades et qu'un mot, un cri, sonnerait le glas de notre honneur à tous deux. Vous épargnerez, je l'espère, un affront au nom que vous portez. J'ignore ce que sera demain ma volonté. Elle est, à présent, que vous demeuriez ici sans en sortir, jusqu'à l'heure où, demain matin, j'y rentrerai moi-même ou vous y enverrai quelqu'un venant de ma part. »

Elle avait ses deux mains sur ses yeux et on eût dit qu'elle n'entendait pas.

Lui, lentement, et serrant les pages dans sa main crispée, se retira sans ajouter un mot de plus. Mais la comtesse se réveilla de sa stupeur, en entendant sonner un second tour de clef dans la serrure, celui qui la faisait prisonnière jusqu'au lendemain. Affolée, mais sans révolte inutile, elle se laissa tomber sur son lit, la poitrine crevant de sanglots.

M. de Prades rentra dans son appartement, croyant tenir des lettres de Robert et s'apprêtant, sans le savoir, à découvrir, en les lisant, que c'était des lettres d'André dont il allait apprendre aussi la trahion

XXV

La plus admirable matinée de juin qu'on pût rêver ; et le site le plus charmant du monde, sous cette aurore fleurie, que ce bois des Iris, où s'étaient donnés deux rendez-vous si différents d'abord. Le ruisseau courait sous une vapeur d'argent se déchirant çà et là, comme un voile, quand quelque souffle plus vif y passait, et découvrant sur l'eau de longues taches bleues faites de l'image du ciel. Les belles fleurs symboliques dont les pétales d'un violet tendre sont comme traversés d'hiéroglyphes par la poussière d'or des étamines, se penchaient sur le courant, humides elles-mêmes comme si elles venaient d'y boire. Les hauts peupliers aux troncs parallèles, dont un côté seulement était doré par la lumière oblique de l'Orient, découpaient une colonnade sur l'horizon encore gris et faisaient trembler, dans l'onde, des reflets en tire-bouchons qui se brisaient et se renouaient. Dans les branches lointaines et qui montaient comme une pluie de flèches vers le firmament, on entendait comme un gazouillement d'oiseaux qui se réveillent. Les roseaux, parmi les iris, balançaient leurs palmes vertes comme autour de triomphateurs. Des cressonnières sauvages mêlaient, çà et là, des fourmillements d'émeraude dans les herbages aquatiques que le vol incohérent des libellules effleurait.

Un peu plus haut, le long du talus, c'était une flore qui s'épanouissait dans le gazon, d'où jaillissaient, sur place, des gerbes de clochettes d'un bleu clair que faisait tinter silencieusement l'aile fugitive des papillons; et une insensible musique, où se confondaient toutes les gaietés du réveil, s'élevait de tout cela, tandis que, majestueux parmi toutes ces délicates choses, le soleil montrait déjà son épaule sanglante à l'horizon comme un Atlas fatigué dont le poids de la terre aurait écorché le dos.

Rien de si beau que cette révolte du grand Vaincu qu'on appelle la Lumière et qui sort des ombres de la défaite, la vie universelle rayonnante au front. Quel murmure innombrable le salue, depuis le brin d'herbe où l'insecte secoue, à ses antennes, d'imperceptibles rosées, jusqu'aux cimes du chêne où l'épervier étire, du bout crochu de sa patte, ses longues ailes meurtrières que le sommeil a engourdies!

Le beau ciel où montait la gloire du matin estival, dans un ruissellement de pourpres pâles, et le charmant ruisseau dont de longues araignées, glissant sur le miroir terni de l'eau, égratignaient à peine la cristalline surface, durant qu'aux points les plus élevés de la rive, des constellations de genêts s'éparpillaient comme des larmes de lumière !

C'est, d'une de ces touffes fleuries, que, tout à coup, se dégagea, étendant ses bras endoloris par quelque position mauvaise, un beau garçon, aurore de santé lui-même dans cette aurore de joie, Claude, qui, par une fantaisie d'amoureux, avait passé la nuit là où il devait revoir Claire, vers le huitième coup de l'heure. Oui, l'heureux drôle s'était voluptueusement couché dans les hautes herbes, durant cette nuit où tant d'autres avaient souffert sur des lits autrement moelleux. Il avait fait si bon pendant ces heures d'ombre, un temps tiède et parfumé, avec le murmure de l'eau qui invitait à dormir ! Mais il n'avait pas dormi. Comme un auteur en vogue, qu'il était bien loin d'être, il avait voulu jouir, par avance, du décor où se jouerait sa pièce, et s'y trouvait fort à l'aise. Par avance, il avait joui de tous les bonheurs qu'il méditait. Il avait choisi les beaux sièges de verdure où il mènerait Claire s'asseoir auprès de lui. Pour un peu, il les aurait époussetés avec son mouchoir comme un serviteur plein de zèle. Il avait été, comme un enfant, regarder dans l'eau si l'image de la bien-aimée n'y était pas déjà descendue. Mais il n'y avait vu que le reflet tremblant des étoiles, moins brillantes que les yeux de Claire; que l'ombre des peupliers, moins souple et moins profonde que la belle chevelure brune de Mlle de Lys.

Et il avait goûté ainsi, avant de s'endormir enfin dans un torticolis, une foule de joies innocentes, escompté, comme un banquier habile, les baisers à venir, fait un lit à toutes les caresses attendues, flatté tous les hasards qui lui pouvaient donner un plaisir amoureux de plus. Ce n'est peut-être pas en employant ainsi son temps, qu'on écrit *Phèdre* et *le Misanthrope*. Mais Claude était amoureux avant tout, amoureux par emploi, comme ceux des comédies qu'il n'écrivait guère, et il avait cette intuition des choses de la vie de savoir qu'un homme qui embrasse sérieusement cette carrière-là n'a plus grand temps à donner aux autres. Car l'amour est un maître despote et qui ne donne même pas aux siens les vacances dont jouissent, une fois l'an, les employés d'administrations moins exigeantes.

Et quand il se fut bien étiré les bras, il regarda sa montre : six heures moins un quart! Plus de deux heures encore avant l'arrivée de Claire qui, cependant, était souvent plus qu'exacte au rendez-vous. Quittant son lit de genêts, Claude fit quelques pas et s'en fut jusqu'à un endroit du paysage où les peupliers, cessant d'être en ligne autour du ruisseau, se massaient autour d'une façon d'amphithéâtre de gazon que formaient, entre leurs robustes tiges, de menues verdures embroussaillées où les premières mûres commençaient à rougir. Assis sur une large pierre, il rêvait là, toujours à l'amie qu'il amènerait certainement un jour dans cette futaie si propice aux amours paisibles, quand il entendit des bruits de pas. Claire déjà! il eut un tressaillement de bonheur. Mais des voix basses se mêlèrent bientôt à ce premier bruit. Craignant d'être surpris, d'être vu et que cela compromît Mlle de Lys, il se leva immédiatement et se cacha derrière les taillis bas et crépus qui entouraient cette enceinte naturelle.

Il vit, de là, distinctement six hommes venant de ce côté, par groupes de trois, et par un chemin silencieux. Dans le premier, celui où l'on causait à demi-voix, il ne reconnut personne. Mais dans le second, avec une véritable stupeur, il reconnut le marquis de Prades, très pâle et avec une redingote noire boutonnée qui lui rendait l'air militaire d'autrefois. On se salua avec infiniment de cérémonie, mais sans s'aborder et sans se tendre la main.

Claude qui avait vécu à Paris, comprit tout de suite qu'il s'agissait d'une affaire d'honneur et sa pensée fit un tour rapide dans son esprit sans y rencontrer aucune hypothèse probable, en se heurtant comme un papillon nocturne à toutes les impossibilités. Une curiosité invincible et pleine d'angoisse le cloua sur place. Aussi bien, Claire ne viendrait que dans deux heures. Et puis, viendrait-elle ? Son beau-frère était-il là un combattant ou un témoin et quelque drame épouvantable se passait-il au château ?

Le pauvre garçon avait une sueur froide au front pendant que les nouveaux venus prenaient place suivant le cérémonial de rigueur qu'il avait vu souvent décrit. Mais une terrible surprise l'attendait, que les événements dont il était si anxieux venaient de préparer.

Sans émotion plus visible sur le visage, le comte était entré, dès le matin, dans la chambre d'André.

— Es-tu prêt? lui avait-il demandé simplement.

Et André lui avait répondu : — Oui.

— Partons donc.

Anselme les attendait en bas, ficelé comme un vieux soldat, et ses rudes moustaches grises rehaussées à la mousquetaire, les yeux humides cependant et suintant presque sur les joues couleur de brique. Tous trois montèrent en voiture et le trajet se fit sans qu'un seul mot fût échangé. Je ne sais pourquoi ce silence de mort fit mal à André; mais il ne tenta pas de le rompre.

On se retrouva où nous avons laissé Claude et dans la circonstance dite déjà. Les quatre témoins s'abouchèrent; on tira au sort les pistolets, et deux sur quatre furent chargés, une paire de rechange étant posée là dans une large boîte de maroquin rouge. D'un commun accord on n'avait pas fait venir de médecin.

Les combattants n'avaient plus qu'à se mettre en face, les trois pas ayant été, par deux fois et contradictoirement mesurés, M. Robert Maurienne avait déjà pris la sienne en attendant son arme. M. le comte de Prades ne bougeait pas.... On attendait. André fut le premier à l'endroit qui avait été assigné à son client, pour le lui montrer. Mais quand il voulut s'en retirer, le comte lui dit d'une voix impérative et terrible :

— Reste là!

Et comme tous étaient muets d'étonnement, avec

un accent d'une solennité troublante, M. de Prades continua :

— Ce n'est pas à moi de me battre, messieurs, contre l'un de ces deux hommes. C'est à eux de se battre entre eux et de mourir !

On crut qu'il devenait fou. Mais il poursuivit d'une voix lente et qu'on eût cru entendre sortir d'un tombeau, celui de son honneur outragé :

— Vous êtes mes amis et gens d'honneur, vous d'Estanges, vous Gautier, et toi Anselme. Donc, vous garderez tous le terrible secret. C'est deux injures qu'il me fallait venger et non pas une. Je laisserai justice se faire et ce sera mieux ! Une femme a failli, que j'ai crue pure et sacrée entre toutes les femmes. Elle a failli par deux fois. Vous êtes donc de jeu, messieurs, vous les amants ! Mais moi, je suis le mari devant Dieu et devant les hommes ! J'ai mon droit qui n'a rien à faire avec vos querelles. Lavez celles-ci dans votre sang d'abord, et je verrai ensuite qui il me reste à punir !

Et vraiment, debout, comme prophétique, majestueux de toute la majesté de sa douleur, de toute la hauteur sincère de sa foi chrétienne, parlant au nom d'un monde qui croyait, — mettant Dieu et l'honneur plus haut que la vie, — M. de Prades était superbe, en ce moment, irrésistiblement beau et maître des hommes.

— Vous avez notre parole ! firent les trois hommes à la fois.

Alors, s'approchant d'Anselme, le comte lui dit :

— Tu as compris, n'est-ce pas, que j'étais le témoin, maintenant ?

Silencieusement, il alla chercher les armes ; les témoins de M. Robert Maurienne les vérifièrent. André reçut son pistolet de la main même du comte dont la main ne tremblait plus. Il le prit avec une sorte de fierté joyeuse, comme s'il trouvait enfin une revanche aux hontes qu'il avait subies.

Un instant de mortel silence.

— Attention, messieurs.

Anselme cria le commandement... Les deux coups retentirent. André avait eu le pistolet chargé. Robert, une balle en pleine poitrine, râlait sur l'herbe, où coulaient des filets rouges éclaboussant les pointes des fleurs.

Avant qu'on ait eu le temps de se précipiter sur lui, le comte de Prades avait saisi un des pistolets de rechange et, l'appuyant sur le front d'André, lui faisait sauter la cervelle. Les deux corps gisaient l'un devant l'autre : celui de Robert, sur le dos, secoué par un hoquet d'agonie, celui d'André, sur le ventre, immobile par la soudaineté foudroyante de la mort.

— Justice est faite, dit M. de Prades en remettant méthodiquement le pistolet fumant dans sa gaine.

Et d'une voix presque calme, il ajouta :

— Il convient de rédiger immédiatement le procès-verbal, messieurs. Je n'ai pas à vous en dicter la teneur : « Deux gentilhommes honorables, deux parents, se sont pris de querelle à la chasse ; on s'est battu au pistolet au commandement et un double malheur a eu lieu. » Vous verrez s'il convient d'ajouter quelques paroles de condoléance.

Et s'adressant à Anselme :

— Viens, Anselme, tu signeras plus tard. Au revoir, mon cher d'Estanges. Tous mes respects, monsieur Gautier.

Et ayant remis son chapeau sur la tête, le comte disparut entre les peupliers.

— Allez prévenir les autorités et le médecin, fit Marcel Gautier affreusement ému, monsieur d'Estanges, vous qui êtes plus et mieux connu que moi dans le pays ; moi je veillerai ces pauvres gens.

Et pendant que M. d'Estanges, après s'être incliné, se retirait, Marcel Gautier se mit à genoux en pleurant de vraies larmes, baisa Robert sur le front, un front presque tiède seulement.

Alors Claude bondit de sa cachette et s'en fut s'agenouiller aussi auprès du corps d'André, dont il prit la main et la porta à ses lèvres.

Ainsi, ces deux morts eurent une prière.

Moins d'une heure après, M. de Prades entrait dans la chambre de la comtesse. Celle-ci était debout devant son lit, immobile et blanche comme un marbre. Que se passa-t-il dans l'âme éperdue de cet homme ? Quelle soûlerie abominable lui était venue du sang versé ? Quelle brute triomphante la jalousie avait-elle éveillée dans ce calme et correct gentilhomme ? Mais un désir fou, irrésistible, comme il n'en avait jamais éprouvé, le prit aux moelles. Entre ses bras nerveux il enleva sa femme sans défense et, sans que celle-ci se révoltât, tant elle semblait morte, et il fut son époux comme il ne l'avait jamais été.

Hagard, extatique, éperdu de sa découverte, quand il se dégagea de l'étreinte où il la laissait inanimée, les yeux fixes et grands ouverts, il alla tomber au pied du crucifix qui faisait face à la tête du lit de la comtesse :

— Christ! dit-il, tu as bien pardonné à la femme adultère... et tu ne l'aimais pas!

XXVI

Ceci ne sera plus qu'un épilogue.

Le lendemain de ce sombre événement, la nouvelle en fut donnée, — dans la forme préméditée, et conforme au procès-verbal, — au public des gazettes où elle souleva une vive émotion, mais aucun sentiment d'incrédulité. Devant les deux morts qu'ils veillaient ensemble, Marcel Gautier avait dit à Claude :

— Vous vous tairez comme nous, n'est-ce pas?

Et les yeux gros de larmes, Claude avait juré.

Après les déclarations nécessaires et un court séjour au château d'Estanges, les corps des deux Maurienne furent transportés à Brest, leur commune ville natale, pour y être ensevelis dans leur caveau de famille. Quelques vieux parents éloignés, quelques amis surannés de leurs parents, qui ne les avaient pas revus depuis bien des années, les accompagnèrent à l'église qui ne leur ferma pas ses portes, les yeux secs et avec la petite joie féroce dans le regard qu'y met toujours, chez les vieillards, l'enterrement des personnes plus jeunes qu'eux-mêmes. Les commentaires furent nombreux et ce qu'ils sont toujours, plutôt désobligeants qu'aimables pour les défunts. Ils n'avaient qu'à rester au pays comme leurs pères et mères à qui leurs petites rentes avaient suffi, au lieu de courir le monde!

L'oraison funèbre d'André fut sommaire. Un cerveau brûlé qui avait quitté la marine où il aurait pu devenir amiral! un rêveur qui n'avait jamais bien su ce qu'il voulait... Il ne pouvait finir autrement, et c'était justice! Une plus grande pitié s'attachait à Robert qui, au moins, était mort en fonctions. Il est toujours triste de voir briser une carrière brillamment commencée. C'est à ce point de vue, exclusivement, qu'il fut regretté. Puis on les coucha côte à côte, au fond de la chapelle étroite où plus de place ne restait après eux, également loin du regard de celle pour qui tous deux étaient morts, et dont les pas, dans l'herbe mouillée, vite grandie autour de leur tombe, ne les réveillerait jamais.

L'impression dans le public avait été trop vive pour que les témoins du duel ne fussent pas poursuivis en justice. L'affaire passa aux assises de Tours, ayant soulevé autour d'elle une grande curiosité. Les avocats des quatre prévenus firent un véritable assaut d'éloquence et bien des mouchoirs se mouillèrent dans l'auditoire où les femmes étaient en grande toilette, aux choses touchantes qu'ils dirent à cette occasion. Il est vraisemblable cependant que tout se fût terminé par une distribution équitable et généreuse de francs d'amende et mois de prison, si, dans le conseiller qui présida, Marcel Gautier n'eût retrouvé un ancien compagnon de noce, comme nous en rencontrons souvent, avec quelque surprise, dans la magistrature, mis subitement face à face avec des gens que nous avions perdus de vue depuis longtemps.

Celui-là était resté un bon homme, malgré son austère profession. Il fit au souvenir et à l'amitié le sacrifice du triomphe que les juges ne manquent jamais de se décerner à eux-mêmes quand ils condamnent ferme. Ainsi espèrent-ils, en effet, en imposer aux masses très portées à se distraire aujourd'hui des vénérations professionnelles. Le vers célèbre de Tragaldabas s'imaginant un instant qu'il est Brutus et disant :

> Et j'aurais condamné mon fils même innocent !

est devenu une formule courante dans les prétoires. Contrairement aux usages, ce président débonnaire dirigea de telle façon les débats qu'un acquittement général fut au bout.

Huit jours après, on n'y pensait plus à Paris où l'assassinat de quelque fille par un drôle titré avait fait diversion. L'oubli est plus lent à venir en province. On en parla longtemps encore dans les environs du château de Prades. Le subtil Thomas Loursin avait bien essayé de commencer une légende. Mais la crainte salutaire qu'il avait des poings de Claude lui fit étouffer, dans l'œuf, la belle invention qu'il avait couvée et qui, cependant, il faut l'avouer, était moins terrible que la réalité.

Claude, en effet, n'avait pas quitté le pays. Ce qu'il y a de plus extraordinaire, c'est qu'il y avait acheté une propriété, six mois environ après le sinistre drame, tout près du village même où il avait établi d'abord son quartier général dans une mansarde, où le vent et le soleil passaient, tour à tour, au travers du toit, mais dont la croisée mal jointe s'ouvrait, à grand'peine, dans un enchevêtrement de glycines odorantes, et de volubilis aux yeux humides, comme s'il y restait toujours une goutte de la rosée qui les rouvre.

La façon dont lui était venue cette subite fortune était, d'ailleurs, la plus imprévue du monde. On sait que Claude Lundi, dont les parents, mariés par amour, avaient été vaguement maudits par leurs ascendants et tout à fait déshérités, n'avait jamais eu que des notions en l'air sur sa famille. La preuve, c'est qu'il ignorait qu'il fût le dernier petit cousin de ce sieur Hilaire, dont les bienfaits à son endroit n'étaient pas de ceux qu'on reçoit ordinairement de ses proches. Oui, le dernier petit cousin, les deux neveux du vieil usurier étant morts, ceux à qui il destinait son héritage. Or, dans la même semaine où les deux Maurienne étaient tombés sur le même lit, l'herbe sanglante, sous le grand soleil qui souriait dans les arbres, l'immonde fesse-Mathieu avait exhalé, sous les couvertures crasseuses de son lit d'avare, dans l'ombre puante de la chambre où il vivait depuis cinquante ans, la façon d'âme que Dieu lui avait dévolue, sans savoir même que les fils de sa sœur l'attendaient là-bas, là où on ne prête plus à la petite semaine. Marcel Gautier qui, comme on le sait, devait être mis en relations avec le vieux pour défendre auprès de lui, au moment suprême, les intérêts de Robert, était revenu à Paris juste comme venait de trépasser celui à qui il venait conter la funèbre nouvelle.

En souvenir de son ami, ignorant si Robert ne laissait pas quelque enfant naturel ayant, sur tout cela, le droit limité que la loi accorde, il s'était mis à la disposition du notaire chargé de liquider la succession Hilaire. C'est ainsi que tous deux avaient découvert dans la correspondance du défunt et en dépouillant ses paperasses, que Claude Lundi était le seul parent éloigné qui lui restât. Celui-ci avait éprouvé un notable soulagement en apprenant que le vieux prêteur ne pourrait pas lui présenter son billet à l'échéance. Mais sa joie avait été bien autre quand un mot du tabellion lui avait appris qu'il aurait dorénavant cinquante mille livres de rente, c'est-à-dire cinquante mille francs de plus, par an, que ses revenus actuels. Voilà qui le menait plus droit au but qu'un succès, même immense, au théâtre. Il se moquait joliment maintenant des Cascarini et de leurs secrétaires ! Il ferait de l'art pour lui, à sa guise, sans s'inquiéter des goûts du public ! Et puis que valait tout cela dans son esprit ! Il serait le mari de Claire. Et deux ans après, il le fut, celle-ci ayant vaillamment défendu sa volonté. Ce ne fut pas à Prades, mais à Paris qu'il la conduisit, toute blanche, le front constellé des tremblantes étoiles de l'oranger, une buée de gaze courant sur les ondes brunes de sa chevelure, devant l'autel vibrant dans la fumée des encens, la musique des orgues, et la jaune lumière des cierges. Marcel Gautier était un de ses témoins.

Marcel Gautier avait repris la vie d'antan. On avait trouvé dans les papiers de Robert Maurienne les traces des emprunts que celui-ci lui avait faits autrefois ; et il était rentré dans un peu de cet argent qui lui semblait si bon à jeter au vent, par la croisée, pour se souvenir et pour oublier tout ensemble. Un certain nombre de belles filles passèrent, avec à propos, sous ses fenêtres, parmi lesquelles Mlle Clarisse, qui l'intéressa vivement en lui parlant du château de Prades, sans savoir qu'il en connaissait mieux qu'elle les hôtes tragiques.

Prades était devenu une véritable solitude. Le comte Maurice y promenait un visage illuminé de mysticisme religieux où ne se lisait ni douleur, ni remords. Au contraire, une sorte de béatitude cruelle. Il ne sortait même pas pour aller à l'église le dimanche. La messe se disait au château, dans une coquette chapelle dont il avait peint, lui-même, à la fresque, les murs. Il le fallait voir agenouillé durant l'office, les yeux fixés vers le ciel comme vers un juge dont la clémence lui était assurée, et les lèvres marmottant des litanies, presque distinctement, des mots latins qu'il poussait les uns sur les autres comme un sonore troupeau. A côté de lui la comtesse, très calme et très pâle, se levant et s'asseyant méthodiquement, machinalement, aux moments prescrits par le rituel, mais sans une prière à la bouche, sans élévation dans le regard, impassible comme une statue.

Elle ne semble plus être au monde et moins encore à Dieu. A la Mort peut-être, déjà, qu'on dirait qu'elle attend. Aucun dépérissement charnel, d'ailleurs, ne fait penser que celle-ci aura bientôt pitié d'elle. Elle demeure inexorablement belle et le regard de son mari se lève quelquefois du missel, vers elle, avec une joie tranquille d'admiration et de possession.

Elle ne sort jamais, le jour, du salon. Quelquefois, à la nuit tombante, elle descend dans le parc jusqu'à l'étang dont l'eau clapote doucement le long de la barque abandonnée; elle s'arrête, rêve, et, dans ses yeux éteints, s'allument deux étoiles qui sont peut-être des larmes.

FIN

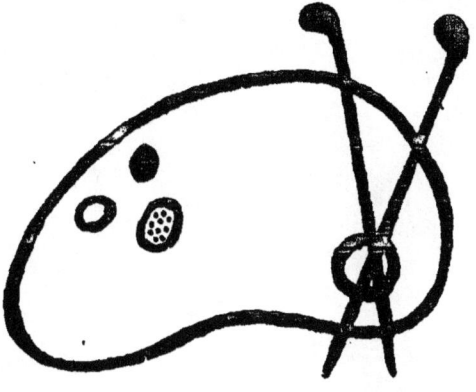

Original en couleur
NF Z 43-120-8

www.ingramcontent.com/pod-product-compliance
Lightning Source LLC
Chambersburg PA
CBHW050302170426
43202CB00011B/1784